トライアスロン
アナトミィ

マーク・クリオン／トロイ・ジェイコブソン
監修 新見正則
翻訳 東出顕子

Triathlon anatomy / Mark Klion, Troy Jacobson.
ISBN-13: 978-1-4504-2138-6

Acquisitions Editor: Tom Heine; **Developmental Editor:** Cynthia McEntire; **Assistant Editor:** Elizabeth Evans; **Copyeditor:** Patricia L. MacDonald; **Permissions Manager:** Martha Gullo; **Graphic Designer:** Fred Starbird; **Graphic Artist:** Julie L. Denzer; **Cover Designer:** Keith Blomberg; **Photographer (for interior illustration references):** Neil Bernstein; **Photographer (for cover illustration reference):** Dieter Nagl / AFP/Getty Images; **Photo Asset Manager:** Laura Fitch; **Visual Production Assistant:** Joyce Brumfield; **Art Manager:** Kelly Hendren; **Associate Art Manager:** Alan L. Wilborn; **Illustrator (cover and interior):** Jen Gibas; **Printer:** Versa Press

Human Kinetics
Website:www.HumanKinetics.com

日本の読者のみなさんへ

『Triathlon Anatomy』を監修しました。とても面白い本です。タイトルはAnatomy、つまり「解剖」となっていますが、実はトライアスロンの練習における筋肉の重要性や働きを丁寧に解説しています。つまり、筋肉トレーニングとストレッチに関する充実した内容となっています。

僕は医学部を卒業してから50歳になるまで持久系の運動などしたこともありませんでした。だって、5分走っても息が上がるし、ましてや金槌なのですから。ところが、8年前から漢方を教えて頂いている松田邦夫先生（日本一の漢方医です）に、「漢方だけでは治りません。日常生活の管理、特に運動が大切ですよ」と言われ、一念発起、筋肉トレーニングを50歳の時に始めました。次に、当時小学校1年生だった娘に、「泳げないのは格好悪い」と言われ、51歳の時に息継ぎもできない、顔を水につけるのも嫌な親爺が、また一念発起、水泳を習い始めました。そして、200 mほど泳げるようになったときに、ある出版社の編集長からトライアスロンへの挑戦を勧められました。そこで、またまた一念発起。バイクとランの練習を始め、52歳の時にオリンピックディスタンス（51.5km）を完走しました。折角、ここまで頑張ったのだからと、アイアンマンを目指し、53歳の時に佐渡国際トラアスロンAタイプ（236 km）を14時間18分58秒で完走しました。

僕は運と縁で生きています。たくさんの方に支えられて成し遂げられた完走です。筋トレのコーチ、水泳の先生、サイクリングの仲間、トライアスロンスクールの友達、皆大切な財産です。

50歳の運動嫌いの金槌親爺が、3年間でアイアンマンになれました。正しいトレーニングをすれば、少しずつ、でも着々と上達するのがトライアスロンの魅力です。球技には才能が大切です。でも、トライアスロンを完走するにはなによりも少しずつの努力が大切で、むしろ才能は要求されません。そんな、皆さんのちょっとした努力の一助になれば、この本を監修した甲斐があります。

トライアスロンの3種目、スイム、バイク、ランはどれも有酸素運動です。健康維持、老化防止には最良の3種目です。もちろんプロレベルの選手にも読んで頂きたい本ですが、むしろ僕のような趣味のトライアスリートにとって、わかりやすい筋肉トレーニングの解説書となっています。トライアスロンに関わっている方すべてに読んでいただきたい本です。そんな本を監修する機会に恵まれ、僕もたくさん勉強しました。僕もたくさん学びました。この本が皆さんのトライアスロンライフのお役に立てば本当に嬉しいです。

2013年12月吉日

新見正則
帝京大学医学部外科准教授

CONTENTS

はじめに

トライアスロン人口は過去10年で著しく増加してきた。テクノロジーが、トレーニングとレースのほぼすべての面で進歩への道を拓いてきた。年ごとに装備が改良され、トライアスロンというスポーツに参加するアスリートをより速く、より見栄えよくし、その健康を維持すると宣伝されている。こうした改良にはすべてそれなりの出費がつきものだ。トライアスロン初心者にとって、こうした技術的な進歩は、レースに参加し、完走という目標を達成する純粋な喜びに比べれば、あまり重要ではないかもしれない。

トライアスロンのトレーニングやレースは、誰もがそれをしながら大人になったという活動ではない。リトルリーグやトラベルサッカー（ユースサッカー）はじめ、一般に経験するような個人スポーツやチームスポーツ、また、たくさんの意欲的な週末アスリートが現在、楽しんでいるスポーツが、過酷なトライアスロンに自然に移行するというわけにはいかない。プロフェッショナルなレーサーでも、エイジグループ（年齢別）競技に参加するレーサーでも、3種目すべてに豊富な経験があるという人は稀なケースだ。今日、トライアスロンに参加する青少年が増えているから、3種目すべてが得意になるチャンスに恵まれそうな新種のアスリートが成長中である。ああ、若返れるものなら！

トライアスロンは、一説によれば、その起源が1920年代のフランスにあるという。現代のスイム（水泳）、バイク（自転車ロードレース）、ラン（長距離走）から成るトライアスロンと称される競技の最初の大会は、1974年9月25日、カリフォルニア州サンディエゴのミッション湾で開催された。以来、スプリントからオリンピック、ハーフアイアンマン、フルアイアンマン、デカマン（フルアイアンマンレースを10日間毎日競う）まで、ありとあらゆる距離のレースが、米国や世界各地で毎週末のように開催されている。

距離の長短を問わず、トレーニングの原則は変わらない。心肺持久力の改善と筋骨格の強化がパフォーマンス向上の土台を築く。トライアスリートはよく好んでこう言う。「エンジンが大きければ大きいほど、列車は速く走る」と。高速のエンジンでも、オーバートレーニングのせいで故障してばかりいるなら問題であり、フラストレーションがたまる。筋力と柔軟性のトレーニングを含む、考え抜かれたトレーニングプログラムなら、なめらかに動く大きなエンジンをつくることができる。

アスリートがスポーツに割く時間と努力が増えるほど、ケガ予防、そしてしばしば傷害管理（Injury Management）が決定的に重要になる。本書を読めば、新米アスリートも、経験豊富なアスリートも、筋骨格系がどう機能し、トライアスロン特有のエクササイズやトレーニングにどう反応するかについて理解を深めることができる。パフォーマンスを求めるなら、安全で効果的な持久系スポーツトレーニングの基礎から決して逸脱しないことを忘れないでほしい。

まず、第1章ではトライアスロンの世界を紹介する。次に、エンジンを構成する心血管（循環器）および心呼吸（心肺）系に運動が与える効果を解説する。第4章から第10章までは、筋力とパフォーマンスを改善する効果が立証されている種目別のエクササイズをイラストつきで解剖学的に詳説する。すべてのエクササイズにトライアスロンの3種目を表すシンボルマークをつけてある。エクササイズによっては、2種目以上に関係することがある。トレーニングやレースには一長一短あるものだが、具体的なトレーニングプログラムを組むときは、どちらも考慮できる

ように、このシンボルマークを参考にしてほしい。これは、第3章のトレーニング計画のカスタマイズで生きてくる。第11章では、ケガ予防について知っておくべき情報を提供する。アスリートに起きやすいケガやアスリートの復帰を助ける適切なエクササイズと治療原則を解説する。

読者のお役に立ちそうな本書のユニークな特長として、各エクササイズの解説に添えた解剖学的なイラストがある。動いているときに使われる主な筋肉を表し、エクササイズの開始から完了までに動員される主動筋群と補助筋群を色分けしてある。

主動筋　　補助筋

トライアスロンに参加するということは、健康とフィットネスに責任をもって取り組むということだ。一部のアスリートにとってはレースが目標の頂点だが、多くの人にとって、トライアスロンはライフスタイルになる。トレーニング、レース、そして情報共有のうえに育つコミュニティによって豊かになるライフスタイルだ。本書には、経験をとおしてしか学べない珠玉の知恵の数々が詰まっている。それらを読者と分かちあうことで、読者がトライアスロンを楽しみながら、一貫性のある健康的な生活を維持する一助となれば幸いだ。賢いトレーニングで健康に!

愛にあふれた妻、ジェニファー、そして、何にトライするときでも私をいつも支えてくれる子どもたち、ジャック、レベッカ、カイルに本書を捧げたい。家族の愛と理解がなければ、今の私はなかっただろう。愛を込めて。

マーク・クリオン

すばらしいわが娘たち、ホープとクロエに本書を捧げる。おまえたちの夢がかなうことを願う。両親に、長きにわたる無条件の支えに対して、そしてジェンに、私が何をするときにもたゆみない強さとインスピレーションを見せてくれることに対して、格別の感謝を込めて。

トロイ・ジェイコブソン

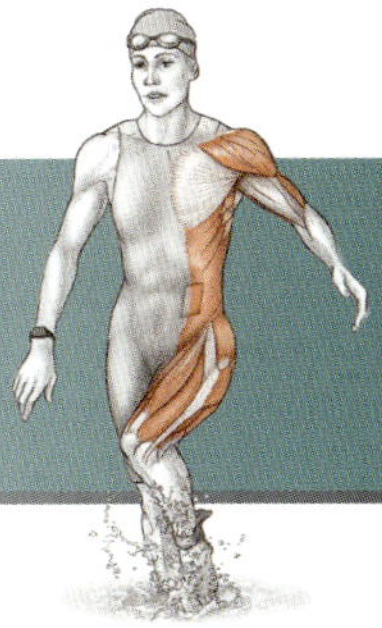

CHAPTER 1

運動中のトライアスリート

スピードの要求は目新しいテーマではない。より速くという人間の願望は、最初の古代オリンピックから最近の「地上最速の男」のタイトルまで、何千年も前にさかのぼる。現在の形のトライアスロンというスポーツの歴史はわずか40年だが、驚くべき発展を見せてきた。1974年の初のトライアスロンから、競技者が15人しかいなかった最初のアイアンマンディスタンスのトライアスロンまで、これが国際的な現象になろうとは誰が想像できただろう？　トライアスロン参加願望は高まりつづけている。ベテランのトライアスリートなら知ってのとおり、また新米トライアスリートもすぐにわかることだが、人気のあるレースは、オンラインでエントリーできるようになると、すべてではないにしろ、多くがものの数分で定員いっぱいになってしまう。これがトライアスロンにとって良いのか悪いのかはまだ定かでないが、トライアスロン参加の並々ならぬ意欲と魅力を物語っていることは間違いない。

スポーツ用品製造者協会（Sporting Goods Manufacturers Association）の調べによれば、全米のトライアスロン統括組織、USAトライアスロンの会員数は、2000年の21,341人から2010年の133,000人まで10年で6倍以上に増加した。最新データでは、230万人以上がトライアスロンに参加している。言うまでもなく、一スポーツとしてのトライアスロンにブームが起きているのだ。

“If you build it, they will come（それをつくれば、人は来る）”（訳注：映画『フィールド・オブ・ドリームス』に由来）という名言どおり、トライアスロン族もそうなってきた。どのスポーツにもシンボル的イベントがある。ランナーなら、最終的な目標として、あるいは走り通せる膝がありさえすればめざしたいものとしてマラソンに目を向けている。サイクリストは、ツール・ド・フランスに出場し、シャンパングラスを片手にチームメイトと一緒に走り、ファンに迎えられるところを夢見る。マウンテンバイカーなら、レッドヴィル・トレイル100にあこがれる。熱心なランナーにとっては、それがボストン・マラソンになる。スイマーなら、オリンピックに出るとか、英仏海峡を泳ぐことを夢見るだろうか。トライアスリートは、アイアンマンレース、特にコナ・アイアンマン・ワールド・チャンピオンシップの魅力に心を奪われる。こうした夢の実現は、どちらかというと少数派のものだが、それ以外の人にとっては、同好の士のコミュニティの一員になることだけで十分なのかもしれない。トライアスロンに参加することはアイデンティティの一部になるのだ。このコミュニティの人口は年を追って著しく増加してきたが、同時にコミュニティ住人のニーズを満たす産業も生まれてきた。

トライアスロン関連の出版物では毎月毎月、装備の技術的な進歩が発表されている。トレーニングテクニック、ケガ予防、栄養、トライアスロンというスポーツに当てはまるものなら、およそありとあらゆるテーマの記事が好奇心の強いトライアスリートに向けて発信されている。また、トライアスロンクラブがどのコミュニティでも急成長している。こうしたクラブはたいてい、トレーニングパートナーやコーチングサービス、商品購入の割引、それに仲間意識というすばらしいものを提供してくれる。これだけリソースに恵まれているのだから、より速く泳ぎ、よりパワフルにバイクをこぎ、より速く走り、もちろん見た目もファッショナブルなアスリートが増えても不思議はない。

トライアスロンの距離

距離にかかわらず、トライアスロンは、3種目(通常はスイム、バイク、ラン)を連続して完了する複合競技である。さまざまな参加者を対象にさまざまな距離設定のレースがある。一般的な距離はスプリント、オリンピック(またはインターナショナル)、ハーフアイアンマン(またはIM 70.3)、フルアイアンマンである(表1.1)。

表1.1　トライアスロンの距離

	スイム	バイク	ラン
スプリント	750m	20Km	5Km
オリンピック	1,500m	40Km	10Km
ハーフアイアンマン	1.2 マイル(1.9Km)	56 マイル(90Km)	13.1 マイル(21.0975Km)
フルアイアンマン	2.4 マイル(3.8Km)	112 マイル(180Km)	26.2 マイル(42.195Km)

スプリントなど、ショートディスタンス(短距離)のレースは、トレーニング時間を少なくできるので、トライアスロン初心者にとって魅力的だと言える。また、単純にショートディスタンスが得意で、濃密な全力投球のレースを楽しむアスリートもいる。スプリントのレース時間には幅があり、エイジグループにもよるが、通常1時間20分のタイムだと強いと言われている。

オリンピックディスタンスでは、トレーニング時間とレース時間も相応に長くなる。レースディレクターのジョン・コルフによれば、2010年ニューヨークシティ・オリンピックディスタンス・トライアスロンでのアスリート3,500人以上の平均フィニッシュタイムは3：04：39だった。優勝者のタイムは、なんと1：48：11！

トレーニング時間とレース時間は、ハーフアイアンマンやアイアンマンになればさらに長くなる。メートル法のほうが平易にもかかわらず、これらのレースではマイルで距離を表すことが多い。ハーフアイアンマンは現在、レースの合計距離から、よく70.3と呼ばれている。アイアンマンディスタンス、すなわち140.6は、スイム2.4マイルで始まり、次にバイク112マイル、そしてラン26.2マイルで終わる。アイアンマンは、一部のアスリートにとって聖杯でありつづけ、あらゆる年齢、体格、能力の競技者を魅了している。

トランジション

トライアスロン各区間の間は、ある種目から別の種目へのトランジション(移行)であり、T1、T2と呼ばれている。それぞれスイムからバイクへ、バイクからランへのトランジションである。ベテランのトライアスリートなら、トランジションを完了する時間も合計フィニッシュタイムの計算に入れなければならないことを承知している。レースはトランジションエリアで勝敗が分かれることもある。そこはのんびりする場所ではない。トランジションは、レースの挽回、つかのまの休息、レース中に起こる問題(栄養補給、日焼け止めを塗る、トイレ休憩など)の処理において重要な役目を担う。

トライアスロンの生体力学

トライアスロンに参加するには3つの活動、スイム、バイク、ランが必要となる。それぞれの活動では、筋動員パターンのコーディネーション（協調）が要求され、それが関節まわりを動かし、トライアスリートを動かすパワーを生み出す。スイム、バイク、ランと種目が変わるにつれて、体重を支える活動が増えていく。

スイムでは、腹臥位が要求され、顔を水につけて、推進力として腕と脚を使う。水泳経験のない人のほとんどは、スイムの効率、すなわちスピードはテクニックに著しく左右されることを早いうちに知る。テクニックに課題のある人は、一定の水温で使用することが認められているウェットスーツを着用すると、浮力が増し、泳ぐ姿勢を正しくする助けとなり、結果的に脚も楽に動かせるようになる。ほとんどのトライアスリートは、下肢よりも腕をはるかに盛んに使って進み、バイクとランに備えて下肢をできるだけ疲労させないようにする。

バイクに移ると、下肢とコアがより重要になる。上肢は、バイクのハンドリングスキルの安定と補助に貢献する。

3種目のうち最も体重を支える活動であるランでは、体にかかる衝撃が最大となり、効率的な足運びのためには上肢と下肢のなめらかなコーディネーションが要求される。後述する部位別のエクササイズと種目別のエクササイズの両方を行う筋力トレーニングを実践すれば、パワーとスピードを生み出し、同時にケガも防ぐしっかりした基礎を築くことができる。

持久力の試金石

どの距離のトライアスロンにも共通するのは、長時間におよぶ運動耐性が要求されることである。これがほかの多くのスポーツとは異なるところだ。プロのアメリカンフットボール選手は60分の試合で平均12分プレーする。90分つづく平均的なサッカーの試合で、サッカー選手が走る距離を計算すると約10Kmになる。最も短い距離のトライアスロンでさえ、持続運動を維持する能力はもっと高くなければならない。

心呼吸および筋骨格系は、トレーニングすれば、この耐久ストレスに対処できるようになる。アスリートの有酸素および無酸素運動能力について、また筋力や柔軟性のトレーニングなど筋骨格の機能を改善するテクニックについても研究して知識を増やしたほうが、正しい運動能力を獲得できる。

ケガ予防と傷害管理は、トライアスロンの重要な要素である。体に繰り返しストレスがかかると、組織が損傷し、ケガにつながる恐れがある。壊れたエンジンでは速く進めない。傷害管理に加えて、トレーニングやレースの精神的な要素もはずせない。たとえば、努力をつづけられるようになること、すなわち、ベテランが好んで言うように、耐えることを覚えることがある。深く掘り下げることは、持久系スポーツの競技ではパフォーマンスの重要な決定要素である。人によっては、どんどんハードに長くがんばれるようだが、ほとんどのトライアスリートにとっては、探求することのストレスよりも、家庭や仕事とトレーニングやレースの厳しさとのバランスをとるというプレッシャーのほうが時として大きい。トライアスロンの世界では、「トライアスロン未亡人」とか「トライアスロンやもめ」という表現が珍しくない。冗談とはいえ、このストレスは、健康的な生活に責任をもつこともそうだが、新米トライアスリートを少々圧倒するようだ。距離にかかわらず、フィニッシュ後の高揚感や祝福は、多くの場合、努力をサポートしてくれた人たち全員と分かちあえるものであり、打ち込むだけの価値は十分にある。

トレーニングで考慮すべきこと

これだけ多くの知識や装備が手近にあるのだから、誰もがプロのようにトレーニングやレースをしてはどうだろう？　人の運動能力には遺伝的性質が大きく影響する。アスリート遺伝子をもっている人もいれば、もっていない人もいる。個人の熱意とよく考えられたトレーニングプログラムが、アスリートのパフォーマンス向上を可能にする。

人体生理学の知識が増えるほど、体はよく計画されたトレーニングプログラムに反応するものだとわかる。でたらめにトレーニングしたり、よくあるケガの警告サインを無視したりすると体が故障してしまう。どのアスリートにも限界があり、それを超えれば体が故障しはじめ、ケガのリスクが高まる。この限界はアスリート一人ひとり異なり、トライアスロン経験によっても異なる。

トレーニングの量と種類をめぐる「量 対 質」のトレーニング哲学は、年月を経て変化してきた。これは、熟年アスリート、40歳以上の人に特に当てはまる。自分がまだ若く、無鉄砲にトレーニングしても大丈夫だと誰でも思いたがるが、年齢にかかわらず、健康に注意しなければ、そうはいかないことを体は痛みや潜在的なケガで私たちに気づかせてくれる。持久力は35歳頃がピークで、50歳頃まで次第に衰えていき、その後はもっと顕著に減退する。筋量は20代半ばがピークで、年ごとに低下していく。悪いニュースで申し訳ない。明るい話をすると、筋力をつけることに重点を置いたエクササイズをすれば、この筋量の低下を軽減できることもまた科学は明らかにしている。やはり年齢とともに低下する柔軟性は、機能を維持し、ケガを減らす効果があるストレッチ運動で改善できる。熟年アスリートのための持久力トレーニングでは、この点に細心の注意を払い、手厚くケアすることで着実なトレーニングやレースのスケジュールを継続することが必要になる。

筋力トレーニングで実際にパフォーマンスが向上するか否かについては議論があるものの、どのコーチやスポーツ医学の医師でも、筋力トレーニングと柔軟性トレーニングの両方を含む、アウトラインの明確なトレーニングプログラムを支持するだろう。プログラムの目標は、筋骨格の健康を増進し、身体能力を改善して、持久系スポーツによって繰り返しかかるストレスに耐えられるようにすることであるべきだ。本書で概要を示した種目別のエクササイズで筋力をつけると、動きの無駄も少なくなる。つまり、同じ動きを楽にできるようになるから、より速くなり、体にかかるストレスも減らせるのだ。

パフォーマンストレーニングの新しい専門用語になった概念、コアの安定は、動きとパワーを生み出す体の土台と定義できる。腹部と骨盤のコアの筋肉は、安定とパワーの未開発の源だ。この部位の弱さは、トライアスロンで見られるケガの主な原因になりやすい。第7章で解説するように、この筋群を鍛えれば、トライアスロンの3種目すべてにおいてパワーとスピードの向上が期待できる。

本書全体をとおして、トライアスロンを行うときに身体各部がどう作用するか解説する。筋肉、腱、靭帯などの軟組織、ならびに骨と特定の関節の相互作用を述べる。各章では、パフォーマンス向上とケガ予防のために身体各部を強化するベストな方法を指南する。紹介するエクササイズは種目別になっている。よくあるケガのサインについても触れ、ケガなくトライアスロンをつづけるために回復と休養の重要性を強調する。第11章では、ケガのない競技生活のためにトレーニングプログラムの組み立て方と実施について考察する。第2章では、トライアスロンに関係する心血管および心呼吸系を取り上げる。レースやトレーニングのときは、心臓のポンプの働きによって血液が筋肉に供給される。エンジンが大きければ大きいほど、より強い心臓になり、より長く、より速く動ける。ハードに、だが賢くトレーニングしよう。

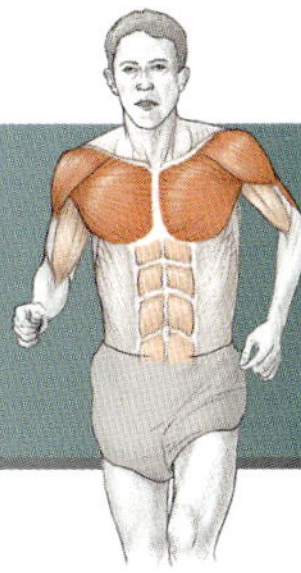

CHAPTER 2

カーディオ（有酸素）トレーニング

私たちはなぜ運動するのだろう？　格好いい体になるため？　ストレス解消のため？　達成感を味わうため？　そう、答えは1つではない。ほかにも理由はいくらでもあるだろう。医学的な見地からは、研究によれば、毎日30分の適度な運動など、定期的な運動プログラムを行う人は、心血管疾患、インスリン非依存型糖尿病、高血圧、骨粗しょう症、大腸癌になるリスクが大幅に減少することがわかっている。医者からそう言われたという人もいるだろう。

トライアスリートのなかには、より速く、より遠くにという最大の目標に比べれば、こうしたメリットは重要ではないという人もいるかもしれない。トライアスリートにとっては、最大かつ最強のエンジンをつくることこそがトレーニングの本質だ。本章を読めば、心血管および心呼吸系の機能を高めることが、エンジンをつくり、健康とパフォーマンスを改善することにどれだけ貢献するか理解できる。

心血管および心呼吸系

心血管および心呼吸系（図2.1）（心臓、動脈、毛細血管、静脈、ならびに肺とその脈管構造）は、運動に必要な次の五大機能を支え、可能にする。

1. 心臓は活動中の筋肉に動脈経由で酸素を届ける。
2. 血液は静脈経由で肺に戻り、再び酸素を取り込む。
3. 活動中の筋肉によって生成される熱は動脈および毛細血管経由で皮膚に運ばれ、体温調節に使われる。
4. グルコース（エネルギー源）とホルモン（恒常性の維持）は血流経由で活動中の組織に運ばれる。
5. 代謝老廃物は静脈およびリンパ管経由で活動中の組織から運び出され、活動を持続できるようにする。

心臓は活動中の筋肉に酸素を届ける

心臓は、筋肉であり、そのサイズを大きくすることで運動に反応し、したがって収縮力を強めることができる。そうすることで心臓はより多くの血液を効率的に活動中の筋肉に送り出せる。心拍出量（CO）、すなわち一定時間で動脈に送り出される血液の量は、心機能の判定に使われる医学的指標であり、数字が大きいほど、強い心臓である。COは一般に次の式で計算される。

CO＝1回拍出量（1回の収縮で送り出される血液量）×心拍数

運動が心臓にもたらすメリットの1つは、安静時、運動時、回復時の心拍数が少なくなることだ。安静時心拍数は、運動回復と総合的な健康状態の評価に使われる場合がある。安静時心拍数を測定するには、起床直後に寝床に横たわったまま身動きせずに心拍を数える。正常時よりわずか5拍多

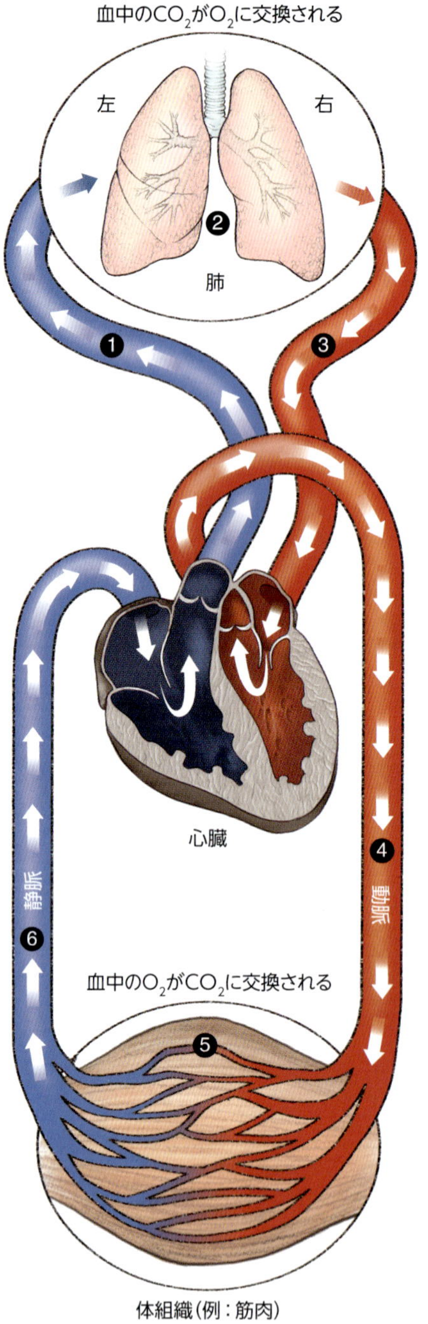

図 2.1　血液は心臓、肺、筋肉を循環する。

*①の名称は肺動脈だが、酸素化されていない血液が流れているため青で表示。

いだけで、差し迫った病気や潜在的なオーバートレーニングの兆候である可能性もある。運動時心拍数は、運動中に手で数えるか、心拍計で測定する。コンディションのよいアスリートなら、より少ない心拍数でスイム、ラン、バイクをこなすことができ、代謝要求も少なくなる。強い心臓のもう1つのメリットは、運動後に心拍数が安静レベルに戻るまでの時間が短くなることだ。これは回復率と呼ばれている。医学的研究によれば、運動後に最初の1分間で減少する心拍数が12拍未満の人は、心血管疾患の疑いがある。

生理学的な健康状態を評価する重要な指標としては、ほかに最大心拍数、乳酸性作業閾値（LT）、$\dot{V}O_2max$（最大酸素摂取量）がある。これらは、適切な機器を用いて、結果を正しく解釈できる専門家のもとで評価したほうがよい。

ここでは、$\dot{V}O_2max$を人が酸素を運搬し、利用する最大能力と定義する。この概念は、酸素を組織に届け、次にそれをエネルギー産生のために利用する能力に基づいている。さまざまな状態が$\dot{V}O_2max$に影響する。たとえば、肺疾患があると血液に拡散される酸素が少なくなるし、心臓が弱いと血液を組織に送り出せない。また、訓練されていない筋肉には酸素を処理する細胞ツールがない。一般に$\dot{V}O_2max$は心肺持久力や最大有酸素性能力（MAP）を測定する唯一ベストな指標だと考えられているが、パフォーマンスの手がかりとしてはきわめて当てにならないことも多い。$\dot{V}O_2max$の値は、年齢、性別、体重、フィットネスレベル、個人の遺伝的要因など、多くの不確定要素によって左右される。トレーニングを積んだアスリートのほとんどは、トレーニングしても$\dot{V}O_2max$値が10％しか変化しない。数値が最も増えるのは、トレーニング経験がなく、運動プログラムを始めた人の場合だ。

もう少し正確にパフォーマンスを判定できると思われるのは、$\dot{V}O_2max$で、もしくはその近似値で、一定時間スイム、バイク、ランをこなすアスリートの能力である。これはパーセント$\dot{V}O_2max$と呼ばれ、無酸素性作業閾値（AT）、もしくは乳酸性作業閾値（LT）と呼ばれる概念と関連がある。乳酸性作業閾値を超えると、乳酸（塩）の産生が体の処理能力を上回り、パフォーマンスを維持できなくなる。詳細は後述する。細胞の酸素処理機構を増やす有酸素運動をとおして、そして運動耐性を高める乳酸性作業閾値運動をとおして、アスリートはより大きく、より効率的なエンジンをつくることができる（これについては第３章で詳しく述べる）。

血液は肺に戻る

心臓に戻る血液中では、赤血球の有効酸素が激減している。赤血球の大部分を構成するヘモグロビンというタンパク質は、酸素を結合し、酸素が筋肉や内臓に運ばれるようにする。肺とその毛細血管は、赤血球の酸素欠乏を補充する。全血液に占める赤血球の割合（ヘマトクリット濃度という）は、通常、男性で45％、女性で40％である。赤血球以外の血液成分には、ほとんどが水分の血漿、溶存タンパク質、グルコース、凝固因子、ミネラル、ホルモン、二酸化炭素などがある。

高地トレーニングは、酸素濃度の低い空気を吸うことで赤血球の産生が増加し、その結果、酸素運搬能力が向上するから心肺トレーニングに有効だと盛んに推奨されてきた。しかし、“練習は高地で、試合は低地で”という考え方に対して、ここ数年異議が唱えられ、見解が分かれている。この環境順応プロセスは、エリスロポエチンというホルモン（訳注：赤血球の産生を促進）の制御下で赤血球数が増えるというメカニズムなのだが、順応するには４週間かかりそうだ。一定高度以上でのトレーニングは、実はパフォーマンスや心肺機能にとって有害な場合もある。もっと合理的な高地トレーニングプログラムは、高地で眠るか、酸素テントを使って赤血球の産生を刺激し、それから低地でトレーニングやレースをすることだ。これ以外の赤血球の産生を促進する方法、たとえば、ドーピングや輸血などは、違法であり、たいへん危険である。

熱は体温調節のために皮膚に運ばれる

深部体温（核心温度）を一定範囲に保つ能力、体温調節は、対流、伝導、放射、蒸発による熱損失によって遂行される。熱関連の疾病は、パフォーマンスに影響を及ぼし、深刻な場合は死に至ることさえある。運動によって内臓や筋肉が働くと、熱が生成され、深部体温が上がる。皮膚温が外気温より高いと、放射と伝導による熱損失が起こる。発汗と汗の蒸発も熱損失を促進する。体温が上がると、皮膚に血液を供給する細い動脈、細動脈が拡張し、血流を皮膚の毛細血管床に向けて、対流と伝導による熱損失を増やす。この典型例は、運動中のアスリートの顔や胸、腕が紅潮することに見られる。湿度、風、衣服などの要因が、アスリートの熱損失コントロール能力を大きく変動させる。

熱関連の疾病は、どんなレベルのトライアスロンでも起こり得る。平均的な正常体温は37℃である。体温調節がうまくいかなくなり深部体温が上がった状態、高体温は37.8-38.3℃と定義されている。吐き気、嘔吐、頭痛、低血圧などの症状があり、めまいや失神に至ることもある。これを放置すると、体温が40℃を超える熱中症となり、生命の危険がある。熱の悪影響を防ぐこつは、たとえば、冷たい飲み物で適切に水分補給をすること、サンバイザーや帽子をかぶって日ざしをさえぎること、体に水をかけたり、頭に氷を置いたりして伝導による熱損失を増やすことだ。

血液は活動中の組織にグルコースとホルモンを運ぶ

有酸素運動や**無酸素運動**という用語は、細胞の代謝が酸素のある状態（有酸素）で生じるか、酸素のない状態（無酸素）で生じるかを表している。トレーニングの段階では、これは運動の強度と持続時間に基づいて説明することができる。有酸素運動、たとえば、長い、ゆっくりしたランニングは、比較的弱い強度で、長い時間をかけて、エネルギー産生のための酸素がある状態で行われる。無酸素運動、たとえば、ウェイトリフティングやスプリントは、持続時間が短くて強度が強く、酸素を消費せずにエネルギーを産生して行われる。運動中は、この２つのプロセス間の能動的なバランスによって、活動中の筋肉に対するコンスタントなエネルギーの流れが生み出される。

筋収縮、したがって力の生成は、利用可能なエネルギーに依存する。言うまでもないエネルギー源の1つは、私たちが食べる食物である。まず、食物は胃で消化され、小腸を通過しながら吸収される。炭水化物(糖質)は、筋肉と肝臓によって取り込まれ、グリコーゲンに転換されて貯蔵される。ほとんどのグリコーゲンは肝臓に蓄えられており、必要になると、肝臓が急速にグリコーゲンをグルコースに戻して、血液経由で筋肉に輸送する。

脂肪は、脂肪組織として体に貯蔵され、エネルギーとして使うには、複雑な段階を経て、グリセロールと遊離脂肪酸という単純な形に分解されなければならない。蓄えられた脂肪は、かなりのエネルギーの蓄積となるが、動員し、使えるエネルギーの形に転換するまでに時間がかかるため、非常に激しい運動の場合には、脂肪からのエネルギー産生では間に合わない。

タンパク質も、長時間運動のエネルギーを供給するが、脂肪と同様、まず好気性(有酸素)代謝で利用可能なアミノ酸に分解される必要がある。これは、持久運動で消費されるエネルギー全体の5-10%にすぎない。タンパク質は、むしろ運動に対する反応において中心的な役割を果たす。たとえば、筋肉などの新しい組織をつくったり、ケガや激しい運動で損傷した組織を修復したりする役目がある。

ホルモン系は、いわゆるランナーズハイの状態にするエンドルフィン、および筋肉の成長やケガの治癒を促進するテストステロンや成長ホルモンを産生して運動に反応する。いっぽう、過度の運動やオーバートレーニングは、コルチゾールの産生を刺激して、免疫系を抑制する場合がある。そうなると、病気やトレーニング時間のロスにつながりかねない。

運動中に栄養とエネルギー産生を実際的に考えることは、栄養を消化、吸収する消化器系臓器の仕事である。消化に必須の血液は、活動中の筋肉への血流を増やすために腸から筋肉に回される。その結果、食べた物が胃から腸に送られて胃が空になるまでに時間がかかるようになり、膨満感や吐き気、嘔吐などの症状が出ることがある。栄養補給のゼリーやバー、濃縮栄養ドリンク(リプレイスメントドリンク)でさえ、とりすぎてカロリー摂取が過剰になると、この状態を悪化させるかもしれない。運動強度を弱めたり、栄養摂取を中止するか、減らしたりして、こうした症状に対処しなければ、重大な胃腸障害が生じる恐れがある。短時間、普通の水で水分補給をして消化器系を洗い流すとか、レース中は固形物を食べないようにすると、こうした症状が緩和される場合もある。

胃腸障害といえば、塩分不足も考慮すべきことである。失われた塩分量を判断するのは難しいが、レース後に衣服に白い膜がついている人を見たことがあるなら、あれは汗と一緒に塩分が過剰に流れ出てしまったと思ってまず間違いない。塩分は体に不可欠なものであり、塩分バランスは持続運動にとって決定的に重要である。塩分は、飲み物やサプリメントとして塩タブレットから補給するほか、耐久トライアスロンのエイドステーションに用意されているチキンスープからも補給できる。

代謝老廃物は活動中の組織から運び出される

高強度の運動の最初の2分間は、嫌気性(無酸素)代謝が主なエネルギー源である。このプロセスでは、酸素の供給なしでグルコースが乳酸塩(lactate)に転換される。運動がつづくと嫌気性代謝は継続できず、酸素を利用する好気性代謝によってエネルギーが産生される。運動強度が強いままなら、乳酸塩の産生もつづき、体がそれを代謝できなくなる、すなわち筋肉から乳酸塩を除去できなくなる限界点に至る。これは乳酸性作業閾値(LT)と呼ばれる。乳酸塩は、しばしば誤って乳酸(lactic acid)と呼ばれ、筋肉疲労や急激な運動にともなう灼熱感の原因と考えられている。現在の研究によれば、これらの症状はアシドーシス(酸性血症)、すなわち嫌気性代謝で産生される水素イオンに起因する筋肉のpHの変化によるものだとされている。血液の主な成分の1つである血漿は、こうした代謝老廃物を活動中の組織から運び出す媒介物であり、筋肉のpHバランスを保つ働きをする。アスリートの乳酸性作業閾値とパーセント$\dot{V}O_2max$は、トレーニングやレースの運動強度を決定し、持久系スポーツの運動能力を評価する場合の有益な指標である。アスリートが、最大有酸素性能力

（MAP）との関連で高強度の活動をどれくらい持続できるか？　それは賞金100万ドルの難問だ！

心拍数トレーニング

レースカーの動力であるモーターと同様に、心臓はトライアスリートのモーターだ。高性能のV8ターボに恵まれた人もいれば、4気筒に生まれついた人もいる。遺伝的性質が、持久系アスリートとしての潜在能力に大きな役割を果たすが、幸いなことに、正しくトレーニング計画を立てて、実行すれば、誰でも自分のエンジンの出力を向上させることができる。

自分のモーターの出力を測定し、理想的なトレーニングゾーンでトレーニングするには、心拍計を使う。自動車のタコメーター（回転速度計）がrpm（毎分回転数）を測定し、ドライバーにギアチェンジのタイミングを教えるように、心拍計は相対的な運動強度を測定する。

心拍数トレーニングは、効果的なツールではあるものの、精密な科学ではないことを踏まえておくことが大切だ。心拍数は、気温から現在の健康状態まで、さまざまな外部の不確定要素によって影響される。多くのアスリートは、判断基準として、あるいは一種の運動強度の調整機として心拍数トレーニングを利用し、自分の感じ方に応じてトレーニングの強度を調整している。

心拍計を効果的に使う第一歩は、トレーニングゾーンを決定することだ。それには、トレーニングのとき、レースのとき、あるいは体力測定ができる施設で簡単なフィールドテストをしてみればよい。それぞれ一長一短あるものの、いずれもパフォーマンスのベンチマーク（評価基準）とトレーニングゾーンを決定する有効な手段になる。

トライアスリートが各種目で実施できる一般的なフィールドテストは多種多様にある。バイクとランの最も簡単かつ効果的なテストの1つは、20分閾値テストである。

乳酸性作業閾値心拍数（LTHR）20分閾値テスト

1. 10-20分間、あるいは運動強度を上げる準備ができたと思うまでウォームアップをする。
2. 手はじめに、30秒ハードに動き、30秒休みなど、15-30秒の短い、高強度の反復運動と休みを数セット行う。
3. とてもハードだが20分間持続できる運動を最大限のペースで行う。ペースを保つことが重要だから、スタートで張り切りすぎないこと。20分間の平均心拍数をテストの結果とする。その数値がLTHRである。
4. 10-20分間クールダウン。

この情報を入手したら、数パーセントの誤差でおよその乳酸性作業閾値心拍数（LTHR）の運動強度範囲がわかったと自信をもってよい。この数字はターゲットゾーンの設定で重要になる（表2.1）

表 2.1　乳酸性作業閾値心拍数（LTHR）に基づく心拍数トレーニングゾーン

ゾーン	強度の表現	トレーニングの用途	心拍数範囲
1	楽	ウォームアップ	LTHR の 60-70%
2	適度	有酸素能力の向上	LTHR の 70-90%
3	きつい	有酸素持久力（LTHR）の向上	LTHR の 90-100%
4	とてもきつい	有酸素効率の向上	LTHR の 100-110%
5	きわめてきつい	スピードとパワーの向上	LTHR の 110% - ピーク

たとえば、LTHRが150だとすると、ゾーン1の範囲は90-105拍/分（bpm）、ゾーン2の範囲は105-135拍/分、ゾーン3は135-150拍/分、ゾーン4は150-165拍/分、ゾーン5は165拍/分最大心拍数となる。トライアスロンのトレーニングの場合、ゾーン2と3を中心に有酸素能力および持久力を向上させる（トレーニングプログラム作成の詳細については第3章を参照）。

自分でフィールドテストを行うか、体力測定ができる施設でテストを受けて自分のゾーンが確定すれば、エンジンをつくるためにエネルギー系をより効果的な方法でトレーニングすることができるようになる。

コンプレッションガーメント

心血管についてはコンプレッションガーメント（着圧がかかる衣類）を抜きにして語れない。運動中に回復の助けとしてコンプレッションガーメントを着用すると、筋肉疲労を軽減し、回復を早め、持久力やパフォーマンスが向上すると言われてきた。こうしたメリットの一部は、心血管系に対する効果に関係している。残念ながら、ほとんどは科学的に検証されていない。

動脈とは異なり、静脈には血液を心臓や肺に押し戻す重要なポンプ機能がなく、筋肉が動くことが一定の推進力になる。また、静脈には一方通行のバルブがあり、重力による血液の逆流を防いでいる。細胞活動の老廃物が心臓や肺に戻るのは、この低流量システムの働きによる。静脈機能不全は、下肢の静脈が血液を心臓にうまく戻せない状態である。静脈がうっ血し、脚に静脈瘤ができ、おそらく痛みやむくみが生じる。これは、遺伝的体質や妊娠、あるいは長時間の起立が原因になる。耐久レースでもこの問題が起こる可能性があり、コンプレッションガーメントが血流を補助し、下肢のむくみ、痛み、静脈瘤を予防あるいは治療する効果を期待できる。

体を動かすエンジンを構成する心血管および心呼吸系は、健康とフィットネスの増進においてはパズルの1ピースにすぎない。この2つの系に対する運動の効果は、きわめて複雑なテーマであり、絶えず情報が更新され、より多くのことがわかるようになっている。次章では、効果的なトレーニングプログラムをつくるベストな方法を見つけてもらいたい。第4章以降では、エンジンを組み立てるエクササイズを学ぶ。最終結果は、より速く、より強く、そしてケガ予防だ。

CHAPTER 3

トレーニング計画のカスタマイズ

本題のトレーニングプログラムの計画に入る前に、あなたのパフォーマンスの可能性に近づけるようにトレーニングの原則をはっきり理解しておいてもらいたい。エクササイズは、大まかに定義するとフィットネス向上のためのランダムな身体活動だが、トレーニングは、あるスポーツ種目の成果を収めるという目標で体系的に運動することと定義できる。時間とエネルギーを最大限有効に使い、パフォーマンスの目標を達成するには、目的と構成がしっかりした、短期的および長期的目標の達成につながるトレーニング計画にすべきだ。

トレーニング用語とトレーニング原則

本章には、コーチやアスリートが用いる用語や原則が出てくる。どのアスリートも、こうした概念になじんでおいたほうがよい。

トレーニングのピリオダイゼーション

ピリオダイゼーションとは、一定期間、明確なサイクルでトレーニングの量と強度に変化をつけ、目標の試合に向けてピークにもっていく準備である。線形（リニア）と非線形（ノンリニア）、２種類のピリオダイゼーションがある。線形ピリオダイゼーションでは、4-6週間のマイクロサイクルの間、１つのエネルギー系もしくはトレーニング重点項目だけをターゲットにし、サイクルごとに運動強度を低から高に上げていく。非線形ピリオダイゼーションでは、あるトレーニングサイクルの間、さまざまなエネルギー系と運動強度に取り組み、それらを同時に向上させていく。どちらの方法も、断固として支持する者がいれば、批判する者もいるが、現在は非線形モデルを採用するコーチが多い。その理由は、非線形のほうが明らかに結果が出ることに加え、ある水準の強度から次の強度へと急に変化させることで、線形モデルで起こりやすいオーバートレーニングやケガを防げるからだ。

運動負荷（ワークロード）

持久系アスリートの運動負荷は、運動の頻度、持続時間、強度の観点から測る。トレーニングの頻度は、１週間、１カ月、１年いずれかのサイクルごとに、ある運動に取り組む回数を指す。持続時間は１回のトレーニングの長さ、強度は運動の激しさである。これら限定変数は、トレーニングプログラムの途中で調整して、パフォーマンスの強化という望む結果を出せるようにする。

回復と適応

全体的な運動負荷を理解しておくことが大切なように、回復と適応についても理解しておくことが大切だ。簡単に言えば、人間の体は休んでいる間にストレスに適応し、次にまた同じ運動負荷がかかったとき、それに対処すべく強くなる。トレーニング計画を立て、実行するときは、トレーニングの適応サイクルを考慮しなければならない。回復と適応を軽視すると、ケガやオーバートレーニングにつながりやすい。

好気性（有酸素）代謝

5Kmのランニングからアイアンマントライアスロンまで、ペースの維持が特に重要な持久力ベースのスポーツ種目は、主に好気性代謝を土台にしている。好気性代謝では、体を動かすために炭水化物（糖質）と脂肪を転換して燃料を補給する効率的なエネルギー産生経路を使う。低-中の強度で運動すると、心肺機能と筋肉組織の両面で長距離持久力の改善効果が最も高いことが、科学者やコーチ、アスリートの間で知られている。

嫌気性（無酸素）代謝

基本的に、嫌気性とは「酸素なし」を意味し、動きを生み出すことにかけては、効率の劣るエネルギー経路である。運動強度が上がると、体内で主な燃料源として炭水化物（糖質）を使う変化が起こることをわずかだが感知できる。この変化には、動いている筋肉の灼熱感や呼吸数の増加が伴う。この強度以上での運動は長つづきしないが、適切なトレーニングによって無酸素性作業閾値（AT）が上がるほど、ほとんどの運動強度で速く動けるようになることをアスリートやコーチは理解している。

機能的筋力の発達

機能的筋力の発達は、フィットネス産業ではとても受けのよい概念であり、神経系と筋系のコーディネーション（協調）を強化するトレーニングと定義できる。機能的トレーニングは、立つ、ねじる、曲げる、持ち上げる、ジャンプする、歩く、走るなどの日常的な運動パターンを使い、関節をアイソレート（分離）するエクササイズとは対照的だ。例として、ウォーキングランジ（p.131）とレッグエクステンション（p.140）を比較してみる。レッグエクステンションは大腿四頭筋をアイソレートして、強化するのに対して、ウォーキングランジは立つ、歩く、走るという流れるような運動パターンに関連のある全筋肉をターゲットにする。バランスのとれたレジスタンストレーニングプログラムならば、通常はどちらのタイプの運動も含まれる。

インターバルトレーニング

インターバルトレーニングは、高強度の急激な運動とリカバリー（回復）時間を交互に繰り返すトレーニングであり、心肺持久力とともに筋力と筋持久力も向上することから、トップをめざすアスリートの間では普及している。インターバルトレーニングは通常、嫌気性エネルギー系をターゲットにしており、アスリートが高レベルのアウトプットを維持し、高レベルのスピードで長時間運動する能力を鍛える。自転車競技のインターバルトレーニングの一例を下記に示す。

ウォームアップ5-10分
5×〔乳酸性作業閾値心拍数（LTHR）の強度で2分ハードに自転車をこぎ、1分リカバリー〕
クールダウン5-10分

乳酸性作業閾値は、高強度の運動中にアスリートが達する代謝状態であり、そうなると乳酸が血中に蓄積し、低強度の有酸素運動のときほど効率的に除去できなくなる。

ロングステディディスタンストレーニング

インターバルトレーニングとは対照的に、ロングステディディスタンス（長距離定速）トレーニング（ロングスローディスタンス［長距離低速］トレーニングとも呼ばれる。どちらも略称LSD）は、1970年代にマラソンランナーによって普及した。この概念は、心肺持久力と筋持久力を高める目的で、マラソンのペースよりも1-3分遅いペース（会話ができるペース）の1時間以上のトレーニングランを1

週間に数日行い、それより長い２時間前後のトレーニングを少なくとも１つ組み合わせるものだった。LSDトレーニングは、現在でも多くの持久系スポーツのトップアスリートのトレーニング法として主要な位置を占めており、適切な量のインターバルトレーニングと組み合わせると、持久系スポーツのパフォーマンス向上に大きな効果がある。

トレーニング計画の作成

トライアスリートにとって理想的なトレーニング計画を裏づける科学は多々ある。マルチスポーツ人気が高まるにつれて、成功事例やトレーニング法に関する研究文献が驚異的なペースで増えてきた。効果的なトレーニングの科学は確かに大切だが、トレーニング計画の作成"術"も大切だ。

トライアスロンのコーチングは、過去10年で爆発的に成長してきた分野だ。今ではプロフェッショナルコーチの認定資格があり、大小さまざまなコーチング会社が出現して、この急成長分野の増大する需要を満たしている。マルチスポーツのトレーニング計画作成は、おいそれとはいかないこともあり、アスリートが３種目を効果的にトレーニングしようと思えば、知識のあるコーチに依頼したほうが学習曲線を短縮できるから、時間が節約できるし、頭痛の種が減る。しかし、コーチングは確かに科学的なトレーニングを教えてくれるが、アスリートをトレーニングするという科学では割り切れない面を無視しないことも大切だ。人間の能力向上が１＋１＝２のように単純なものなら、誰もが同じレベルで速くなり、強くなるはずではないか。実際は、アスリート１人ひとりが１つの実験であり、すぐれたコーチなら、アスリートが目標を達成しつつ、健康でケガと無縁でいられるようにトレーニングのバランスを見つけてくれるだろう。ゆえに、トレーニング"術"なのだ。

多くの意味で、トライアスロンのコーチはシェフのようなものだ。どのシェフも手に入れる材料に大差はない。肝心なのは、材料をどう組み合わせ、どう準備し、どう見せて一皿を創造するかなのだ。率直に言って、すばらしい料理もあれば、そうではない料理もある。トライアスロンのコーチングにも同じことが言える。目標達成のための理想的なプログラムをつくれるかどうかは、コーチがアスリートをどう料理し、その長所と短所に対処するかにかかっている。

どのトライアスロンコーチでも自由に使える基本的な材料を検討することから、トレーニング計画作成の話を始めよう。重要なのは、あるプログラムの計画を立て、それを戦略的に監視することであり、トレーニング計画を立てるとなると、その第一歩は、今シーズンの最終的な目標を定めることになる。これをAレースとしよう。次に、それより重要ではないが、レース経験を積み、レース種目に上達するためのレースを選ぶ必要がある。エリートアスリートの多くは、こうした本命に先立つレースBやCをハードなトレーニング日として利用し、肉体的にも精神的にも自分を実戦で鍛えて仕上げている。

綿密なレーススケジュールを立て、それをやりぬく決意をしたら、計画の作成開始だ。Aレースから逆算し、ピリオダイゼーションの原則を採用する。トレーニングの材料としては強度、持続時間、頻度という要素があり、これらの組み合わせで効果的な計画ができあがる。

非線形アプローチよりのピリオダイゼーションにするなら、4-6週間あるエネルギー系に重点的に取り組みながらも、同時に別の系をてこ入れするトレーニング強度も組み込む。なぜなら、エネルギー系は単独で発達することはないからだ。たとえば、好気性ベースの発達段階では、嫌気性エネルギー系をターゲットにした短時間の集中的な運動もいくつか含めるようにする。こうしておけば、もっと本格的なハードトレーニングのブロックに移行しやすくなり、オーバートレーニングやケガのリスクも小さくなる。

現在、コーチやアスリートの考え方の主流は、心肺機能や種目別のトレーニングに加え、それを補う筋力トレーニングや柔軟性トレーニングがパフォーマンス強化にとって決定的に重要であり、長期的な健康と幸福にとってはさらに重要だというものだ。補完的なレジスタンストレーニングは、アスリートの季節的なトレーニングニーズを補う観点に立ち、本書で紹介するエクササイズから選んで通年で行うほうがよい。たとえば、シーズン中ならば、筋力トレーニングのメニューは、ほぼ体のメンテナンスとケガ予防が中心になる。いっぽう、プレシーズンならば、筋力をつけ、生体力学的にしっかりした基礎を築くことが中心になる。

表3.1は、経験1-3年、オリンピックディスタンスの準備をしているビギナーから中級レベルのトライアスリートを想定したプレシーズンのサンプルプログラムである。有酸素運動ベースの基本的な筋力向上に重点が置かれ、週の合計トレーニング時間は10-12時間となっている。

このサンプルから、3セッションの筋力トレーニングに加えて、各種目少なくとも週3回はトレーニングすることがわかる。フォームを正しくし、テクニックの着実な上達をねらうには、種目別トレーニングをしてから筋力トレーニングをしたほうがよい。レジスタンストレーニングで疲れた筋肉では、スイム、バイク、ランの悪い運動パターンを助長し、効率を妨げ、エネルギーを無駄にしてしまうかもしれないからだ。

筋力トレーニングのエクササイズは多種多様にあるから、継続的に筋肉を鍛えていくには、焦点を絞った戦略をもつことがどうしても必要だ。コーチや認定パーソナルトレーナーなど専門家の助けを借りて、本書でおすすめするエクササイズから適切なものを選び、あなた個人のニーズに合わせてカスタマイズされた計画をつくろう。

表3.1　オリンピックディスタンスをめざすビギナーから中級レベルのトライアスリート向けプレシーズントレーニングのサンプル

曜日	トライアスロンのトレーニングメニュー
月	**休養日：** 長い週末トレーニングの後なので回復に集中。できるだけ足を休め、よく食べ、よく水分をとり、体をいたわる。軽いマッサージを推奨。
火	**スイムトレーニング：** 十分なドリルでテクニックの上達に集中。 泳ぐスピードやパワーは気にしない。きれいなフォームを練習。 ウォームアップ：200-300m 8×〔50ドリル（キャッチアップ）＋10秒レスト〕 5×〔100スイム（フォーム、リーチとグライド）＋20秒レスト〕 6×〔50ドリル（フィンガーティップ）＋10秒レスト〕 5×〔100スイム（フォーム、リーチとグライド）＋15秒レスト〕 4×〔50ドリル（右腕25、左腕25）＋10秒レスト〕 クールダウン：200m **ラントレーニング：** 40分間か8Kmの有酸素ラン、一定の速度で（ゾーン2）

水	**ブリックトレーニング：**バイクからランへのスムーズなトランジションを練習。90-100 回転 / 分の有酸素ペース（ゾーン 2 か 3）でバイク 1 時間後、トランジション、一定の速度で、有酸素ペースで 30 分間か 5Km のランへ。 **筋力トレーニング：**全身のサーキットトレーニング。下記の順番でエクササイズを次々と 3 ラウンド行う。 ウォームアップ：縄跳びやジャンピングジャックなど、3-5 分の軽い有酸素運動 プッシュアップ（p.56）：20-30 秒間可能なかぎり反復 ウォーキング・ランジ（p.131）：各脚 10 ステップ、必要ならばハンドウェイト使用 体幹の回旋を入れたバランスボール・クランチ（p.83）：30 秒間反復 プルアップ（p.106）かラット・プルダウン（p.102）：20-30 秒間反復するか 15 レップ
木	**スイムトレーニング：** ウォームアップ：200m 12 ×〔25 ドリル（右腕 25、左腕 25）＋ 5 秒レスト〕 連続 300 ドリル（キック／スカーリング 25、フォームスイム 25、キック／スカーリング 25、フォームスイム 25） 8 ×〔50 ドリル（キャッチアップ 50、フィンガーティップドラッグ 50 を交互に）＋ 15 秒レスト〕 500 プル（一定の速度で、きれいなフォームで泳ぐ、ディスタンス・パー・ストローク［DPS＝ひとかきで進む距離］を伸ばすことをめざす） クールダウン：200m **バイクトレーニング：**3 ×〔5 分＋ 3 分レスト〕で 1 時間の有酸素バイク ウォームアップ：90-100 回転 / 分で 10-15 分 3 ×〔ゾーン 3 か 4（LTHR）、80-90 回転 / 分で 5 分＋ 3 分レストおよびリカバリー〕 クールダウン：10-15 分
金	**ラントレーニング：**有酸素ゾーン 2 で 40-50 分間か 8Km のラン **筋力トレーニング：**全身のサーキットトレーニング。下記の順番でエクササイズを次々と 3 ラウンド行う。 ウォームアップ：縄跳びやジャンピングジャックなど、3-5 分の軽い有酸素運動 プッシュアップ（p.56）：20-30 秒間可能なかぎり反復 ウォーキング・ランジ（p.131）：各脚 10 ステップ。必要ならばハンドウェイト使用 体幹の回旋を入れたバランスボール・クランチ（p.83）：30 秒間反復 プルアップ（p.106）かラット・プルダウン（p.102）：20-30 秒間反復するか 15 レップ

土	**スイムトレーニング：**持久泳 ウォームアップ：200m 6 ×〔50 ドリル（自由選択）＋ 10 秒レスト〕 2 ×〔800 一定速度のスイム（きれいなフォーム、リーチ、グライドに専念）＋ 1 分レスト〕 クールダウン：200m **バイクトレーニング：**85-95 回転 / 分、定常状態で 2 時間の有酸素持久ライド（ゾーン 2-3）
日	**ラントレーニング：**75 分間の持久走（ゾーン 2 か 3）か 13Km ラン、定常状態 **筋力トレーニング：**全身のサーキットトレーニング。下記の順番でエクササイズを次々と 3 ラウンド行う。 ウォームアップ：縄跳びやジャンピングジャックなど 3-5 分の軽い有酸素運動 プッシュアップ（p.56）：20-30 秒間可能なかぎり反復 ウォーキング・ランジ（p.131）：各脚 10 ステップ。必要ならばハンドウェイト使用 体幹の回旋を入れたバランスボール・クランチ（p.83）：30 秒間反復 プルアップ（p.106）かラットプル・ダウン（p.102）：20-30 秒間反復するか 15 レップ

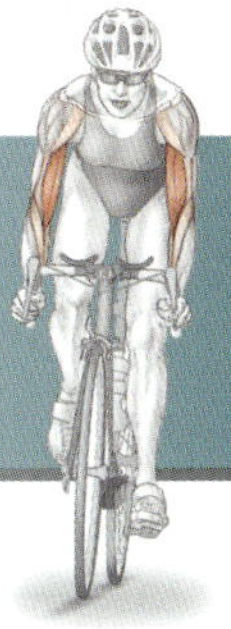

CHAPTER 4

腕

トライアスロンの３種目（スイム、バイク、ラン）では、上肢と下肢の両方をバランスよく使うことが要求される。上肢は、上腕骨を含む上腕、前腕（下腕）、手、それらに付着する全筋肉で構成される。上肢の機能になくてはならない役割を果たす肩については、第５章で別にとりあげる。

腕は、鎖骨を介して胸部と胸骨に連結されており、軸骨格、すなわち体幹とは唯一鎖骨でつながって肩からぶら下がっている。腕や肩が下肢に比べて自由に動くのは、このように骨の支持がほとんどないことで説明がつく。筋肉の協調作用と靭帯の構造的な支持がトライアスリートを強力に支える。その支えがあるから、スイムのときは推進力を生み出せるし、バイクのときはしっかりした上半身の支えで空気抵抗の小さい姿勢を保てるし、ランのときは下肢の運動に対抗してバランスをとり、なめらかで効率的なフォームで走れるのだ。

腕の筋肉が弱くても、ランやバイクにはさほど影響しないかもしれないが、スイムのテクニックには大きなマイナスとなり、ケガにつながることもある。種目別の筋力トレーニングは、繰り返し使いすぎることによるケガの予防になる。

腕の解剖学は骨格、関節、筋肉に分けられる。

腕の骨格

上腕骨は、上腕の長い骨であり、肩を肘につないでいる。また、腕を形づくり、上肢の運動と機能を提供する主要な筋群の付着部でもある。

前腕は、２つの骨、橈骨と尺骨から成る。各骨の末端の複雑な構造と橈骨の弓のような形状が、屈曲（曲げる）と伸展（伸ばす）、回外（手掌を上に回す）と回内（手掌を下に回す）など、肘や手首の補完的な運動パターンを可能にする。こうした動きなしでは、泳ぐことはできないだろう。

手は多数の骨からできており、それらの骨が関節、靭帯、筋肉、腱の付着部を介して複雑に相互作用することで器用さが生まれ、高度な手の機能が可能になる。

腕の関節

上肢には２つの主要な関節、関節窩上腕関節と肘関節がある。上腕骨の最上部（骨頭）は丸い球状に見える。それが肩甲骨の関節窩に収まっている。これが解剖学から見た肩の骨格である。どの滑膜性関節も同じだが、上腕骨の両端は関節軟骨で覆われており、その働きで骨どうしの摩擦が減り、関節の動きがなめらかになる。この関節軟骨の周囲は関節包で包まれ、その内面は滑膜で裏打ちされている。滑膜は、関節軟骨を潤滑にし、栄養を与える滑液を分泌する。このティーにのったゴルフボールのような自由に動く関節のおかげで、腕は可動性が高く、可動域が広い。

肘関節の骨格構造は、上腕骨の遠位端（体幹から遠い方）と橈骨および尺骨の近位部（体幹に近い方）から成る。前腕の橈骨と尺骨は、単純な蝶番関節で上腕骨とつながっている。腕尺関節は屈曲と伸展を、腕橈関節は前腕の回外と回内を可能にする。これらの単純な運動に橈骨と尺骨の間の関節（上橈尺関節）が組み合わさって、肘周辺が複雑に動く。

腕の筋肉

第５章で述べるように、回旋筋腱板（ローテーターカフ）を含めた肩の筋群は、肩の運動を始動し、制御する。上腕骨の前面を見ると、大胸筋と広背筋が、上腕骨の上端、回旋筋腱板の位置より下で停止する。大胸筋と広背筋が単独で作用すると、それぞれ主に腕を屈曲、伸展させる。両者が一緒に作用すると、きわめて強力な腕の内転筋および内旋筋となる。これらの運動は、スイムのキャッチ・アンド・プル（水をしっかりとらえてかく）の段階で必須となる。

上腕二頭筋は肩甲骨の２つの部位から起始する。長頭は関節窩の頂点から、短頭は烏口突起からである。この長頭・短頭は、腕の中間部で、上腕骨の中央から上端にかけて起始する上腕筋、および上腕骨の遠位端から起始する腕橈骨筋とともに合流する（図 4.1）。これらの筋肉は肘関節を横断し、肘関節の屈曲と前腕の回外の両運動を担う。

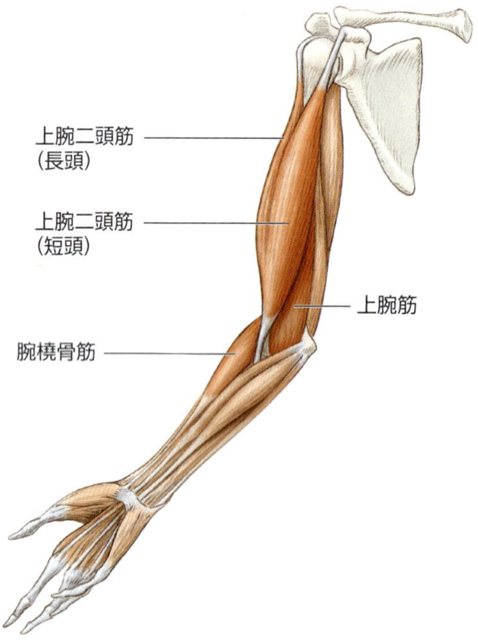

図 4.1　上腕二頭筋、上腕筋、腕橈骨筋

上腕骨の後面を見ると、上腕三頭筋の内側頭と外側頭が起始する（図 4.2）。上腕三頭筋の腱は尺骨先端、すなわち肘頭突起に停止する。上腕三頭筋は、腕尺関節の単純な蝶番関節によって肘関節を伸展させて、まっすぐにすることができる。

もう 1 つ言及すべき筋肉は、円回内筋である。この重要な筋肉は、上腕骨遠位部と尺骨の内側（尺側）面から起こり、前腕を回内させ、前腕が回外しているときに上腕二頭筋を均衡させる作用がある。

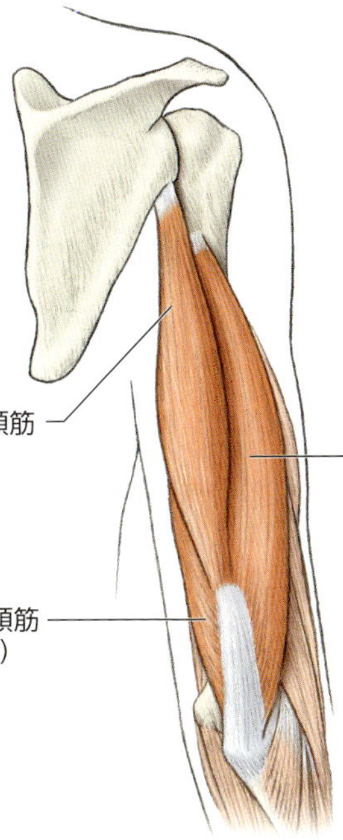

図 4.2　上腕三頭筋

前腕の筋肉（図 4.3）と手は、解剖学的にも機能的にも複雑な部位である。日常生活でもトライアスロンでも（スイムのキャッチ、バイクのハンドリング、リラックスした正しいランニングフォーム）多くの活動が強い、調整された前腕の筋肉組織に依存している。

前腕の筋肉は、掌側の屈筋群と反対側、すなわち背側の伸筋群に分けられる。伸筋群は、手首の長橈側手根伸筋、短橈側手根伸筋、尺側手根伸筋、指の総指伸筋、小指伸筋、示指伸筋、長母指伸筋、短母指伸筋である。この筋群は、外側上顆と呼ばれる上腕骨遠位部の外側（橈側）から起始する。

前腕掌側の屈筋群は、手首の橈側手根屈筋、長掌筋、尺側手根屈筋、指の浅指屈筋、深指屈筋、長母指屈筋である。この筋群は、内側上顆と呼ばれる上腕骨遠位部内側（尺側）の突出部から起始する。

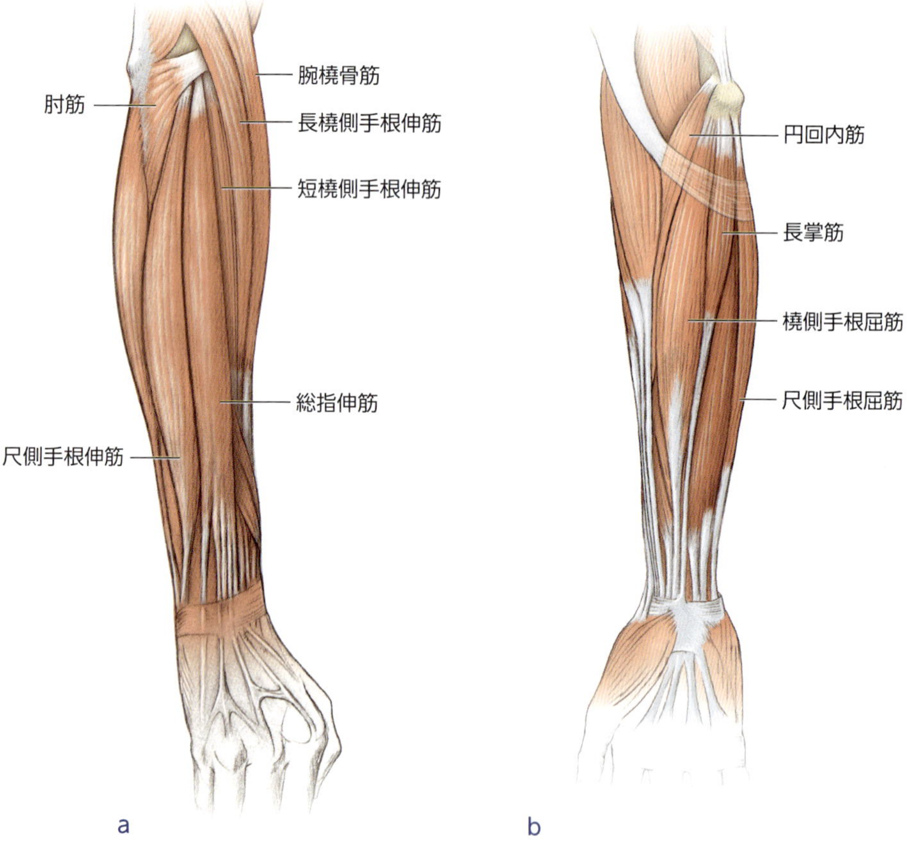

図 4.3　前腕の筋肉：(a) 外面、(b) 内面

腕のエクササイズ

本章の腕のエクササイズは、筋力と持久力を鍛えながらスイム、バイク、ランに特有のケガのリスクを減らす。もちろん、腕のエクササイズはほかにもたくさんある。アスリートのニーズに適したオプションの選択は本人やコーチに任される。

体のどこをトレーニングするときでも同じだが、まず入念なウォームアップをしよう。いきなりトレーニングメニューに入るのではなく、まず動的ストレッチや軽い抵抗を用いることをおすすめする。たとえば、スイマーがプールサイドでストレッチの一環として腕をスイングしたり、チューブや軽いダンベルで上腕三頭筋の伸展や上腕二頭筋のカールエクササイズをしたりしてトレーニング前にウォームアップをする光景はよく見かける。

トライアスロンのパフォーマンス向上を目的にした腕のトレーニングは、筋力や持久力の向上を目的に、必要以上に筋量を増やしすぎないようにセット数やレップ数を調整して行う筋力トレーニングに近い（バイクとランはどちらもアスリートのパワー対体重比によって影響されることを忘れないでほしい）。したがって、本章のエクササイズのほとんどは、10-15レップ（努力を要する回数）を2-3セットにすることをおすすめする。

トライアスリートは、筋力トレーニング、特に腕のトレーニングに関しては、次の点を考慮したほうがよい。トライアスロンのように、3種目のトレーニングをする場合、回復がとても重要なので、どこか1つでもやりすぎると、ほかの部位にも悪影響が出ることがある。腕以外の上半身、胸、肩、上背部などの筋力トレーニングをすれば、腕も使うし、トレーニングの影響を受ける。トレーニングメニューに腕専用のエクササイズを追加しすぎて、腕がオーバートレーニングにならないよう注意すること。オーバートレーニングの判断基準から目を離さないようにするか、コーチに相談して、適切なトレーニングプログラムになっているか確認しよう。

Close-Grip Push-Up
クロースグリップ・プッシュアップ
（両手の間隔を狭くした腕立て伏せ）

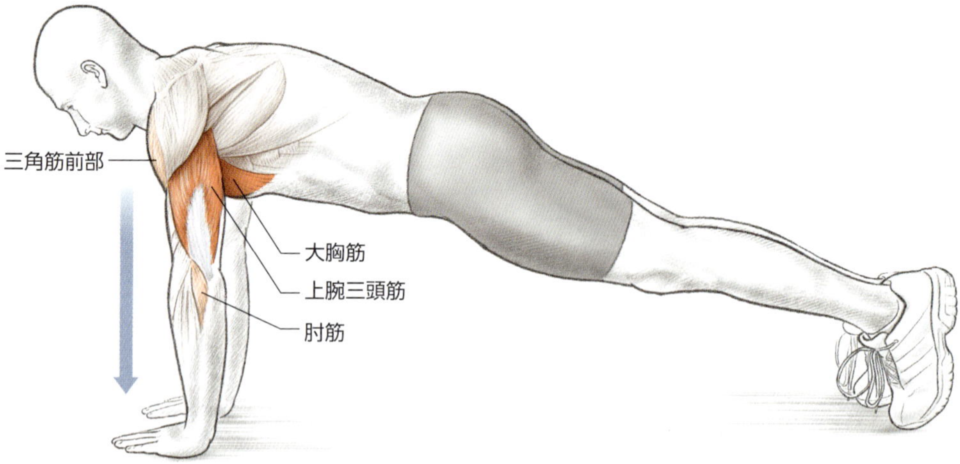

エクササイズ・ステップ

1. うつ伏せになり、肩幅よりやや狭く両手をつき、指先は前に向ける。
2. 背骨がまっすぐになるように体を伸ばす。下半身はつま先で支え、膝をロックして（関節を伸ばしきること）両脚をまっすぐ伸ばす。頭は背骨と一直線にそろえてニュートラルポジションに保つ。
3. ゆっくり、コントロールしながら、胸が床上2.5-5cmになるまで体を下げる。上腕が体から離れないようにすること。
4. ゆっくり、コントロールしながら、まっすぐな姿勢を崩さずに、肘がロックされる直前まで体を押し上げる。所定の回数繰り返す。

動員される筋肉

主動筋：上腕三頭筋、大胸筋

補助筋：小胸筋、三角筋前部、肘筋

トライアスロンのここに効く

プッシュアップは上半身を鍛えるエクササイズの王様だ。やりやすく、道具も不要で、上半身の筋力と筋持久力を高めるのにとても効果がある。

プッシュアップ運動の手の位置を変えることで、やや異なる筋群をターゲットにできる。このクロースグリップの例では、スイムとバイクで広範に使われる筋肉、上腕三頭筋に重点が置かれる。自由形泳ストロークでは、アスリートの前進力の大部分がストローク終盤の伸展で生み出される。ここで、強い三頭筋なら、力強く手で水をかくことができ、その結果、泳ぐペースが速くなる。

腕の筋力をつけると、バイクのハンドリングと安定性が向上し、安全にバイクに乗れるようにもなる。バイクの手のポジションは地形やハンドルバーによって変化する。三頭筋が強ければ、ドロップハンドルを握っているとき、サドルから腰を浮かしてこぐとき、ライダーの体重を支える補助になるし、エアロバーのとき上半身がもっと安定する。

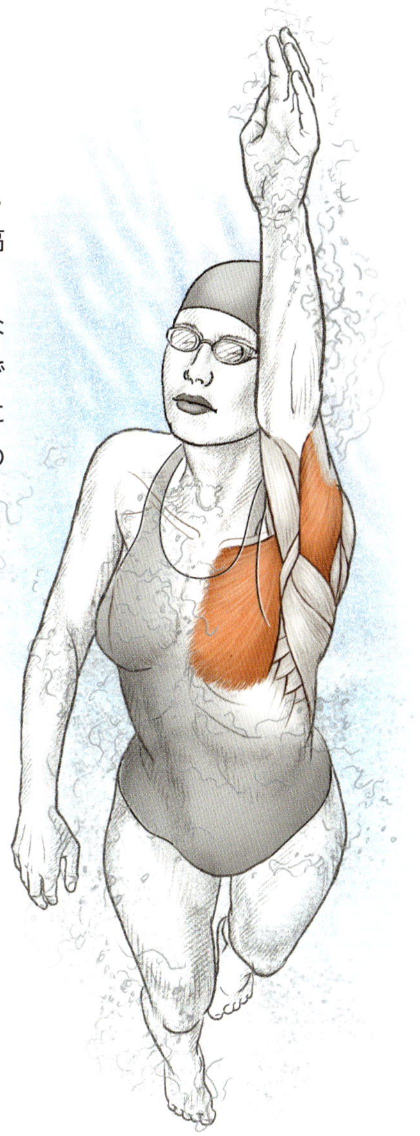

バリエーション

膝つきプッシュアップ

クロースグリップ・プッシュアップは上腕三頭筋をアイソレート（分離）するので、人によっては難しいことがある。このエクササイズをビギナー向けに簡単にするには、膝をついた姿勢から行う。背骨をまっすぐに、頭をニュートラルポジションにした姿勢は変えないこと。膝をついて適切な回数をこなせるようになったら、徐々につま先をついてできるようにしていく。

Bent-Over Freestyle Pull With Band

バンドを使ったベントオーバー（前傾姿勢）・フリースタイル・プル

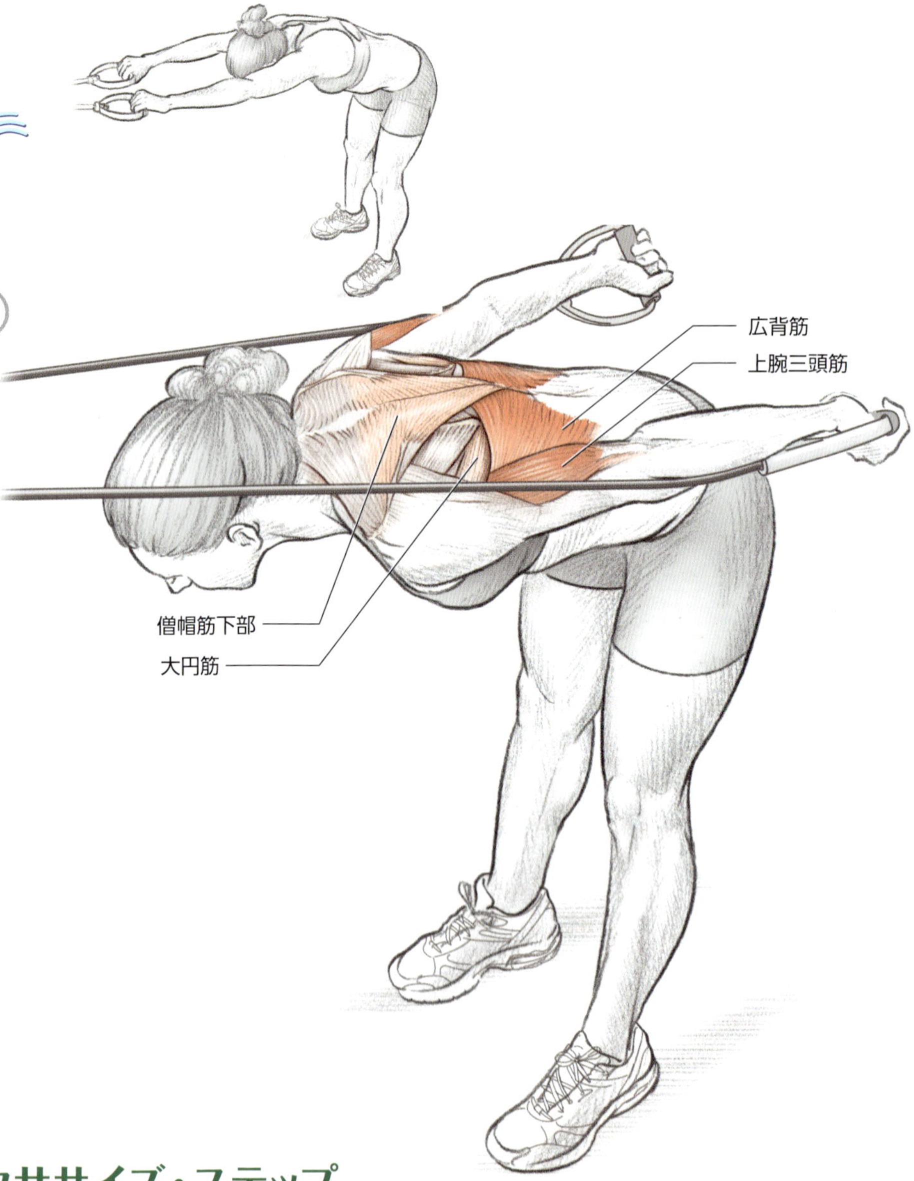

エクササイズ・ステップ

1. 筋力に適した抵抗のバンドを選ぶ。ウェイトトレーニングの器具やドアの側柱など、しっかりしたものにバンドを固定する。バンドの高さはウエストくらいにする。手のひらを後ろに向けてハンドルかバンドの端を握る。
2. 後ろに下がって、バンドを張る。足を肩幅に離して立ち、膝は軽く曲げる。
3. 上半身が床と平行になるくらいまでウエストから前傾する。自由形泳ストロークの序盤で入水するように、腕を頭上にストレッチする。

4. 両腕を同時に使い、肘をやや上げて（ハイエルボー）曲げ、ハンドルを引き戻し、胸部と上背部の筋肉を刺激する。
5. 手がウエストに届いたら、伸びたバンドの増していく抵抗に逆らって前腕を後ろに伸ばす。上腕三頭筋に集中し、肘をロックされる直前まで十分に伸ばす。
6. コントロールしながらバンドの抵抗に逆らって元に戻り、繰り返す。10-15レップを3-5セット。

動員される筋肉

主動筋：広背筋、大胸筋、上腕三頭筋

補助筋：僧帽筋下部、大円筋

トライアスロンのここに効く

これはスイマーの代表的なドライランドトレーニングである。バンドを使ったベントオーバー・フリースタイル・プルは、手軽で自由形泳の動きに特化しているから、プールに行く時間がなかなかとれない多忙なアスリートも、バンドエクササイズでスイムのトレーニングを補いたいアスリートも定番にすべきエクササイズだ。

この運動に動員される主な筋肉は、上背部と胸部の筋肉、および上腕三頭筋である。バンドの抵抗が強くなるのに逆らって、効率のよい自由形泳テクニックの運動パターン（序盤の垂直の前腕、ハイエルボー、終盤の三頭筋の急激な伸展）を模倣することで、スイムの効率もスイム特有の筋力と持久力も向上する。

バリエーション
シングルアーム・プル

簡単なバリエーションとして、両腕で同時にバンドを引っ張るのではなく、片腕ずつ引っ張る方法がある。片腕に専念すると、体を適切にローリングさせながら泳ぐリズムを練習できる。

Dumbbell Kickback
ダンベル・キックバック

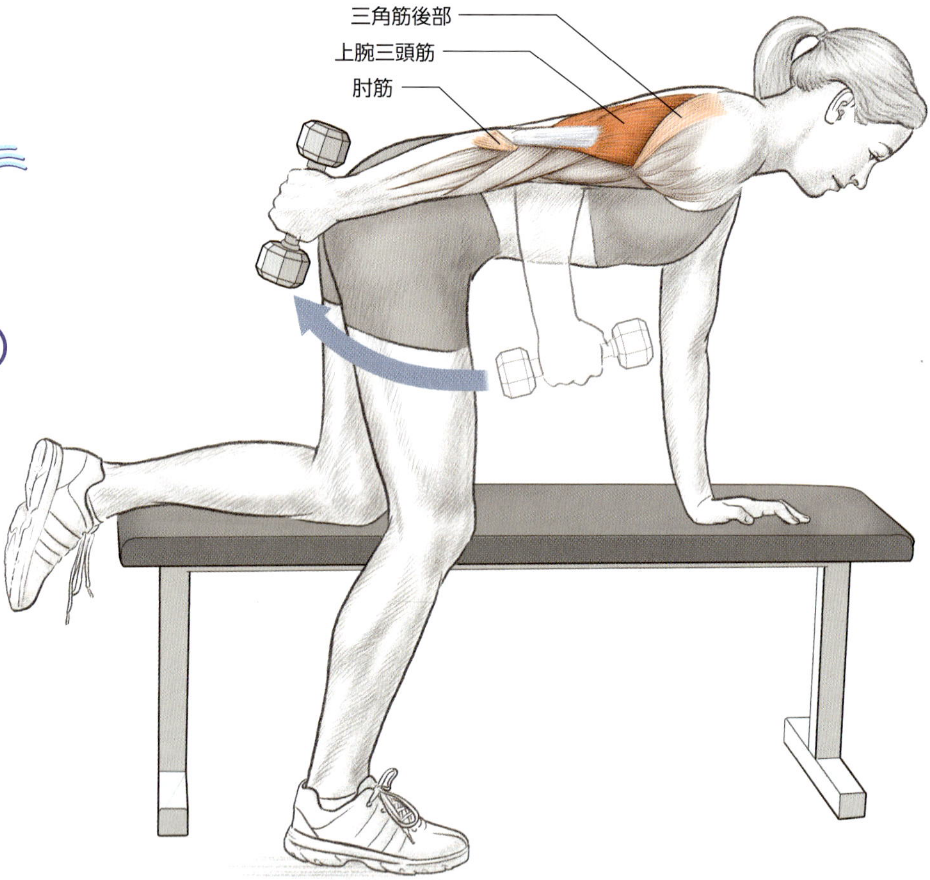

エクササイズ・ステップ

1. フラットベンチに左膝をつき、左腕で体重を支える。右手でダンベルを持つ。
2. 背中をまっすぐに、頭をニュートラルポジションにして、上腕を体側に沿わせ、床と平行になるようにする。
3. 肩を固定して上腕を動かさないようにしながら、肘が直角に曲がるまでダンベルを下げ、前腕を床と垂直にする（スタートポジション）。
4. ゆっくり1・2・3のカウントでダンベルを引き上げる。上腕三頭筋を使うことを意識しながら、肘がロックされる直前まで腕をまっすぐ伸ばしたポジションに戻す。再びゆっくり、コントロールした速度でスタートポジションに戻る。
5. 右腕で所定の回数繰り返したら、反対側に替えて、左腕で同じことを行う。

動員される筋肉

主動筋：上腕三頭筋

補助筋：三角筋後部、広背筋、肘筋

トライアスロンのここに効く

上腕三頭筋は、バイクとスイムの両方で絶えず使う主要な筋肉である。バイクでは、サドルに座ってこぐとき、または立ってこぐとき、特に2時間以上乗るとなると、上半身の体重を支えるために、よく発達した持久力を備えた強い三頭筋が要求される。スイムでは、ストローク、特に自由形泳ストロークの終盤で効率的に水をかいて進むのを補助する強く、瞬発力のある三頭筋が要求される。泳いだり、バイクに乗ったりするだけでも三頭筋は発達するが、ダンベル・キックバックなどのレジスタンストレーニングを加えると、三頭筋が次のレベルまで発達し、いっそうパフォーマンスが向上する。

このエクササイズでは、正しいフォームに注意することが特に重要だ。三頭筋を使ってダンベルを動かすのではなく、勢いをつけてダンベルを動かしてしまう人がいる。したがって、ゆっくり、動きの各段階（コンセントリック［求心性］収縮とエキセントリック［遠心性］収縮）を2-3カウントで行い、振り子のようなスイング運動にしないことが大切だ。もう1つ注意したいのは、背中を痛めないように背骨をまっすぐに、頭をニュートラルポジションにしておくことだ。

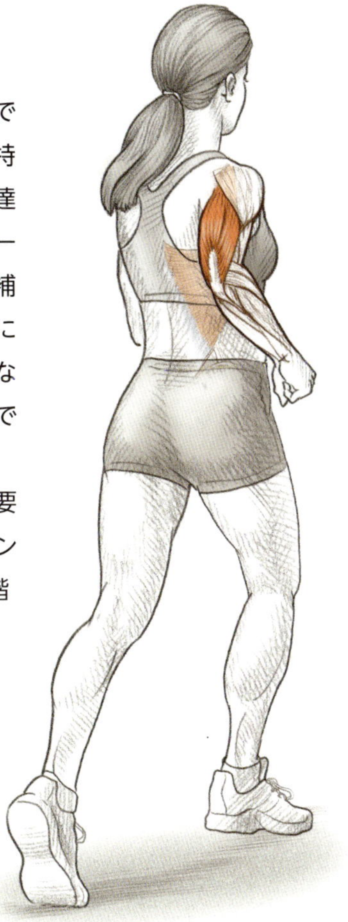

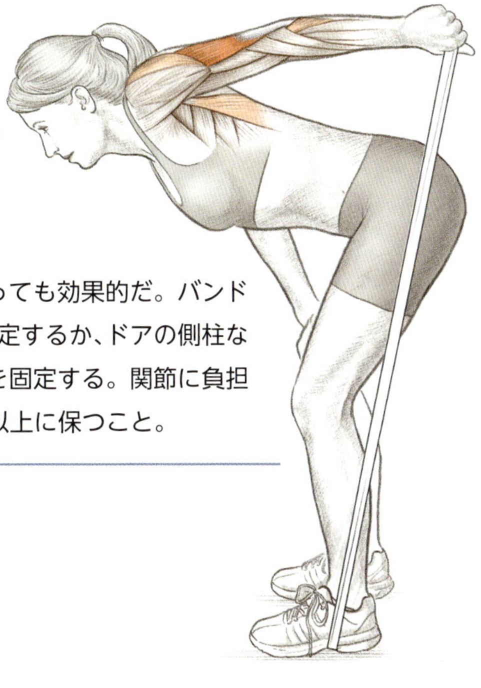

バリエーション

バンド・キックバック

この運動は、ダンベルではなくゴムバンドを使っても効果的だ。バンドを使う場合は、図のようにバンドを足で踏んで固定するか、ドアの側柱など、自分の前にあるしっかりしたものにバンドを固定する。関節に負担がかかりすぎないように、肘関節の角度を90度以上に保つこと。

Dumbbell Curl
ダンベル・カール

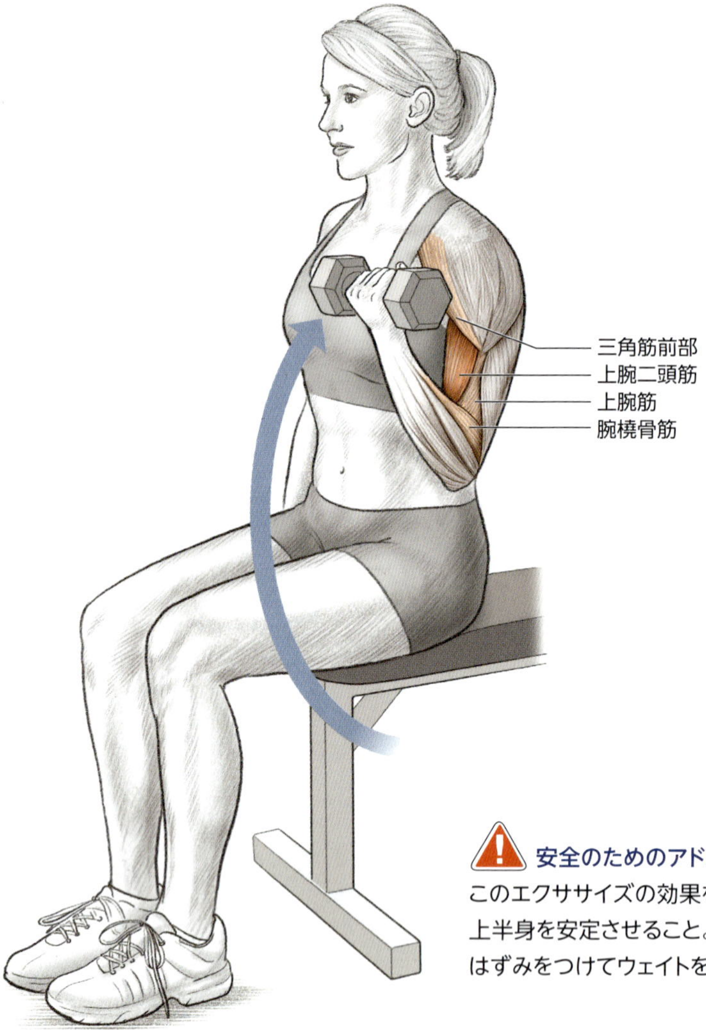

安全のためのアドバイス
このエクササイズの効果を最大にするには、上半身を安定させること。
はずみをつけてウェイトを動かさない。

エクササイズ・ステップ

1. 直立するか、図のようにフラットベンチに座る。筋力に適した重さのウェイトを両手に持つ。逆手にして腕を体側に下げる。
2. 左腕でウェイトを肩に向かってカールする(巻き上げる)。手首を回転させて、手のひらを肩に向けること。
3. ダンベルを下げて腕を伸ばしたポジションに戻す。右腕で同じことを行い、左右交互に所定の回数繰り返す。

動員される筋肉

主動筋：上腕二頭筋

補助筋：上腕筋、腕橈骨筋、三角筋前部、前腕の屈筋

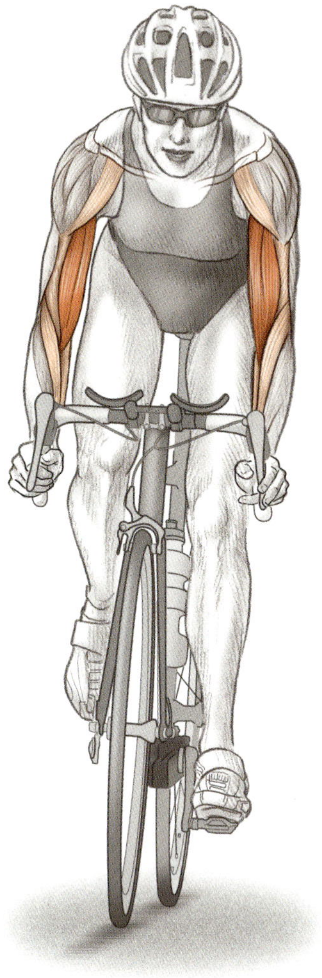

トライアスロンのここに効く

トライアスリートには強い上腕二頭筋が必要だ。バイクでは姿勢を安定させ、効率よく泳ぎ、上り坂やラストスパートのときは腕を振って疾走しなくてはならないからだ。

二頭筋が強いことは、バイク区間とタイムトライアルではとりわけ重要になる。エアロポジション（空気抵抗を最小にするための前傾姿勢）でバイクに乗っているとき、トライアスリートは、二頭筋を使ってハンドルバーを強く引っ張り上げ、てこの作用と安定の支えとしてバーを使う。

ランでは、特にハーフアイアンマンやアイアンマンのレースで長距離を走る場合、持久力の発達した強い二頭筋なら、正しいランニングフォームと生体力学を維持することができるから、速いタイムを達成する力になる。

バリエーション

バランスボール・ダンベル・カール

よくあるバリエーションの１つは、バランスボールに座りながらダンベル・カールを行うことだ。二頭筋に加えてコアの筋群も鍛えることができる。

Wrist Curl
リスト・カール

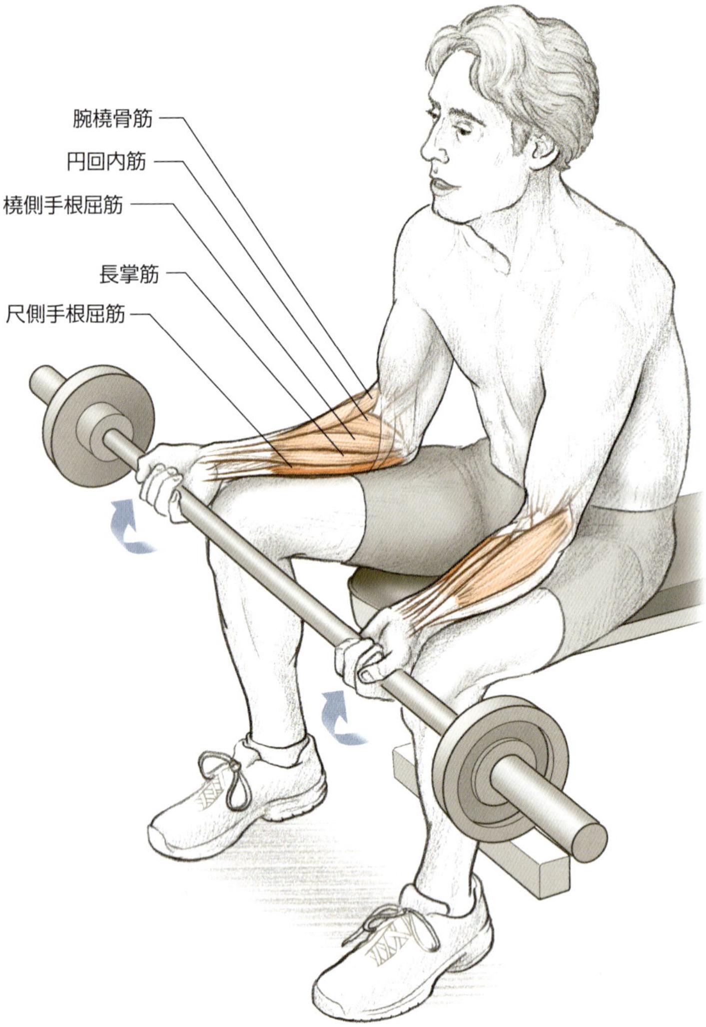

エクササイズ・ステップ

1. フラットベンチに座り、バーベルかダンベルを両手に持つ。手首は膝より前に出し、手のひらを上に向けて、前腕の後面を大腿に置く。
2. 前腕の筋肉を使って、手首を軸にしてウェイトを静かに下げる。
3. 手首を天井に向けてできるかぎり高く曲げてウェイトを持ち上げる。この動きを所定の回数繰り返す。

動員される筋肉

主動筋：尺側手根屈筋

補助筋：腕橈骨筋、円回内筋、橈側手根屈筋、長掌筋

トライアスロンのここに効く

前腕をトレーニングし、総合的な握力をつけることは、トライアスリートに見過ごされがちだが、とても大切だ。

バイクでは、握力があれば、ベースバーエクステンションを握り、上り坂をより安全に果敢に攻めることができるし、エアロバーエクステンションを握り、タイムトライアルの安定性とバランスを高めることもできる。

スイムでは、前腕が強ければ、ストロークの最初から最後まで指を伸ばして正しい手のポジションを保ち、疲労を避けることができる。

バリエーション
リスト・ローラー

前腕の筋力アップにリスト・ローラーを使う方法もある。ローラーを逆手で持って、ウェイトを巻き上げるとリスト・カールと同じエクササイズになる。

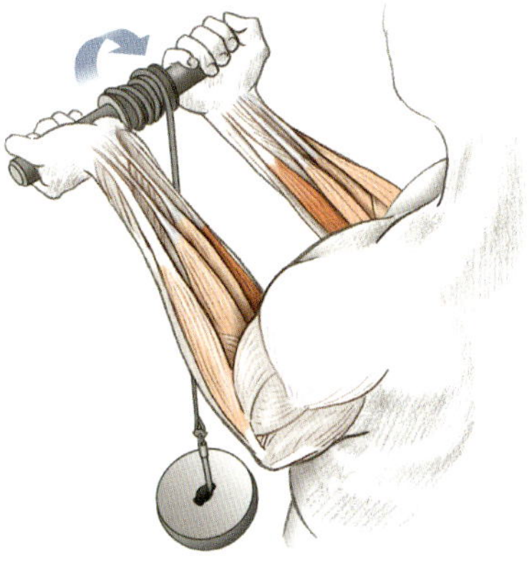

CHAPTER 5

肩

肩は、その複雑な解剖学的構造ゆえに体中で最大の、そして最も機能的な関節の1つである。肩は、3つの骨（上腕骨、肩甲骨、鎖骨）と付随する多数の筋肉、腱、靭帯から成り立ち、腕を空間に配置し、あらゆるスポーツ活動の構造的な支えとなり、運動するための力を生み出す。

肩甲骨から起始するか、肩甲骨に停止する18の筋肉がある。腕の挙上やスイム、バイク、ラン、トレーニングなどの活動に必要な筋肉のコーディネーション（協調）は、複雑な機械さながらだ。これらの筋肉が2つの別個の関節で肩の運動を起こす。関節窩上腕関節は、上腕骨の最上部（骨頭）と肩甲骨の連結部であり、肩甲胸郭関節は、肩甲骨と胸部後面の接触部である。どこか1カ所が故障すると、残る全体が故障した部分を埋め合わせなければならない。そうなると痛みや機能障害が生じる可能性がある。反復性というトライアスロンの性質上、特にそれが著しいのはスイムだが、使いすぎやケガを起こしやすい部位の筆頭が肩だ。解剖学的な構造の相互作用についても、筋力トレーニングのメリットについても、しっかり理解しておけば、安全にトレーニングし、ケガを予防するうえで役に立つ。

解剖学から見た肩の骨格

肩は、3つの骨（肩甲骨、鎖骨、上腕骨）で構成される（図5.1）。上腕骨は、第4章で述べたように、上端が球状の長い骨であり、その上端と肩甲骨の浅い関節窩で関節をつくっている。それはティーにのったゴルフボールのようなものだ。この構造のおかげで、肩の動きは自由度が高い。

肩甲骨は、胸壁後面にある三角形の骨である。肩峰は、肩甲骨の突起であり、これが肩甲骨の上縁になる。肩の最上部の隆起が肩峰であり、触れるとすぐにわかる。肩峰は、その下に走行する回旋筋腱板（ローテーターカフ）の筋肉や腱を保護する骨のアーチとして機能する。

鎖骨は、胸の前面にある横に長い骨であり、肩鎖関節を介して肩甲骨を胸骨に連結している。鎖骨は、肩と腕を軸骨格（体幹）からつり下げる唯一の骨付着部であり、物理的な支柱である。腕は、体から離れても鎖骨の支えがあり、その可動域はきわめて広い。

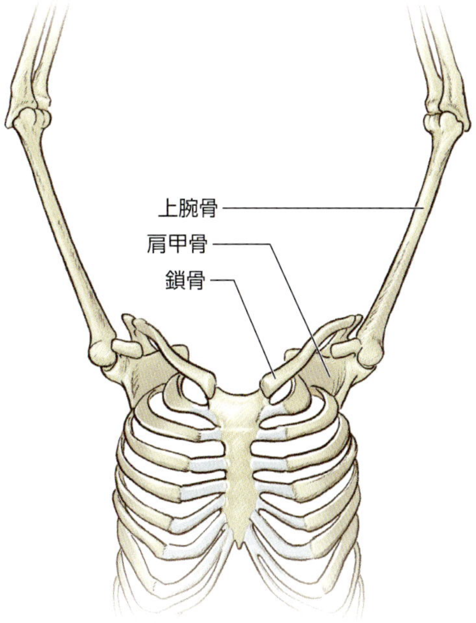

図 5.1　肩の骨格：肩甲骨、鎖骨、上腕骨

肩の靭帯

肩関節、すなわち関節窩上腕関節をゴルフボールとティーにたとえると、肩が可動性にすぐれていることを理解しやすいが、それだけ不安定な形状なら、ボールがティーから落ちてしまうこともあるわけだ。医学的には、ボールが落ちることを(完全)脱臼、ボールが転がり落ちそうになったが、元の位置に戻ったことを亜脱臼と呼ぶ。バイクから落下するような急性外傷は脱臼を引き起こすことが多いが、スイミングが原因の反復運動過多損傷(RSI)は亜脱臼を引き起こすことがあり、しかも再発性または慢性の亜脱臼になるかもしれない。脱臼や亜脱臼を防ぐのは、肩周辺の筋肉のコーディネーション、関節を包む軟組織(関節包)、正常な靭帯である。

強靭な繊維組織(関節包の繊維包)が肩関節を包み、空気を抜いた風船のように、ボールをティーの上に保持している。この組織が厚くなって靭帯となり、骨と骨を結合し、関節を安定させる役目を果たす。この靭帯は、関節窩の周囲を環状に取り巻く組織、関節唇に付着している。関節唇には、関節窩を深くし、さらにボールをティーから落ちにくくする役割がある。

肩の筋肉

上肢帯(肩帯)の筋肉は、3つのグループ(ムーバー〈主動筋〉、微細協調筋、肩甲骨安定筋)に分けられる。各グループの一緒に働く筋肉の協調作用によって、次の6つの基本的な運動が起こる。

屈曲：腕を体の前で挙上する運動

伸展：腕を体の後ろに動かす運動

外転：腕を体から遠ざけて横に挙上する運動

内転：横に挙上した腕を体に近づける運動

内旋：腕を体の正中線を越えて回転させる運動

外旋：腕を体の正中線から遠ざけて回転させる運動

ムーバー(主動筋)

ムーバーとなるのは三角筋、広背筋、大胸筋である。

三角筋(図5.2)は、3つの筋頭から成る。前頭、中頭、後頭がそれぞれ鎖骨、肩峰、肩甲棘から起始し、1本の腱として上腕骨上端に停止する。すべての筋線維が同時に収縮すると、三角筋は外転のムーバーとなる。

広背筋(図5.3)は、背中にある面積の広い筋肉である。下背部と下位肋骨から起始して、腋窩(わきの下)を走行し、上腕骨近位の内側面に停止する。広背筋は、肩の伸筋および内転筋として作用する。胸筋と連動して内旋筋としても作用する。スイムの推進力はテクニックと広背筋の強さにかかっている。

大胸筋と小胸筋は、前胸部にある扇形の筋肉であり、鎖骨、胸骨、上位肋骨から起始し、上腕骨上端の内側部に停止する。主な作用は、腕の屈曲、内転、内旋である。胸筋の強さは泳ぐスピードを決定する要因となる。大胸筋と小胸筋については第6章で詳しく述べる。

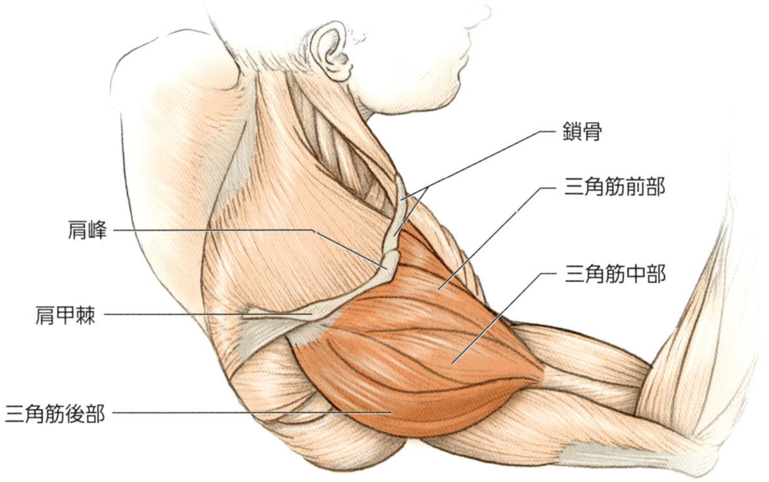

図 5.2　三角筋

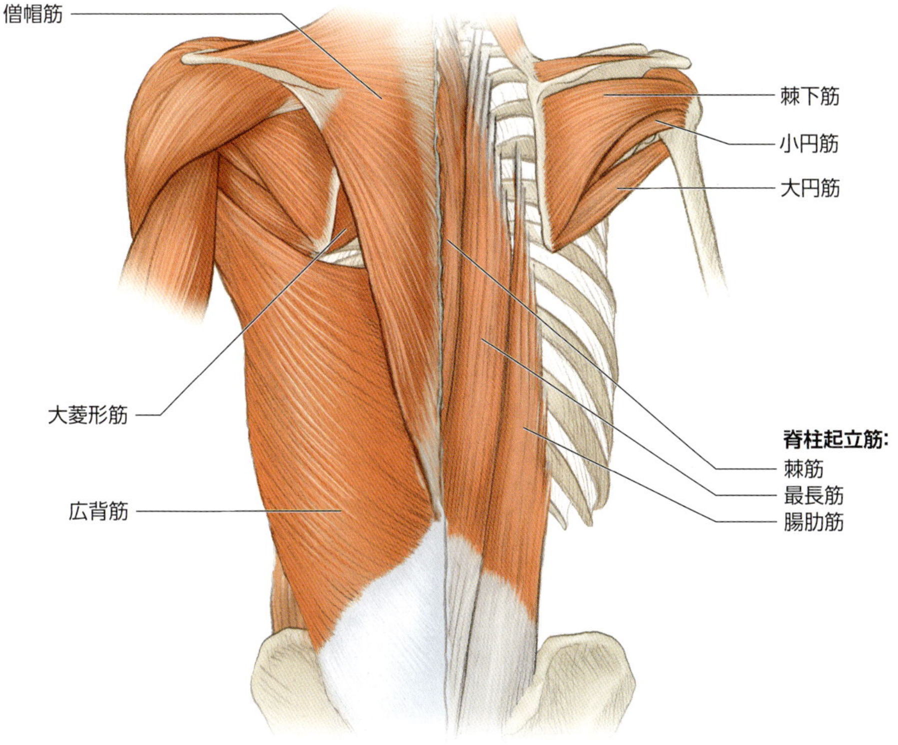

図 5.3　背部の筋肉（広背筋を含む）

微細協調筋

微細協調筋は、回旋筋腱板(図5.4)を構成する。回旋筋腱板は、4つの小さい筋肉(肩甲下筋、棘上筋、棘下筋、小円筋)のグループであり、肩甲骨から起始し、一緒に上腕骨頭を取り巻く腱板を形成する。肩甲下筋は肩の内旋筋として機能する。棘上筋は、肩甲骨最上部にあるため、外転を補助する。棘下筋と小円筋は外旋を補助する。

三角筋が腕を動かしはじめると、回旋筋腱板の筋肉が協調して収縮し、上腕骨頭を関節窩に押しつける。したがって、ボールはティーの上に保持される。反復運動や転倒による外傷で回旋筋腱板の腱を損傷すると、インピンジメント(衝突)症候群、滑液包炎、回旋筋腱板腱炎、回旋筋腱板断裂など、痛みと機能障害を引き起こす広範な症状に至ることがある。

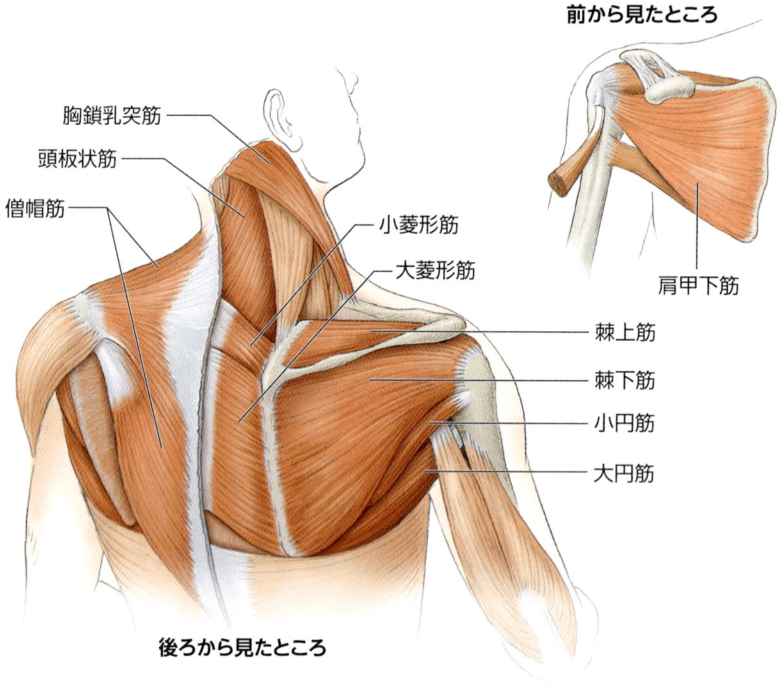

図 5.4　回旋筋腱板（ローテーターカフ）と肩甲骨の筋肉

肩甲骨安定筋

このグループには僧帽筋、大菱形筋、小菱形筋、前鋸筋、肩甲挙筋、小胸筋が含まれる。これらの筋肉は肩甲骨の運動を担う。上腕骨が動くと、それにつれて肩甲骨が挙上、下制、内転（左右の肩甲骨を寄せる）、外転（左右の肩甲骨を離す）する。実に多様な腕のポジションが可能なのは、胸郭後部で生じる肩甲骨の運動と肩関節で生じる運動の組み合わせのおかげなのだ。

肩の運動が起こるには、複雑な肩の解剖学的構造のさまざまな部分が協調しなければならない。だからこそ、強く、コンディションの整った肩関節であることが重要なのだ。これから紹介するエクササイズは、肩を動かす筋群に重点を置いている。

肩のエクササイズ

肩複合体は、比較的デリケートであり、トレーニングのときは特別な配慮と慎重さを要する。正しいテクニックで運動することを特に意識してほしい。重いウェイトでレップ数を少なくするのは、ほとんどの持久系スポーツにとって理想的とは言えない。一般的に、10-15レップを3-4セット、セット間の休息60-90秒を目標にするのが望ましい。各セットのウェイトは、努力を要するが不可能ではない重量を選び、目標レップ数をこなせる程度にすべきだ。いつも言うことだが、適切な肩のウォームアップをしてからレジスタンストレーニングのメニューを開始しよう。

Forward Dumbbell Deltoid Raise

フォワード・ダンベル・デルトイド・レイズ
（ダンベルを使った前方への三角筋の引き上げ）

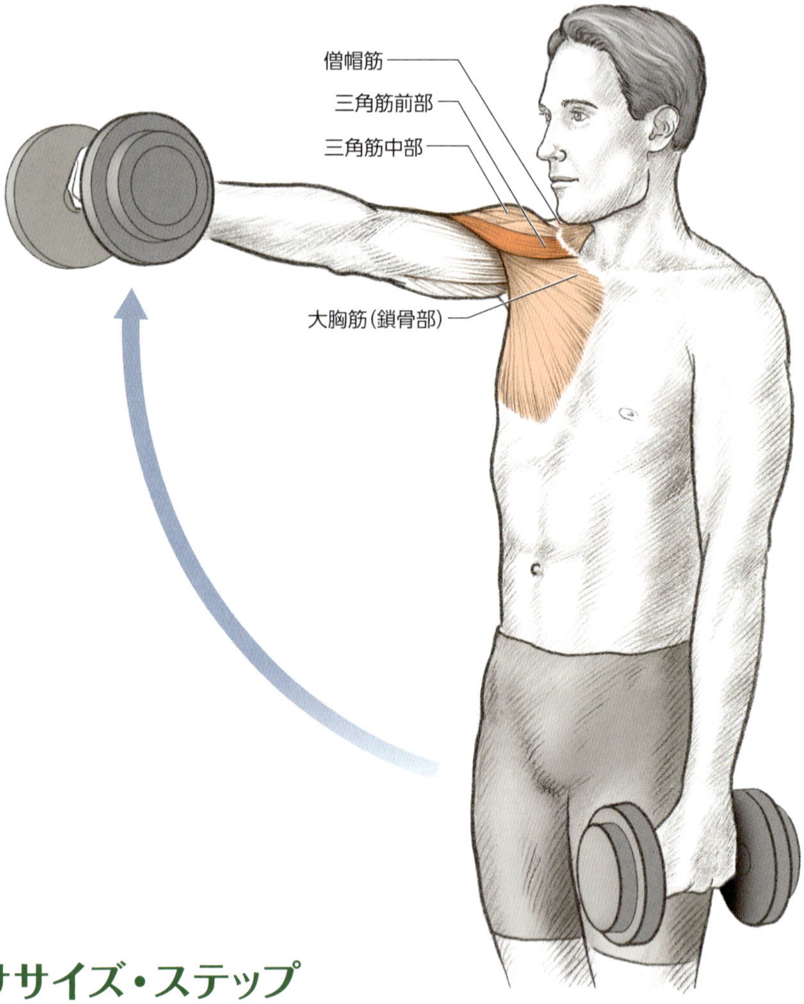

エクササイズ・ステップ

1. 両手にダンベルを持って立ち、両腕を体側に下げる。手のひらは大腿に向け、腕の力を抜く。
2. 背中をまっすぐに保ち、コアの筋肉を使うことを意識しながら、片方のダンベルを体の真正面にゆっくり持ち上げる。
3. ダンベルを持ち上げるときは、肘を軽く曲げ、手を回転させて、いちばん高い位置で手のひらが床を向くようにする。
4. ゆっくり、コントロールしながらダンベル下げると同時に反対側の腕でダンベルを持ち上げはじめる。

動員される筋肉

主動筋：三角筋前部

補助筋：大胸筋、三角筋中部、僧帽筋

トライアスロンのここに効く

三角筋前部は、スイム、バイク、ランで重要な役割を果たす。スイムでは、キャッチと自由形泳ストロークのプルの序盤で三角筋前部が間接的に使われる。バイクでは、ベースバーを握り、サドルから腰を浮かして坂を上るとき、姿勢安定の補助として三角筋前部が使われる。ランでは、腕の助けを借りて急な坂を上るとき、肩の前面を活用する。

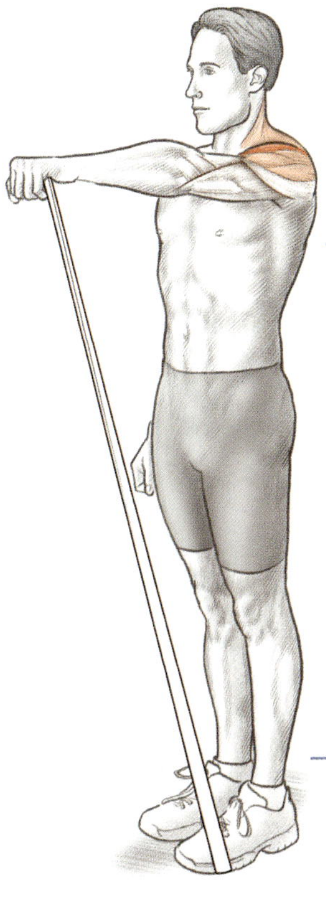

バリエーション

チューブを使った フォワード・デルトイド・レイズ

トレーニングチューブはトライアスリートにとって理想的なトレーニングツールだ。手軽なうえ、フォワード・デルトイド・レイズなど、さまざまな上半身の運動に応用しやすいからだ。図のようにチューブの端を足で踏むか、しっかりしたものに固定して支点とする。自分のニーズに応じて抵抗を調整するには、適切なチューブ重量を選ぶか、支点からの距離を変える。

Lateral Dumbell Deltoid Raise

ラテラル・ダンベル・デルトイド・レイズ
(ダンベルを使った横への三角筋の引き上げ)

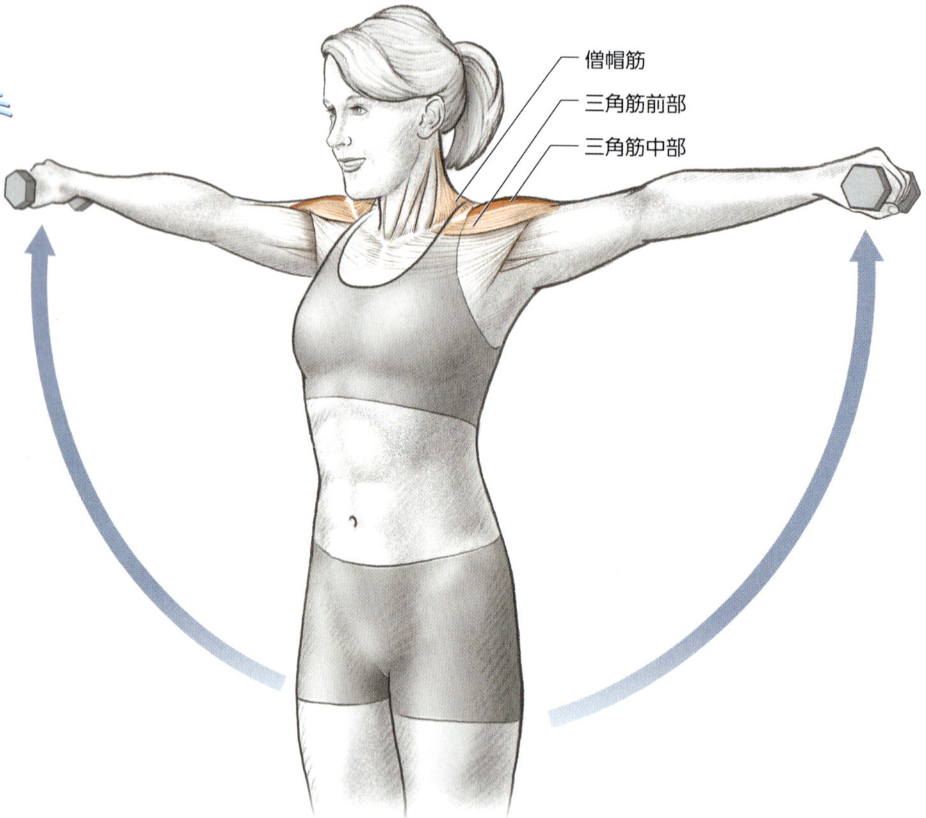

エクササイズ・ステップ

1. 両手にダンベルを持って立ち、両腕を体側に下げる。手のひらは大腿に向ける(スタートポジション)。
2. 肘を軽く曲げ、ゆっくり、コントロールしながら両腕を肩とほぼ水平になるまで横に引き上げる。手のひらは床に向けておくこと。
3. スタートポジションまでダンベルを下げ、所定の回数繰り返す。

動員される筋肉

主動筋: 三角筋中部

補助筋: 三角筋前部、三角筋後部、棘上筋、僧帽筋

トライアスロンのここに効く

三角筋中部は、三角筋前部もそうだが、自由形泳、バイク、ランで必要な肩の運動パターンすべてにおいて、主役というよりもサポート役を果たす。

スイムでは、自由形泳ストロークのリカバリーの段階（水中動作を終えた腕が前方に伸びるまでの動き）で三角筋中部が大いに貢献する。オープンウォーター（海、川、湖など、自然の開放水域）での自由形泳のとき、特に頭を上げてブイを見ながら、コースからはずれないように泳ぐとき、三角筋中部が早々に疲労すると、ストロークが非対称になりがちだ。ストロークがでたらめになればタイムも遅くなる。さらに、長そでのウェットスーツは肩まわりがきつい傾向があり、それが疲労を助長するから、なおさら強い三角筋中部が必要になる。

ランでは、特に疲労しはじめたら、正しいフォームを保つには、よい姿勢と腕のスイングが欠かせない。三角筋中部のトレーニングを重視して、全体的にフォームを強化しよう。

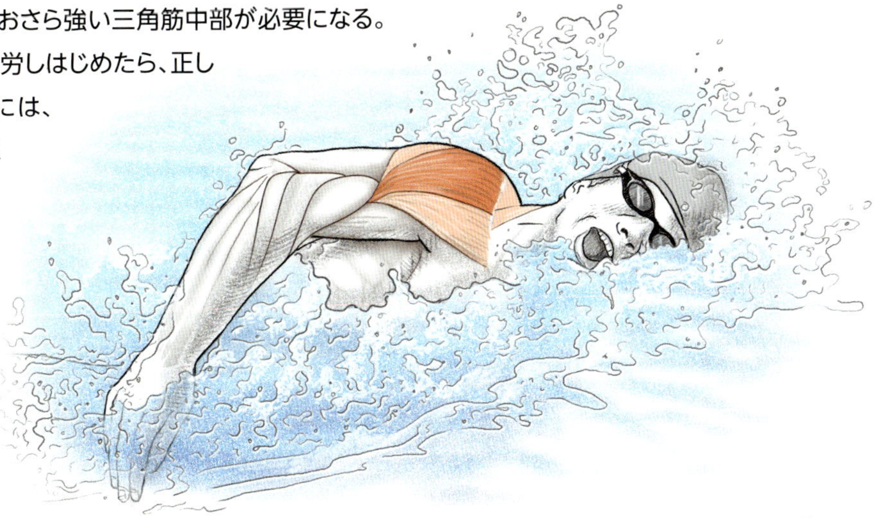

バリエーション

チューブを使ったデルトイド・レイズ

トレーニングチューブはダンベルの代用として理想的だ。ダンベルを使う場合と同じ運動を行う。チューブの抵抗は自分のニーズに適したものにする。

Dumbbell Shoulder Press
ダンベル・ショルダー・プレス

エクササイズ・ステップ

1. 背中をまっすぐ伸ばしてフラットベンチに座る。同じ重さのダンベルを両手に持ち、ダンベルを肩にのせて構える。手のひらは体に向ける(スタートポジション)。
2. 肘がロックされる直前までダンベルを頭上にまっすぐ押し上げる。このとき、上腕二頭筋の腱に衝撃がかからないように手首を手のひら側に回転させる。
3. ゆっくりダンベルを下げてスタートポジションに戻り、所定の回数繰り返す。

動員される筋肉

主動筋: 三角筋前部、三角筋中部

補助筋: 大胸筋、三角筋後部、僧帽筋、棘上筋、上腕三頭筋

トライアスロンのここに効く

頭上でのレジスタンストレーニングは誰しも最も苦手とするものだ。ダンベル・ショルダー・プレスは、三角筋中部、三角筋前部、上腕三頭筋など、複数の重要な筋群を同時に使う効果的なエクササイズだ。

スイムの場合、ストリームライン（流線型）の姿勢をつくり、距離あたりのストローク数を最小にする条件、伸びとリーチに効果がある。

バイクの場合、この運動で肩全体、および僧帽筋と上腕の筋力がつくことにメリットがある。これは、長時間、腕をエアロポジションでハンドルバーにのせ、首をやや曲げて、道路を見つづける長距離トライアスリートにとって特に重要だ。

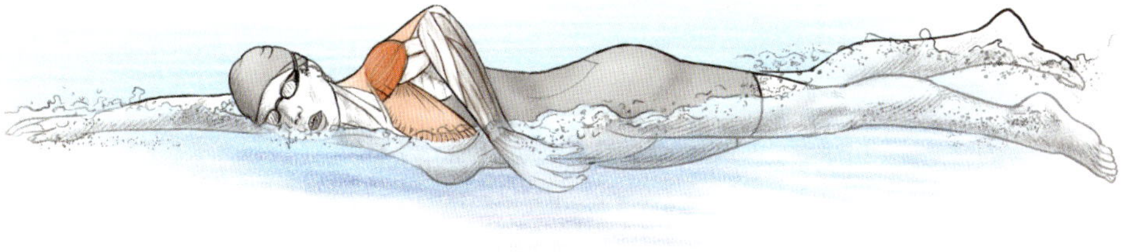

バリエーション

バランスボール・ショルダー・プレス

この運動は、コアの筋力とバランスのエクササイズにもなる。ベンチのかわりにバランスボールに座ってショルダー・プレスを行うだけで、その重要な効用が得られる。

Internal Rotation With Tubing
チューブを使ったインターナル・ローテーション
（内旋運動）

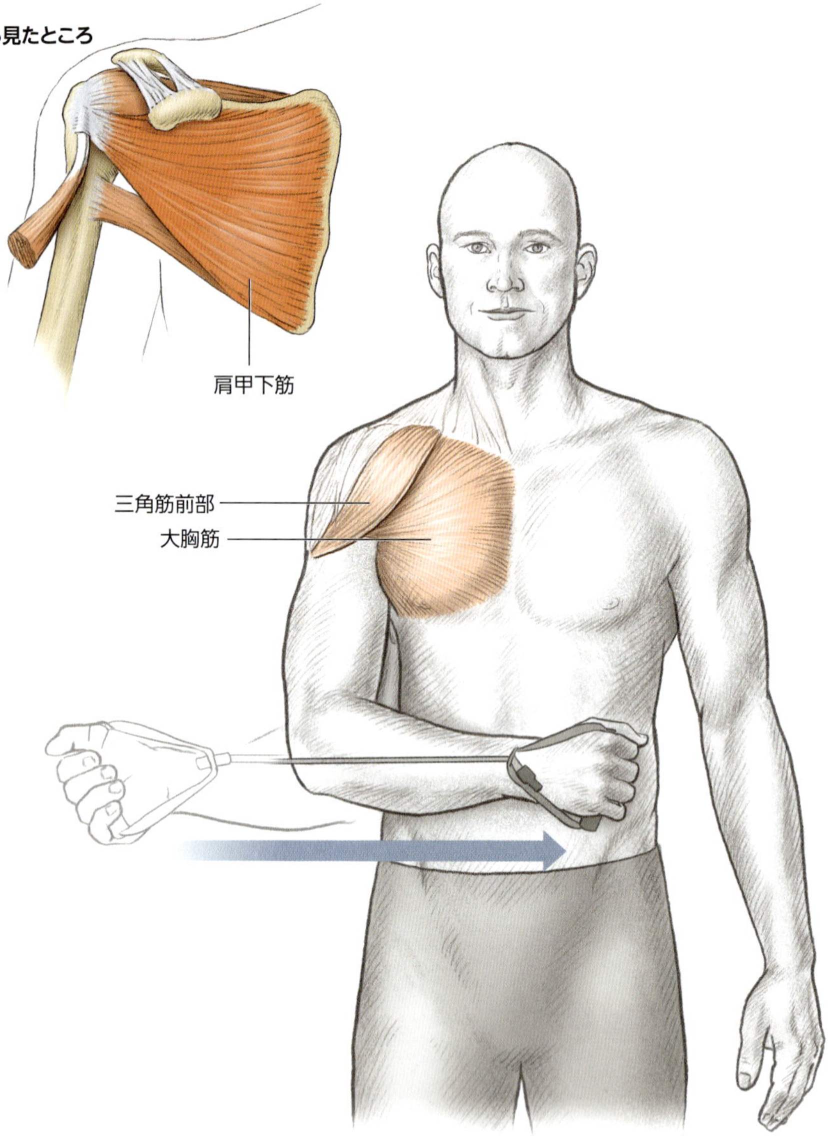

エクササイズ・ステップ

1. 筋力に適した抵抗のトレーニングチューブを選ぶ。チューブを肘の高さに固定し、約1.2m離れて立つ。チューブの支点に近いほうの手でハンドルを持ち、肘を直角に曲げる（スタートポジション）。上腕と体側の間に折りたたんだタオルをはさむ。肘をこのポジションに保つと正しい内旋運動になる。

2. 前腕を床と平行に保ち、上腕を動かさないようにしながら、手を体の正面を越えて体幹に触れるまで動かす。
3. ゆっくりスタートポジションに戻り、所定の回数繰り返す。

動員される筋肉

主動筋：肩甲下筋

補助筋：大胸筋、三角筋前部、広背筋

トライアスロンのここに効く

このエクササイズを本章に入れたのは、健全な回旋筋腱板を保つために重要なものであり、マスターズ水泳の競技者やトライアスリートに起こりやすい肩周辺の使いすぎによるケガを予防するという目的があるからだ。4つの回旋筋腱板の1つ、肩甲下筋は、腕の内旋を担う筋肉である。肩関節包および靭帯組織とともに、肩甲下筋は肩の安定筋として作用し、ティーにのったゴルフボールのような肩関節を守っている。

同様の内旋運動を受け持つ、もっと大きな筋肉もあるが、自由形泳の長距離種目など、反復運動にともなうリスクを減らすためには、補完的な筋力トレーニングで肩甲下筋をターゲットにするほうがよい。

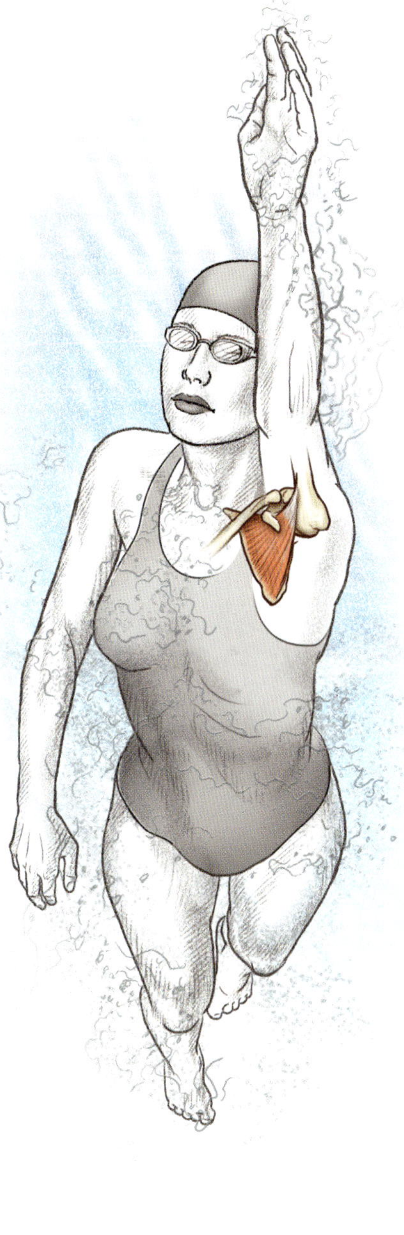

External Rotation With Tubing
チューブを使ったエクスターナル・ローテーション
（外旋運動）

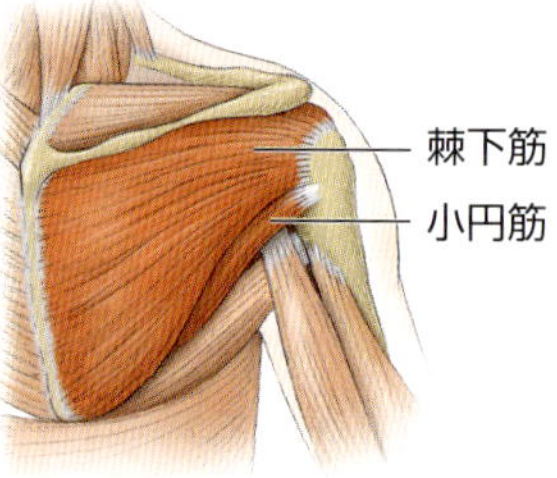

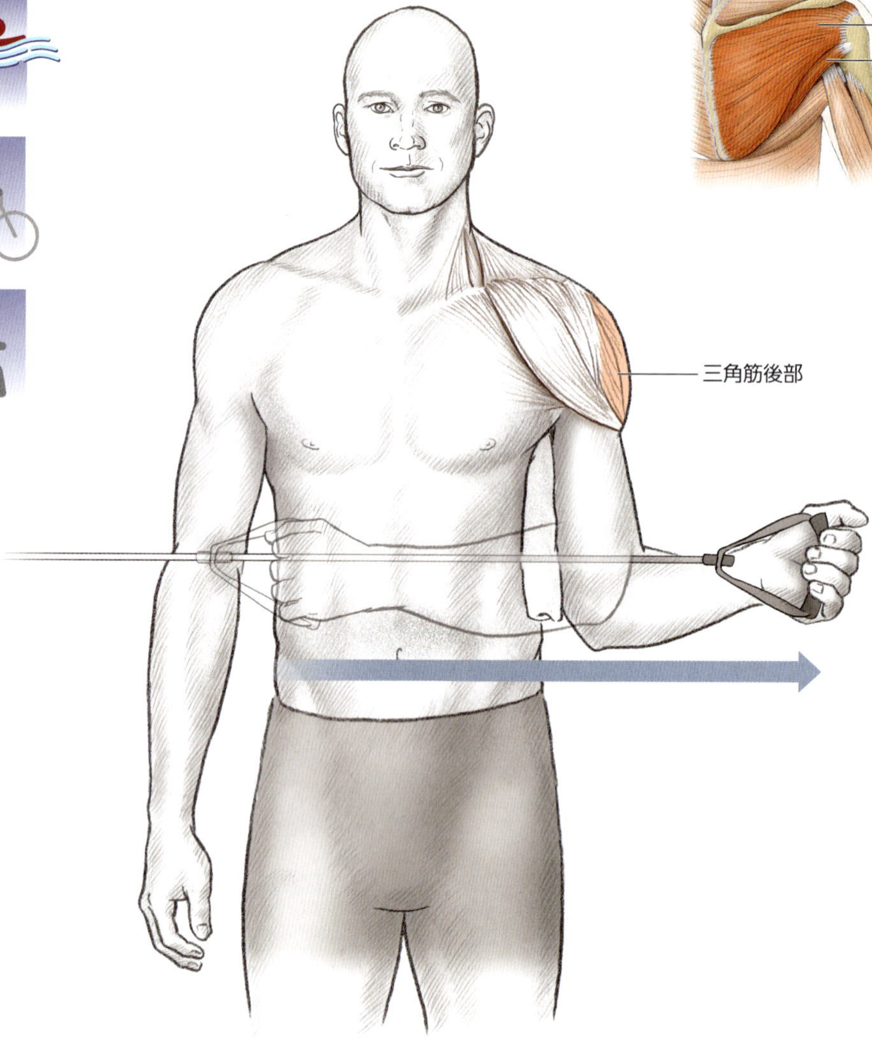

エクササイズ・ステップ

1. 筋力に適した抵抗のトレーニングチューブを選ぶ。チューブを肘の高さに固定し、約1.2m離れて立つ。チューブの支点から遠いほうの手でハンドルを持ち、肘を直角に曲げる（スタートポジション）。上腕と体側の間に小さく折りたたんだタオルをはさむ。肘をこのポジションに保つと正しい外旋運動になる。
2. 前腕を床と平行に保ち、上腕を動かさないようにしながら、手を体の正面を越えて遠ざける。
3. ゆっくりスタートポジションに戻り、所定の回数繰り返す。

動員される筋肉

主動筋：棘下筋、小円筋

補助筋：三角筋後部

トライアスロンのここに効く

　チューブを使った内旋運動と同じく、このエクササイズを本章に入れたのは、マスターズ水泳の競技者やトライアスリートに起こりやすい肩周辺の使いすぎによるケガを予防するうえで重要だからだ。腕の外旋は、スイムに必須の運動パターンである。この筋群の疲労は、いずれケガに至るジスキネジー（肩および肩甲骨の運動障害）の原因になる。紹介した筋力トレーニングは、この筋群の耐久性を高め、ひいてはケガのリスクを減らすことになる。

Upright Row
アップライト・ロウ

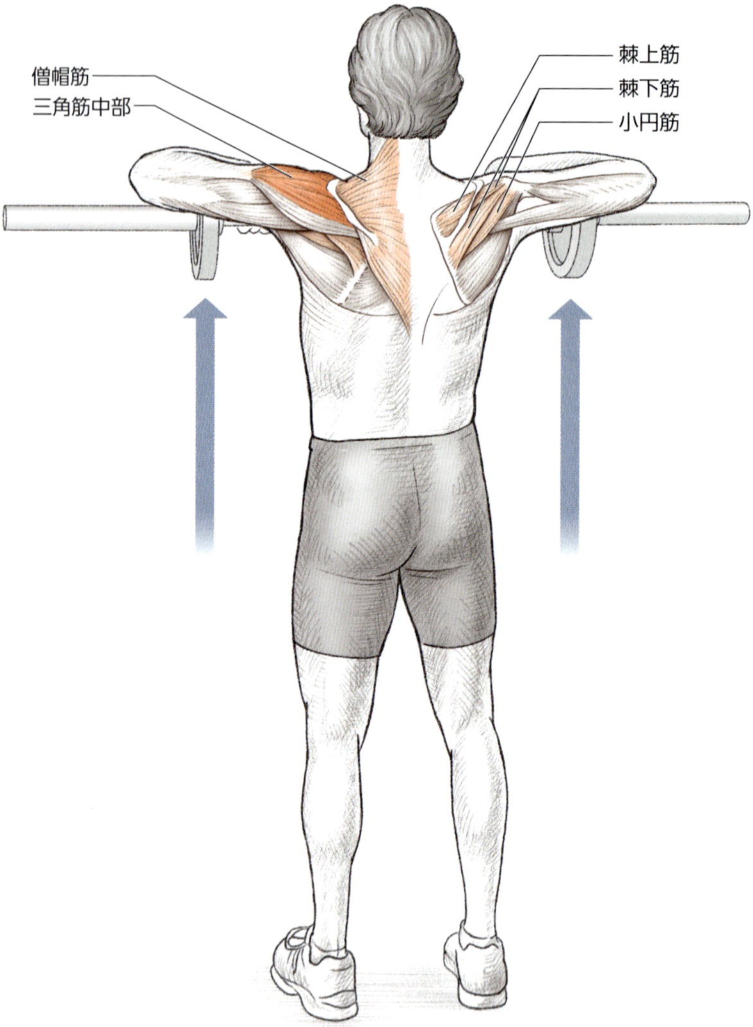

エクササイズ・ステップ

1. 順手でバーベルを持って立ち、肘を伸ばして大腿の前面にバーベルを構える(スタートポジション)。
2. 体幹に沿って垂直に上胸部の首のつけ根近くまでバーベルを引き上げる。このとき、肘を高い位置に保ち、さまざまな肩の筋肉を使うことを意識する。
3. スタートポジションに戻り、所定の回数繰り返す。

動員される筋肉

主動筋：三角筋前部、三角筋中部

補助筋：棘下筋、棘上筋、小円筋、僧帽筋

トライアスロンのここに効く

トライアスロンの各種目では強い肩が頼りであり、アップライト・ロウは、その肩をターゲットにした、すぐれた多関節エクササイズだ。スイムの観点からは、肩が強ければ、強く水をかくことができ、長そでウェットスーツ着用時のストロークのリカバリー段階で疲労が少なくなる。バイクでは、肩が強ければ、サドルから腰を浮かしてバイクを前後にゆすりながら上り坂を走るときに有利だ。強い肩は、何時間もエアロバーを握るときの疲労も防いでくれる。ランでは、しっかりしたリズムとバランスを維持し、上り坂を攻めるときやラストスパートのときに腕の力を借りて疾走できるようになる。こうした重要な局面の実質的にすべてをカバーするのがアップライト・ロウなのだ。

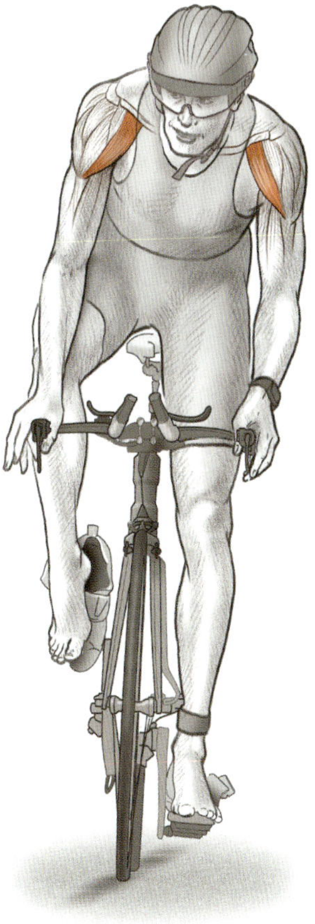

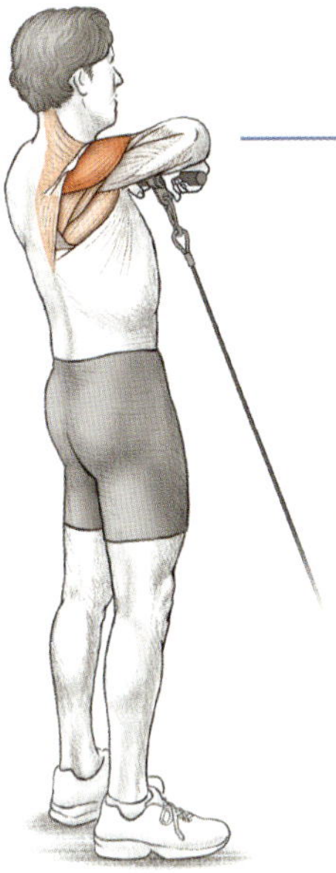

バリエーション

ダンベル、ケーブル、ゴムバンドを使ったアップライト・ロウ

アップライト・ロウは、ダンベル、ケーブル、ゴムバンドでも効果的に行える。

Single-Arm Dumbbell Row
シングルアーム・ダンベル・ロウ

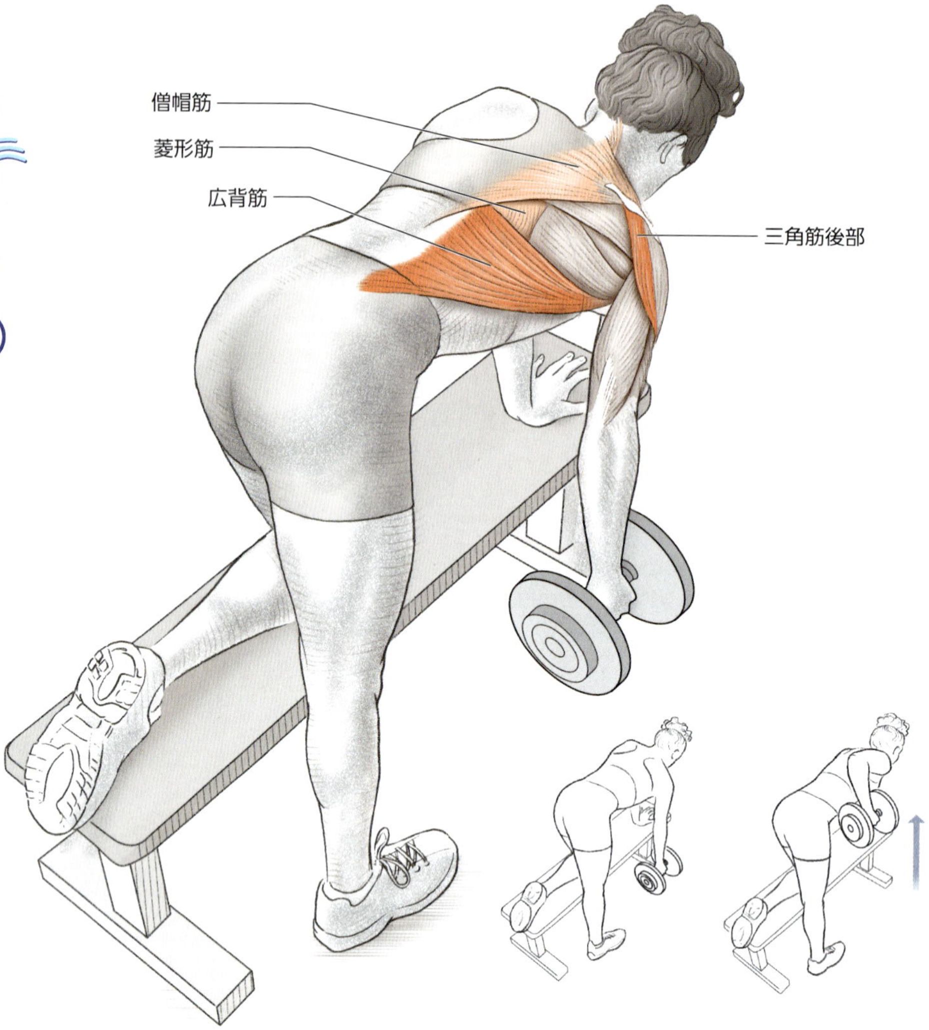

エクササイズ・ステップ

1. フラットベンチに片膝をつく。ベンチの同じ側に手をついて体重を支える。体をかがめて床のダンベルを持ち、ダンベルを垂直にぶら下げる(スタートポジション)。
2. 背中を平らに、頭はニュートラルポジションにしたまま、手を下胸部の側面につくまで引き上げる。
3. ダンベルをスタートポジションに戻し、所定の回数繰り返す。腕を替えて、繰り返す。

動員される筋肉

主動筋：三角筋後部、広背筋

補助筋：僧帽筋、大菱形筋、小菱形筋、上腕二頭筋

トライアスロンのここに効く

シングルアーム・ダンベル・ロウは、トライアスロンのスイムとバイクのために鍛えておくべき重要な筋肉、三角筋後部をターゲットにしている。

オープンウォーターでの自由形泳では、水が荒れ、波がひたひたと押し寄せるため、腕のリカバリーを高くする必要がある。三角筋後部が強ければ、オープンウォーターという難易度の高い水泳環境における疲労が減り、アスリートのストロークのサイクルも改善される。

バイクで強い三角筋後部が必要なのは、主にきつい坂を上るときやスパートをかけるときにベースバーを握るためだ。シングルアーム・ダンベル・ロウでは、サドルから腰を浮かすハードな運転でバイクを激しく前後にゆするときに使う筋群の多くが刺激される。

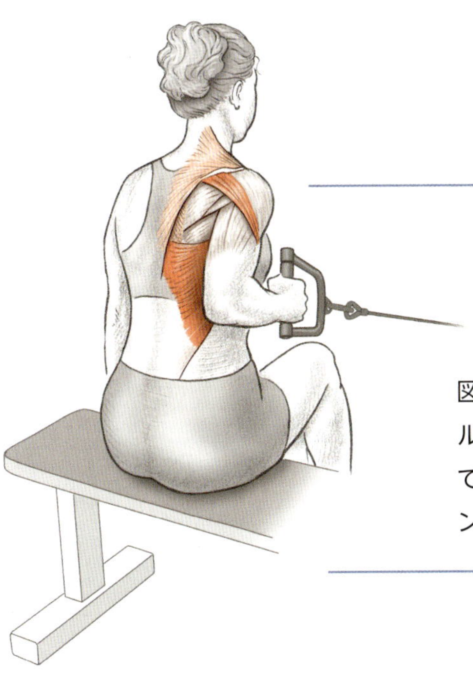

バリエーション

ケーブルまたはゴムバンドを使ったシングルアーム・プル

図のようにフラットベンチに座るか、バランスボールに座る。水平方向のケーブルかゴムバンドを使って、片手ボートこぎ運動を行う。このバリエーションにすると、コアの安定という効果がプラスされる。

CHAPTER 6

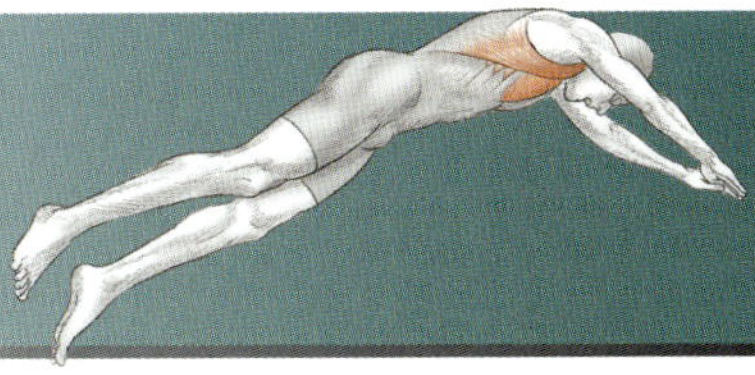

胸

胸の筋肉が肩の運動と安定にどう影響するか知らずして、上肢について語り終えたとは言えない。大胸筋、小胸筋、前鋸筋は、1つの筋群として、体のなかで最も目立つ筋肉の1つだ。胸の筋肉をたくましくするハウツーを説く深夜の情報コマーシャルから、雑誌の表紙を飾る筋肉隆々のボディビルダーまで、胸の前面は強さとパワーの象徴になっている。

トライアスリートにとって、胸がたくましいことは問題ではなく、むしろウェイトトレーニングでそうなりはしないかと恐れられることがよくあるくらいだ。4章と5章で述べたように、肩の運動は多数の筋肉の複雑なコーディネーション（協調）で成し遂げられる。胸筋の強さと健康は、効率を高め、パフォーマンスを改善し、肩周辺のケガを防ぐ鎖のもう1つの輪なのだ。

胸の骨格

解剖学から見た胸の骨格は肋骨前部、胸骨、鎖骨で構成される。第4章で述べたように、鎖骨は、肩と腕を体幹につなぐ唯一の骨付着部である。鎖骨は、強靭な胸鎖関節で胸骨に連結されており、大胸筋とともに腕と肩を胸壁につなぎとめている。私たちが物体を胸から押しのけられるのは、胸筋の収縮と鎖骨の機械的な支持作用のおかげだ。

肋骨は、知ってのとおり、肺や心臓などの内部構造を保護する。肋骨の間にある肋間筋は、大胸筋と前鋸筋の補助で横隔膜とともに縮んだり、ゆるんだりして、運動時に必要な深い呼吸を可能にする。

胸の筋肉

大胸筋（図6.1）は、2つの起始部をもつ大きな扇形の筋肉である。鎖骨頭（上部）は、鎖骨の内側半分と胸骨柄（胸骨上部）から起始する。胸肋頭（下部）は、胸骨と上位肋骨から起始する。両起始部から起こった筋線維は、集まって外側に走り、1本の腱となって上腕骨上端の内側部に停止する。めったにないことではあるが、パワーリフティングやアメリカンフットボールなど、高強度の運動でこの腱を損傷することがある。残念ながら、こうしたケガは、修復や機能維持のために外科的処置が必要になることが多い。大胸筋の主な作用は、腕と肩の屈曲、内転、内旋である。スイムの場合、大胸筋は広背筋の補助でプルの動きを起こす。エアロバーやブレーキフードを握った姿勢でバイクに乗る場合は、大胸筋が上半身を支える。ランでなめらかな腕の動きを助けるのも大胸筋である。

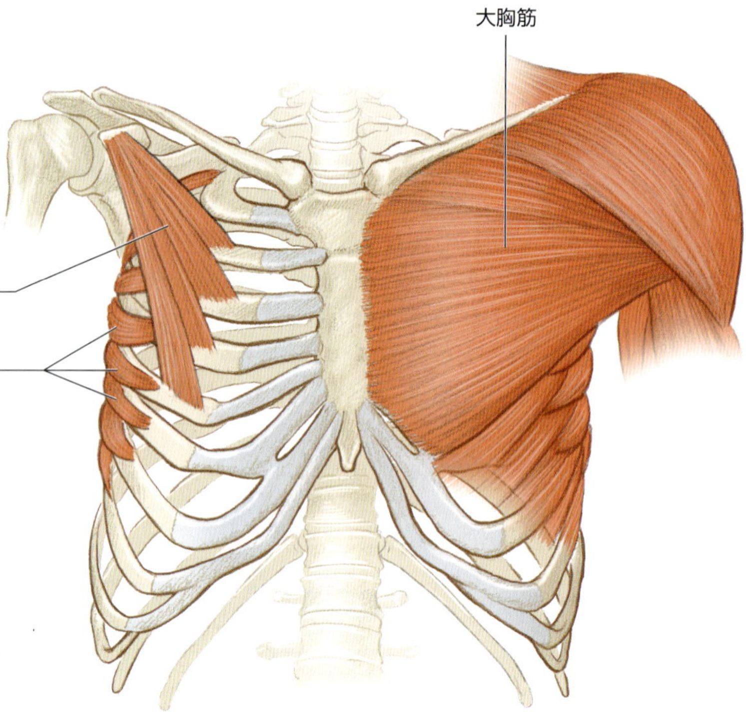

図 6.1　胸の筋肉

大胸筋より小さい小胸筋は、大胸筋の下にあり、上位肋骨前面から起始し、烏口突起という肩甲骨の突起に停止する。その作用は、肩甲骨を下制し、腕の挙上のとき肩甲骨を胸壁に安定させることである。

別名「ボクサー筋」、前鋸筋は、深層の筋群であり、胸の両側で上位肋骨から起始し、肩甲骨内側縁の全長に沿って停止する。その作用は、小胸筋と同じく肩甲骨の安定であり、スイムのリカバリーとキャッチ序盤で肩甲骨を前方に引く。また、呼吸のとき胸の拡張を補助する筋肉でもある。

胸のエクササイズ

たいていのアスリートがビギナーの頃に覚える一般的な筋力トレーニング（ベンチ・プレス、ミリタリー・プレス、ディップなど）は、肩と胸の前面を優先的に強化する。このようなエクササイズばかりしていると、筋肉のアンバランスのせいで肩が前に丸まり、その結果、肩の前面が硬直してしまいかねない。スイムでは、この収縮した姿勢のせいで回旋筋腱板（ローテーターカフ）がオーバーワークになり、肩インピンジメント（衝突）症候群など、広範な傷害が起こることがある。諸症状には、たいてい肩痛や可動域制限が伴う。バイクでは、胸や上肢が弱いうえに肩が丸まった姿勢だと、首や上背部がストレイン（筋挫傷、捻挫や肉離れの総称）と呼ばれる軟組織損傷のリスクにさらされる。この種のストレインでは、エアロバーに前傾した姿勢を維持するのが難しい、長時間の乗車で頭を上げつづけるのさえつらい、などの症状が出る。ランでは、肩が丸まった姿勢だと胸壁が収縮し、胸の拡張と正常な呼吸が制限されたり、腕の振りが交差するなど、変則的な腕の動きになり、走る効率が悪くなったりする可能性がある。

シンプルなプッシュアップやディップを含め、これから紹介するエクササイズは、肩甲骨回旋筋、微細協調筋、背部の強靭な筋肉をターゲットにしたエクササイズとバランスをとらなければならない。背部の筋肉や回旋筋腱板など、セクシーさとはあまり関係のない筋肉も重視すると、ケガ予防の観点から大きな見返りがある。簡単に言えば、背中対胸を2：1の割合でトレーニングすれば、健康が維持されるだろう。

重いウェイトでレップ数を少なくすれば、筋量と筋力が増し、軽いウェイトでレップ数を多くすれば、筋量が増えることなく筋持久力が向上する。トライアスリートにとって、パワー対体重比はパフォーマンスの重大要素である。バイクとランでは特にそうだ。重力と風の抵抗が速度の決め手となるからだ。したがって、体重を増やさずに筋力と筋持久力をつけることが目標になる。本章のエクササイズのほとんどは、10-15レップを2、3セットまでにしよう。ウェイトの重さは、所定の回数をこなせるが、最後の数レップはかなり努力を要する重さにする。筋力トレーニングに慣れてきたら、誰かに補助してもらわないともう1、2レップもできないほど疲労するまで1、2セットなら行ってもかまわない。これは上級者向けのトレーニングテクニックであり、経験を積んだアスリートが、年間トレーニングサイクルのある段階でオーバートレーニングを防ぐとか、ケガのリスクを減らすという目的で採用する場合に限られる。

Push-UP
プッシュアップ(腕立て伏せ)

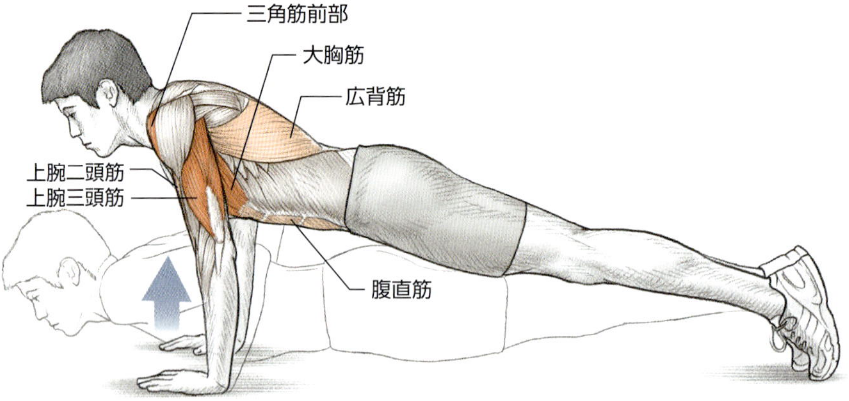

エクササイズ・ステップ

1. うつ伏せになり、肩幅よりやや広く両手をつき、指先は前に向ける(スタートポジション)。
2. コアの筋肉を使いながら、床に軽く触れるまで体幹を下げる。背中を平らに、頭をニュートラルポジションにしておくこと。
3. 瞬発的に、だがコントロールしながら体幹を押し上げてスタートポジションに戻る。肘は伸ばしきるのではなく、やや曲げたままで終わる。所定の回数繰り返す。

動員される筋肉

主動筋：大胸筋、上腕三頭筋、三角筋前部

補助筋：上腕二頭筋、広背筋、腹直筋

トライアスロンのここに効く

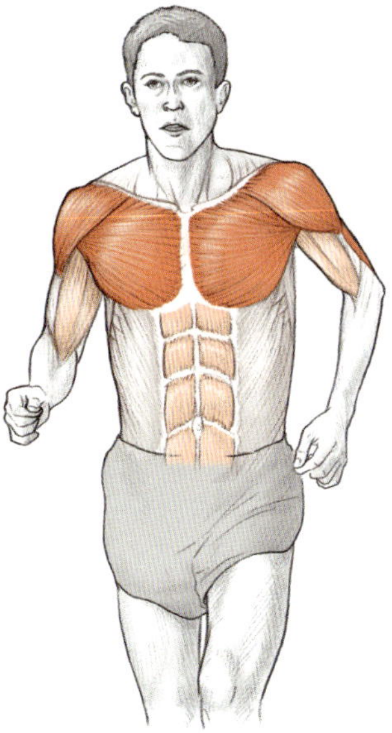

最も効果的で、誰もが知っている上半身エクササイズの1つ、プッシュアップは、スイム、バイク、ランで使う体幹と上腕の主要な筋群をターゲットにしている。やりやすく、道具も不要だから、基本的なプッシュアップは、手軽なうえ、ほぼ場所を選ばないエクササイズだ。

スイムでは、胸の筋肉、特に大胸筋と自由形泳に必須の上腕三頭筋を鍛えると有利になる。これらの筋群が強ければ、持久力や水中で体を引っ張るパワーが大きくなるのだ。

純粋なサイクリストやランナーは、一部の例外を除き、上半身が弱いことで悪名高い。しかし、トライアスリートは、スイム区間があるから上半身がもっと強い傾向があり、プッシュアップで筋力をつければ、バイクでサドルから腰を浮かして坂を上るときの安定感が増す。ランに関しても、インターバルトレーニングでハードなアップヒルランを行うときの上半身の疲労が減り、フィニッシュラインまでラストスパートをかけるときに、腕をよりしっかり動かせるようになるというメリットがある。

バリエーション

膝つきプッシュアップ

上半身の筋力トレーニング、特にプッシュアップを始めたばかりのトライアスリートの多くは、つま先ではなく膝をついたスタートポジションにする必要があるだろう。こうすると難易度が下がり、筋力の弱いアスリートでもフォームに集中しながら筋力を鍛えられる。膝をついて12-15レップを2、3セットできるようになったら、つま先をついたプッシュアップも組み込む頃合だ。

Dumbbell Stability Ball Chest Press
バランスボールを使ったダンベル・チェスト・プレス

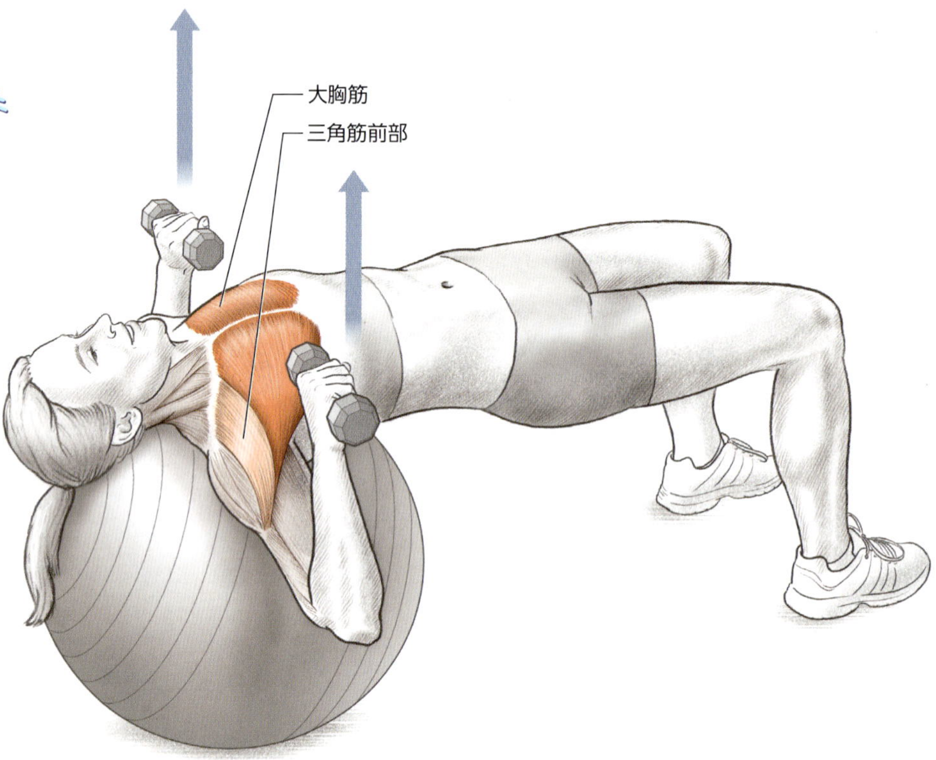

エクササイズ・ステップ

1. 適切な重さのダンベルを両手に持ち、バランスボールに座る。上背部がしっかりとボールに接し、安定感が得られるところまで背中を下にすべらせる。
2. 脚を肩幅よりやや広く開いて、さらに体を安定させる。腰、肩、頭が一直線にそろうこと。腕を伸ばし、ダンベルをゆっくりと胸の高さまで下ろす（スタートポジション）。
3. ダンベルを押し上げて、不安定なボールの上でバランスをくずさないように注意しながらスタートポジションに戻る。

動員される筋肉

主動筋：大胸筋

補助筋：三角筋前部、上腕三頭筋

トライアスロンのここに効く

このエクササイズは、ほかのプレスエクササイズとほぼ同じ効果をもち、胸と肩前部の筋肉、および上腕三頭筋をターゲットにし、強化する。このバランスボールを使うバリエーションでは、バランス感覚を養い、コアを強化する効果も加わる。

左右それぞれの腕でウェイトを安定させ、バランスをとらなければならないので、利き腕ではない、弱いほうにより効果がある。その結果、オープンウォータースイミングでは、自由形泳ストロークのプルがバランスのよい、左右の均整がとれたものになる。バイクでは、ベースバー（カウホーンまたはブルホーンとも言う）を強く引っ張り上げながら、急な坂を上るときに、両腕を鍛える大切さが明らかになる。

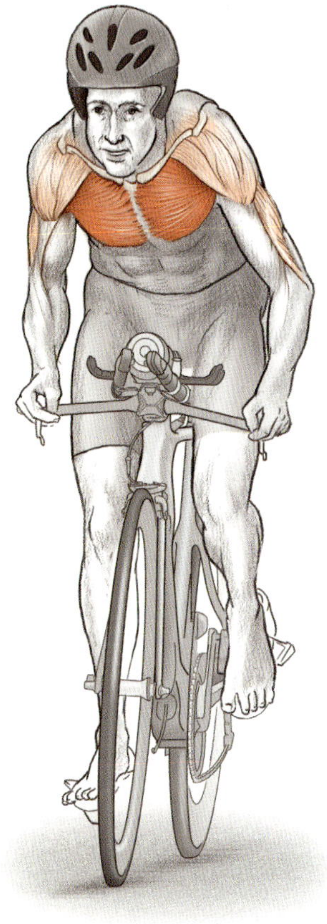

Dumbbell Pullover
ダンベル・プルオーバー

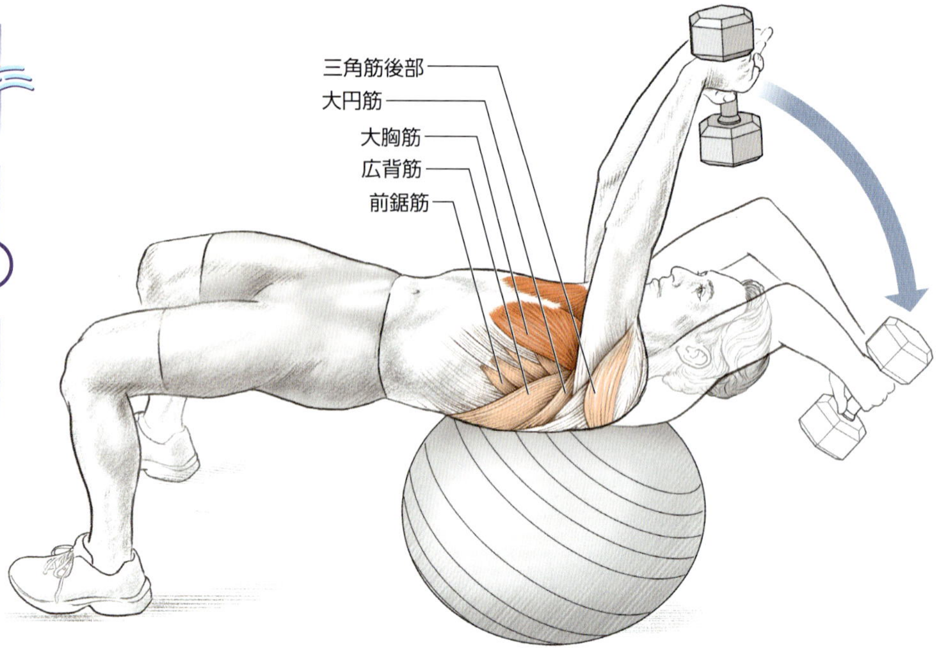

エクササイズ・ステップ

1. あえて不安定にして、コアの筋群を刺激するためにバランスボールに座り、両手でダンベルを持つ。
2. 背中を下にすべらせて上背部をボールで支える。背中を平らにし、足を肩幅くらいに離す。
3. 肘をやや曲げてダンベルを頭と同じ高さまで下ろす。胸と上背部の筋肉を使うことを意識しながら、ダンベルを頭上に戻す。

動員される筋肉

主動筋：大胸筋

補助筋：広背筋、大円筋、小胸筋、三角筋後部、前鋸筋、大菱形筋、小菱形筋

トライアスロンのここに効く

これは、トライアスリートにとってさまざまな効果がある基本エクササイズである。スイムに対しては、ストロークのプルの段階で使う筋群をターゲットにしたトレーニングになる。バイクに対しては、エアロバーを握ってバイクをこぐときに体を伏せてエアロポジションになるための筋群を鍛えるトレーニングになる。ランの場合は、腕を振って急な上り坂を攻めたり、フィニッシュラインまでラストスパートをかけたりするとき、上半身でもっと推進力を生みだせるようになるので有利になる。上半身のバランスがよくなり、腕の振りでもっと疾走できるようになれば、レース終盤や上り坂で激しく走るときの助けになるのだ。

バリエーション

ベンチ・ダンベル・プルオーバー

このプルオーバーを初めて試みるなら、人によっては、バランスボールではなく、ベンチなどの安定した面で行うほうがよい。基本的に、バランスボールを使う場合と同じステップで行うが、体をしっかり安定させるためにコアの筋群を使う必要はないので、ターゲットの筋群に集中できる。

Chest Dip
チェスト・ディップ

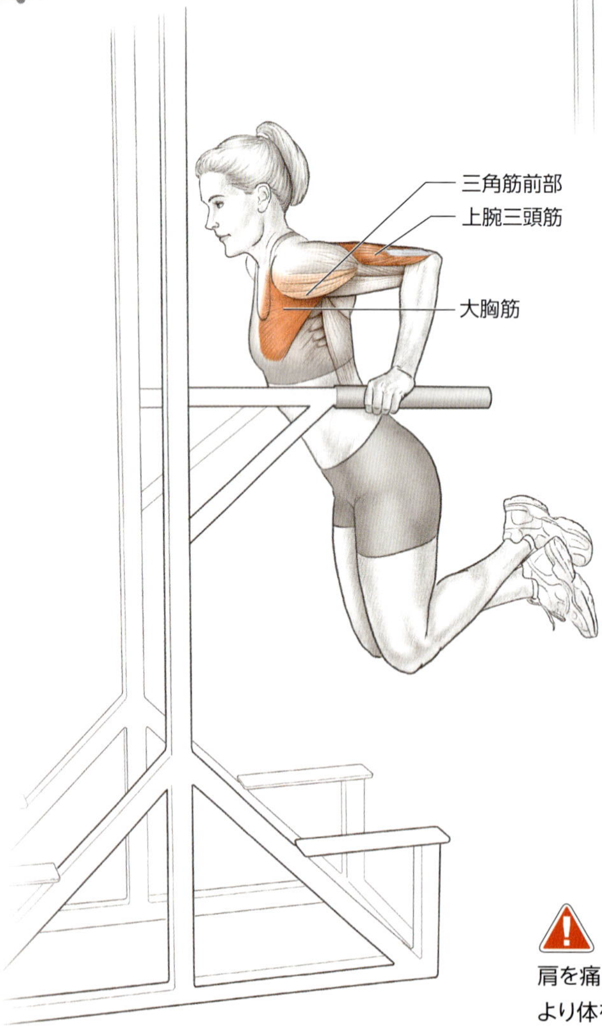

安全のためのアドバイス

肩を痛めないように、腕が床と平行になる位置より体を下げないこと。

エクササイズ・ステップ

1. ディップバーか平行棒を使い、肘をやや曲げて腕で体重を支える（スタートポジション）。
2. 上腕が床と平行になるまでゆっくり体を下げながら、体幹を軽く前に傾けて胸筋をしっかり刺激する。
3. スタートポジションまで体を押し上げる。肘は伸ばしきるのではなく、やや曲げたままで終わる。所定の回数繰り返す。

動員される筋肉

主動筋：大胸筋、上腕三頭筋

補助筋：三角筋前部

トライアスロンのここに効く

上半身の筋力と持久力をつけるなら、これは努力に見合う価値が大いにある基本エクササイズだ。スイムに対しては、大胸筋や上腕三頭筋など、自由形泳の成否を決定的に左右する筋肉をターゲットにしたトレーニングになる。バイクの場合、このトレーニングによってエアロバーに前傾した姿勢でより長く、より快適に乗車できるようになるし、スタンディングポジション（立ってこぐ）で短い急な坂を上る能力も高くなる。

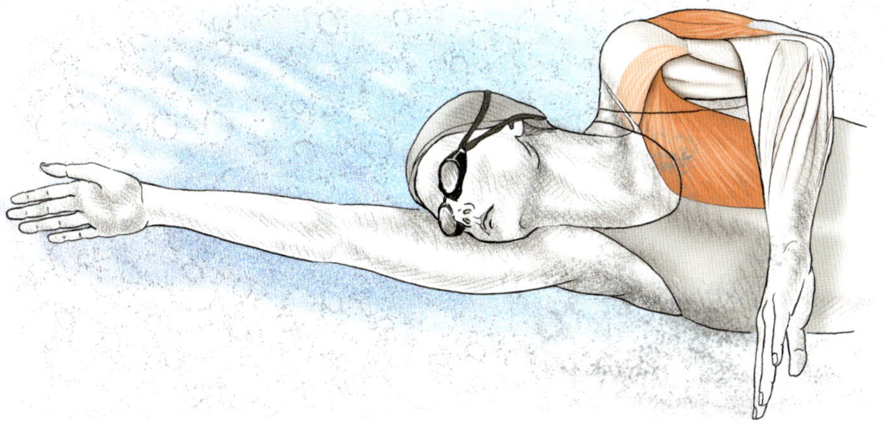

Standing Double-Arm Medicine Ball Throw-Down
立って行うメディシンボールの両腕投げおろし

エクササイズ・ステップ

1. 適切な重さのメディシンボールを選び、コンクリートなど、硬い面に立つ。ほぼまっすぐに伸ばした両腕でボールを頭上にかかげる(スタートポジション)。
2. つま先の前30-38cmくらいのところにボールを勢いよく投げおろす。
3. 跳ね返ってきたボールをキャッチする。ボールを頭上にかかげてスタートポジションに戻り、所定の回数繰り返す。

動員される筋肉

主動筋：大胸筋、広背筋

補助筋：前鋸筋

トライアスロンのここに効く

これは、胸と上背部の瞬発力を生み出す筋線維をターゲットにしたエクササイズである。自由形泳に注力するトライアスリートにとって理想的なエクササイズだ。オープンウォータースイミングを成功させるには、同等の実力の競技者集団で有利な位置を確保し、ドラフティング（空気や水の抵抗を減らすために他者の後ろにつくこと）によってエネルギーを温存することが必要だ。そのためにはピストル音でスタートダッシュしなければならない。

瞬発力は、その成功の鍵を握る要素であり、このようなメディシンボールを使ったトレーニングは、瞬発力をつけるのに適している。

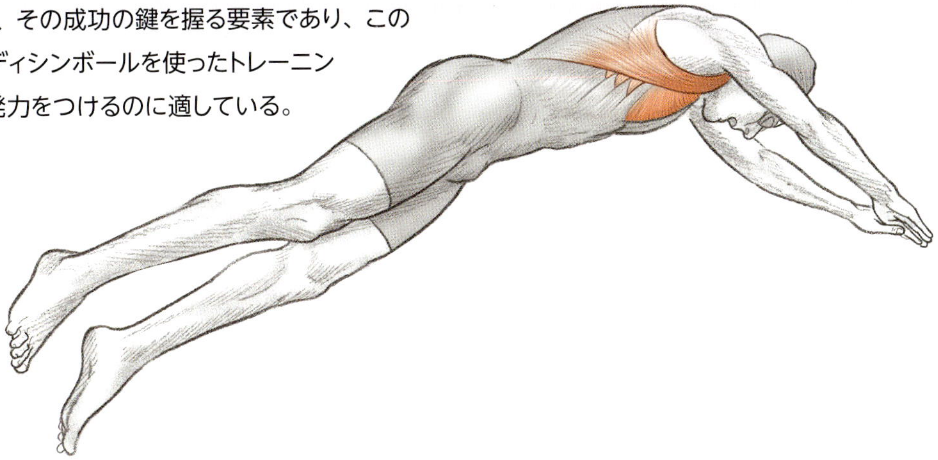

Stability Ball Dumbbell Fly
バランスボール・ダンベル・フライ

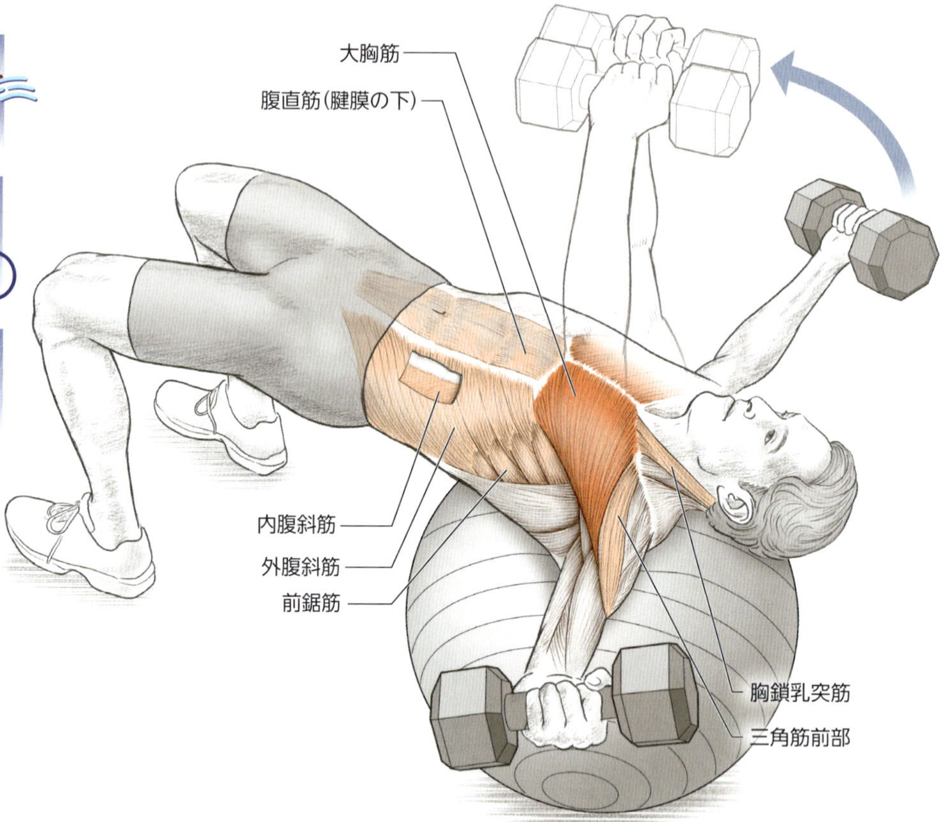

エクササイズ・ステップ

1. 適切な重さのダンベルを両手に持ち、バランスボールに座る。上背部がしっかりと安定するところまで背中を下にすべらせる。足裏全体を床につき、足を肩幅に離す。背中と首が一直線にそろうこと。
2. 肘をやや曲げ、手のひらを向き合わせて両腕を頭上に伸ばす(スタートポジション)。ダンベルを横に下ろす。胸と三角筋前部の筋肉を使うことを意識する。
3. 大きな木の幹をかかえるように、ゆっくり、コントロールしながらスタートポジションに戻る。所定の回数繰り返す。

動員される筋肉

主動筋：大胸筋

補助筋：三角筋前部、腹直筋、胸鎖乳突筋、外腹斜筋、内腹斜筋、前鋸筋

トライアスロンのここに効く

トライアスリートは、力強いオープンウォータースイミングに備えて、またバイクのタイムトライアル、特に難しい起伏に富んだコースでの安定性を高めるために上半身の主要な筋肉を強化しなくてはいけない。このバランスボール・ダンベル・フライは、すぐれた大胸筋エクササイズであり、コアの筋力とバランスの向上にも効果がある。つまり、スイムでは、自由形泳ストロークのプルが強く、瞬発力のあるものになるということだ。そしてバイクでは、激しく坂を上る場合にバイクを前後にゆする技量、あるいは集団から抜け出たり、あなたの車輪をねらって意図的にドラフティングしてくるアスリートを振り切ったりする技量がつくということだ。

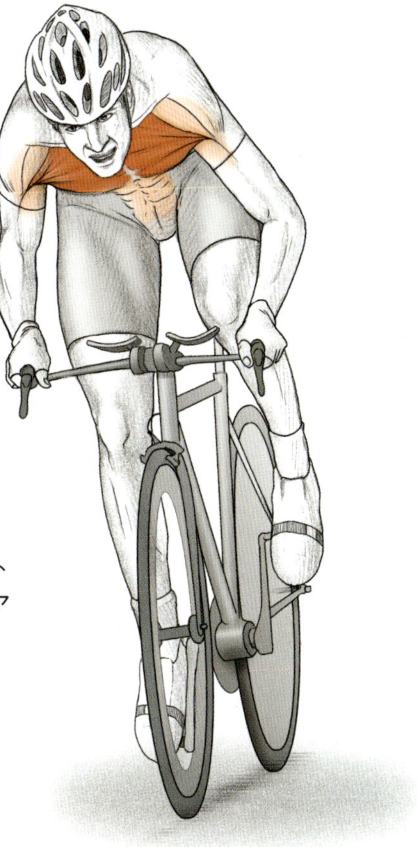

バリエーション

インクライン・ダンベル・フライ

もう少し三角筋前部と胸筋上部をねらうなら、主に上級者向け筋力トレーニングになるが、少し姿勢を変化させたインクライン（傾斜）・ダンベル・フライがおすすめだ。これは、インクラインベンチかバランスボールで行う。

Medicine Ball Push-up
メディシンボール・プッシュアップ

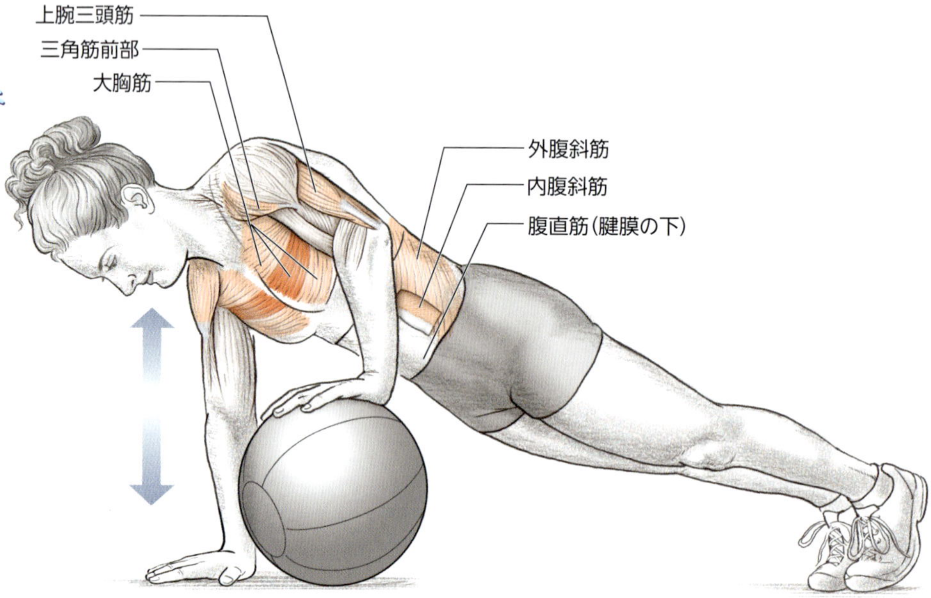

エクササイズ・ステップ

1. 片手をメディシンボールに、もう片方の手を床につき、標準的なプッシュアップの姿勢でスタートする。体をまっすぐに、頭をニュートラルポジションにする。
2. 胸が床につく寸前まで体を下げる。体をまっすぐに、背中を平らにしておくこと。
3. スタートポジション（ステップ1）に戻る。メディシンボールについたほうの腕はやや曲げ、もう片方の腕はほぼ伸ばしきるが、肘をロックしない。ボールにつく手を替えて、同じステップを行う。手を交互に替えるのではなく、片手で1セット完了してから、手を替えてもよい。

動員される筋肉

主動筋：大胸筋中央部

補助筋：上腕三頭筋、三角筋前部、腹直筋、内腹斜筋、外腹斜筋、前鋸筋

トライアスロンのここに効く

これはプッシュアップのバリエーションであり、上半身をターゲットにしながら、コアの筋群も鍛えるトレーニングになる。プッシュするときの筋肉の使い方が少し異なり、それがバランスのとれた筋肉の発達を促し、トレーニングプログラムに変化をつけてもくれる。

従来のプッシュアップ同様、このエクササイズは、大胸筋、三角筋前部、上腕三頭筋の筋力と持久力を高めることでオープンウォーターでの力泳に必要な自由形泳ストロークを補完する。胸筋と三頭筋が強くなれば、バイク、特にタイムトライアルでも、バイク上の総合的な基盤が強固になり、エアロポジションのときに生み出せるパワーが大きくなる。

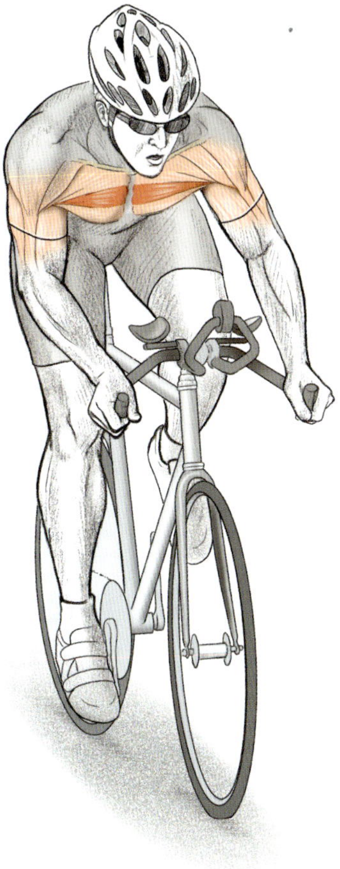

CHAPTER 7

コア

「コアを鍛えるか、否か(To core or not to core)」は問いではなく、(エクササイズ選びの)答えである。トライアスリートは、3つの異質なスポーツのトレーニングとレースをする。心肺持久力の向上は当然のことだ—あなたが走っていようと、バイクに乗っていようと、泳いでいようと心臓は知りもしなければ、気にもしない。いっぽう、筋骨格系は、強くなり、健康でいるためにおそらくもっと誘導してやらなければならない。トライアスロンのトレーニング中およびレース中の肉体的負担は、関節、筋肉、腱、靭帯、骨にかかるストレスを含め、独特だ。持久系スポーツの場合、長引くストレスが潜在的な疲労や運動機能障害につながり、その結果、パフォーマンスが低下し、ケガのリスクが増える可能性がある。種目別トレーニングは、ケガ予防のためにも、パフォーマンス向上のためにも有効だ。コアの安定も、それ以上に重要とは言わないが、運動効率を高め、パワーを生み出し、疲労に耐え、ケガを予防するための強い基盤を築くうえで、同じくらい重要だ。

コアの安定とは何だろう？　コアとは、股関節部、骨盤、脊柱下部の骨、ならびに腹壁、骨盤、下背部、横隔膜の筋肉を含む身体領域であり、運動中に上肢や下肢が動くとき、協力して体幹を安定させる働きをすると定義できる。この腰椎骨盤—股関節複合体は、受動的要素と能動的要素の両方から成り立つ。受動的要素は、脊柱下部、骨盤、股関節の骨や靭帯支持などであり、きわめて強く、体幹に形と構造を与えている。能動的要素、コアの筋肉は、表層と深層にある脊柱の伸筋(傍脊柱筋)、腹筋、骨盤底筋、下肢帯(骨盤帯)筋である。

腹筋の協調収縮によって腹部の臓器に圧がかかると、コアの領域がボールのようになり、直立姿勢を保つための安定基盤として機能する。どんな活動もこのコアの収縮によって始まる。コアの安定は、地面からの力が体幹へ、また四肢へと移動するためにも不可欠だ。

コアの安定のもう1つの能動的要素は、脳と脊髄による受動的要素と能動的要素の複雑な神経筋コーディネーション(協調)だ。動きの予想や動きの準備のためには、筋収縮の起こる順序がばらばらであってはならない。同様に、姿勢調整やバランスのコントロールも適切なコアの機能に依存している。この、いわゆる体幹の神経反射はほぼ自動的だが、コアトレーニングで急な負荷の変化に対する反応がよくなることが明らかになっている。また、どんなときでもコアに必要十分な安定を単独で提供できる筋肉や構造はないことがわかっている。受動的・能動的を問わず、多くの構成要素の相互作用が活動ごとに変化し、それがスイム、バイク、ランの能力になる。

コアの安定の役割とそれがすべての体の動きにどう影響するかよく理解するには、「運動連鎖(Kinetic chain)」という概念と運動連鎖を向上させるトレーニング概念、開放運動連鎖(OKC)運動と閉鎖運動連鎖(CKC)運動などを調べてみよう(第10章参照)。運動連鎖とは、筋骨格系が動き、パワーを生み出すまでの一連の事象を言う。運動連鎖には、体のあらゆる部分のスイム、バイク、ランに必要な筋力、柔軟性、関節可動域が関与する協調のとれたプロセスが必要だ。関節運動とそれにつづくパワーの生成は、まずコアの筋肉が収縮することから始まる。これが、ほかのあらゆる活動が起こる基盤となる。スイムでは、キャッチと次の腕のプルは、コアの筋肉の収縮によって補助される。これを支えにして広背筋と肩および腕の筋肉が水をかき、前進運動を起こすのだ。バイクでは、安定した骨盤と脊柱がなければ、バランスを保てないし、ペダルを押し下げたり、引き上げたりする力も出せない。同様に、ランでは体重が左右の脚を交互に移動するので、安定した骨盤と脊柱が正しいランニングテクニックを持続させて衝撃吸収、力の生成、ケガ予防を助ける。

コアの骨格

解剖学から見たコアの骨格は、大腿骨の骨頭と寛骨臼と呼ばれる骨盤の関節窩（関節の凹状のほう）が球関節を成している（図7.1）。肩関節とは異なり、股関節はたいへん安定している。強い靭帯が股関節の周囲を支えており、制約関節と呼ばれるものを形成している。この構造が運動、体重移動、安定を可能にする。股関節脱臼はめったにないことであり、たいていは大きな外傷の場合に起こる。

骨盤は6つの骨、左右に1つずつの腸骨、坐骨、恥骨で構成される。これらの骨は固く結合しており、骨盤後部の仙骨とともに1つの環状の基盤となり、内臓を保護し、下肢を支えている。衝撃がかかる活動で生じる体重を支える力は、股関節を通過し、骨盤で分散され、減少してから脊柱に届く。

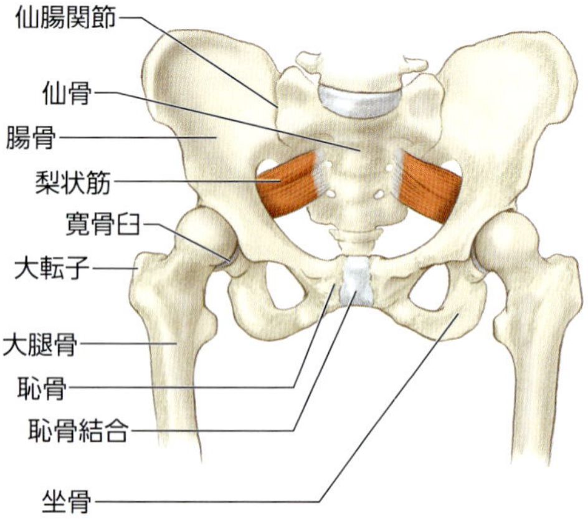

図7.1　骨盤の骨格

コアの筋肉

腸骨上部の湾曲した腸骨稜は、大腿筋膜張筋、中殿筋、小殿筋など（図7.2）、股関節の外転筋の起始部としての役目を果たしている。これら外転筋は、脚を体の正中線から遠ざけ（横に上げる）、骨盤を安定させる。大殿筋は、代表的な股関節の伸筋であり、腸骨稜と仙骨の後面から起始し、大腿骨上部の後面に停止する。骨盤の前部、恥骨は内転筋群の起始部である。内転筋は、詳細は後述するが、脚を正中線に近づける（横に上げた脚を戻す）。坐骨はハムストリングの起始部である。坐骨（座骨）と呼ばれるのは、座ったとき実際に体が乗る骨だからであり、バイクのサドルがフィットしていることが一大事なのはこういう訳だ。サドルがフィットしていないとどうなるかは周知のとおり！

解剖学から見たコアの筋肉は、筋肉が起こす、もしくは対抗する運動に基づいてグループ分けできる。股関節と体幹の大きな表層の筋肉がコアの安定の主役だが、内在筋（インナーマッスル）と呼ばれる小さい筋肉も重要な役割を果たしており、軽視できない。

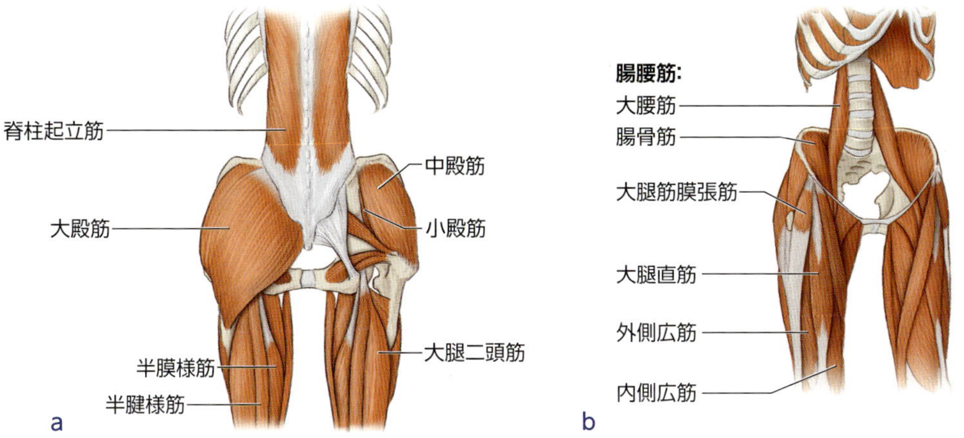

図 7.2 コア下部と大腿の筋肉：(a) 後面 (b) 前面

単独で作用すると、腹部の腹直筋（図 7.3a）と腹横筋（図 7.3b）は体幹を屈曲（前に曲げる）させる。背部の脊柱起立筋と多裂筋（図 7.4）は体幹を、殿部の大殿筋と脚のハムストリングは股関節を伸展（後ろに曲げる）させる。これらが協調して共同収縮（同時収縮）すれば、体幹を安定させる。生成された力が大殿筋を経て下肢に向かうことで、走る、ジャンプするといった活動が可能になる。

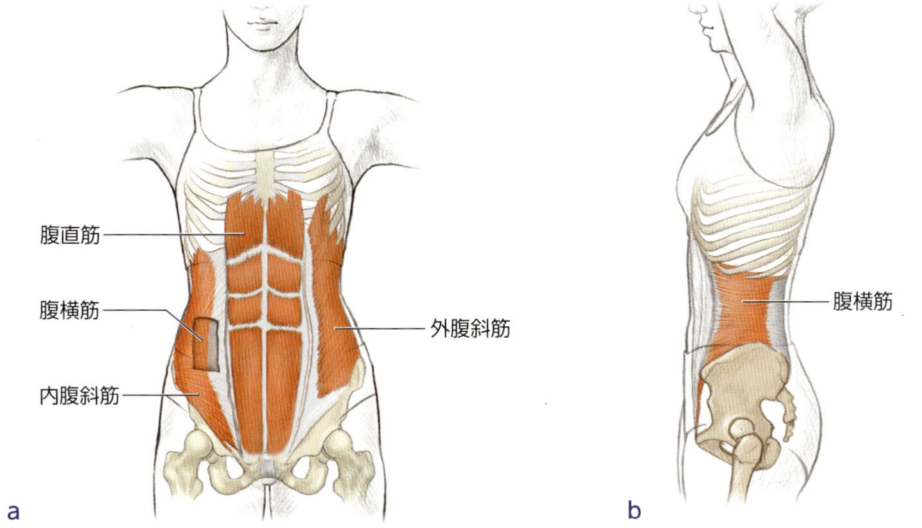

図 7.3 腹筋：(a) 前から見たところ、腹直筋と外・内腹斜筋を示す。(b) 横から見たところ、腹横筋を示す。

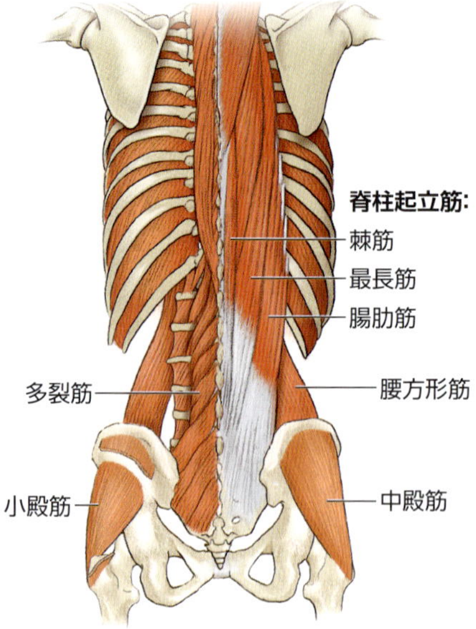

図 7.4　背部のコアの筋肉

横から横への運動をコントロールする筋肉は、中殿筋、小殿筋、腰方形筋である。単独で作用すると、中殿筋と小殿筋は脚を正中線から遠ざけて横に上げる(外転)。歩いたり、走ったりするときは脚が接地しているが、その場合、これらの筋肉は骨盤の水平と下肢のアライメントを保つ。腰方形筋は、あらゆる直立運動できわめて活発になり、脊柱の安定筋の主役である。これらの部位が弱いと、ランナーに見られる下肢の使いすぎによるケガの主な原因になることが多い。

脚を正中線に近づける(横に上げた脚を戻す)股関節の内転筋群には、大内転筋、長内転筋、短内転筋、恥骨筋が含まれる。これら内転筋は、股関節の外旋筋である上・下双子筋、大腿方形筋、外閉鎖筋、内閉鎖筋とともにコアの安定に二次的な役割を果たす。これらの筋肉については、第9章で詳しく解説する。

コアの筋骨格系には、骨、筋肉、神経系コーディネーションなど、たくさんの受動的要素と能動的要素があり、それらが直立姿勢と活発な身体動作を保つ働きをしている。どこかが弱ければ、脊柱に過剰な力が伝わり、負傷を招きかねない。コアの機能が不十分で安定性を欠けば、下肢を使いすぎて故障させてしまうこともある。異論もあるが、力の伝達にロスがあれば、トレーニングでもレースでもパフォーマンスが低下する可能性は否定できない。

コアのエクササイズ

コアは、単に腹部、体側、腰の筋肉だと思われがちだ。実際は、これらの筋肉のほかに、殿筋や広背筋など、支えになる筋肉もコアに含まれる。これらコアの筋肉の協調した、精密に調整された働きが脊柱を支え、バランスのとれた動きの基盤となる。

シットアップをたくさんできることを自慢する人は珍しくないが、実は、コアの筋肉もほかの筋肉と何ら変わりはなく、トレーニングのストレスにも同じように適応する。したがって、本章で解説するコアのエクササイズのほとんどは、週2、3日、10-15レップ（努力を要する回数）を2、3セット行うことを想定している。

コアの安定を最大化するには、コアを強くしなければならない。そのためには、コアの筋肉を活性化し、なおかつ種目特有の動作を念頭においた特定のエクササイズに取り組むことだ。たとえば、基本的な腹筋運動、クランチではトライアスロンの種目のシミュレーションにはならない。しかし、プランクのようなポジションを保持すれば、エアロバーに前傾した姿勢を再現できる。プランクを長くつづけられようになれば、もっと空気抵抗の少ない姿勢になれるし、バイクから降りて、ランを開始するときの疲労感も少なくなるわけだ。

次ページからのエクササイズは、自分の体重を利用して筋力と持久力をつける。筋力がついてきたたら、ポジションを保持する時間を長くするか、レップ数を増やしてみよう。どのエクササイズも、強く機能的なコアをつくり、トレーニングでもレースでもケガとは無縁になるために役立ってくれるだろう。

Plank
プランク

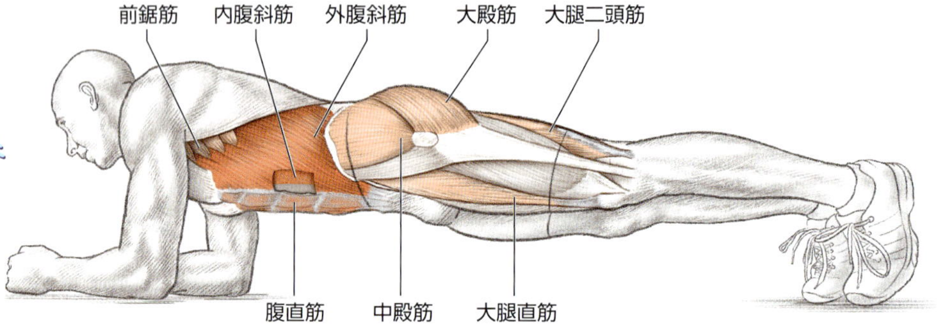

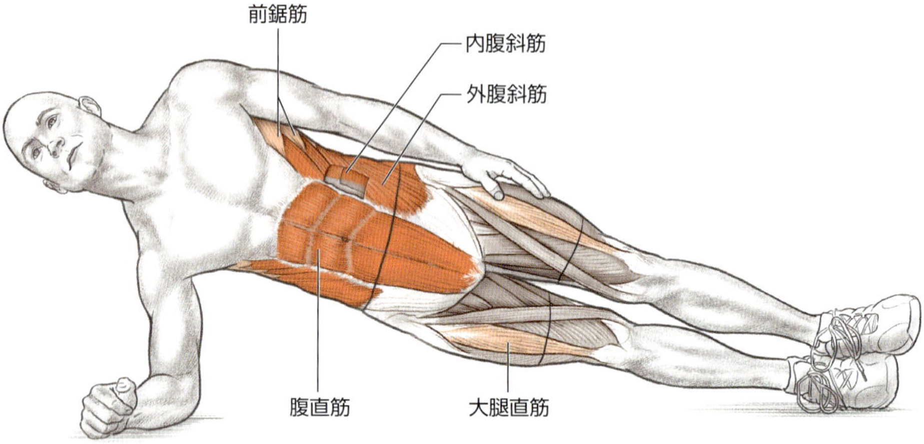

エクササイズ・ステップ

1. うつ伏せになる。顔を下に向け、背中をまっすぐ伸ばし、前腕とつま先で体重を支える。
2. コアの筋肉を総動員して、体を平らに保ちながら、筋力に応じて、この姿勢を15-30秒保持する（フロントプランク）。
3. 顔を左に向け、右の前腕と右足の側面で体重を支える。左腕は体側に沿わせておく。腕を真上に上げると強度が上がる。この姿勢を15-30秒保持する（サイドプランク）。
4. いったんフロントプランクの姿勢に戻ってから、ステップ3と同様に反対側のサイドプランクを行う。上級者なら、フロントプランクを15-30秒保持してから向きを変える。

動員される筋肉

主動筋：腹直筋、外腹斜筋、内腹斜筋、腹横筋

補助筋：前鋸筋、大腿直筋、大殿筋、中殿筋、ハムストリング（大腿二頭筋、半腱様筋、半膜様筋）

トライアスロンのここに効く

プランクは、きわめて効果的にコアを鍛えるエクササイズであり、トライアスリートの筋力トレーニングメニューに必ず加えるべきものである。特にスイムとバイクでは、自由形泳やエアロバーに伏せた姿勢など、水平姿勢を安定させる筋肉が強くなければならない。

プランクの重要ポイントは、体を厚板（プランク）のようにまっすぐに、頭をニュートラルポジションに保つことだ。腰が落ちはじめたら、それを戻す筋群を使うことに集中するか、そこでやめて持久力の改善を待とう。フロントプランクと左右のサイドプランクを各15秒から始めて、1分保持できるようになるまでトレーニングすることをおすすめする。

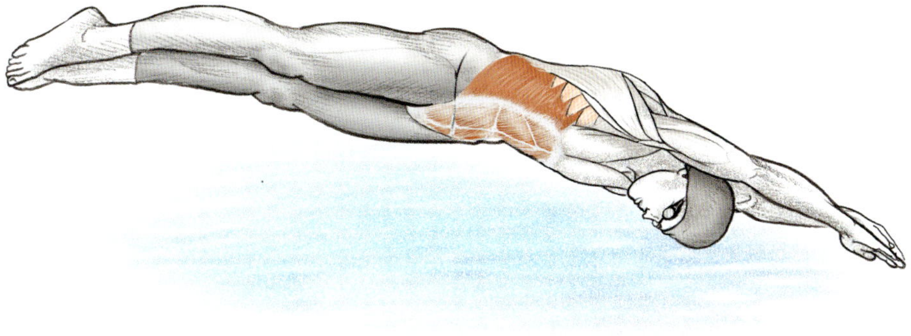

V-Sit
Vシット

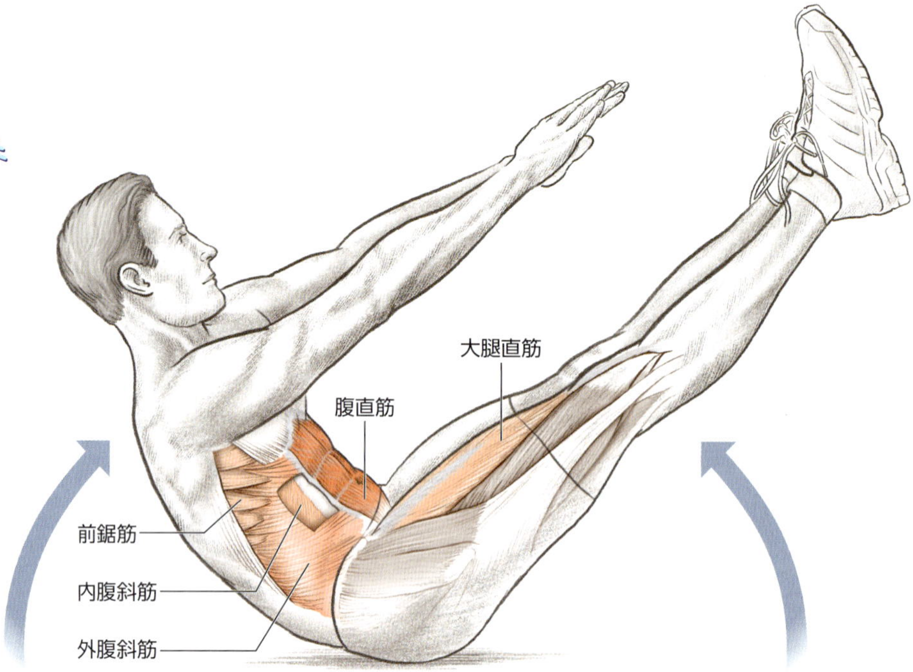

エクササイズ・ステップ

1. マットなど、やわらかい面に仰向けになる（スタートポジション）。
2. 上半身と両脚を同時に持ち上げ、腰で折れたV字形をつくる。
3. スタートポジションに戻り、この動きを所定の回数繰り返す。

動員される筋肉

主動筋：腹直筋

補助筋：外腹斜筋、内腹斜筋、腹横筋、前鋸筋、大腿直筋、腸腰筋

トライアスロンのここに効く

Ｖシットは、上級コア強化エクササイズであり、腹部、股関節部、大腿の主要な筋群を使う。

スイムでは、キックの改善とともに下腹部と股関節部の筋力をつけると有利になる。バイクでは、長時間エアロポジションを維持するのが楽になるし、股関節の屈筋と大腿直筋が強ければペダリングでも強みになる。両者は、ペダリングサイクルを時計に見立てて7-11時のプルアップ（引き上げ）もしくは力を抜く段階で重要な筋肉だからだ。

Ｖシットの強度を上げるには、両脚と上半身を下ろすとき、床すれすれで止めて、絶えず筋肉を収縮させておく。

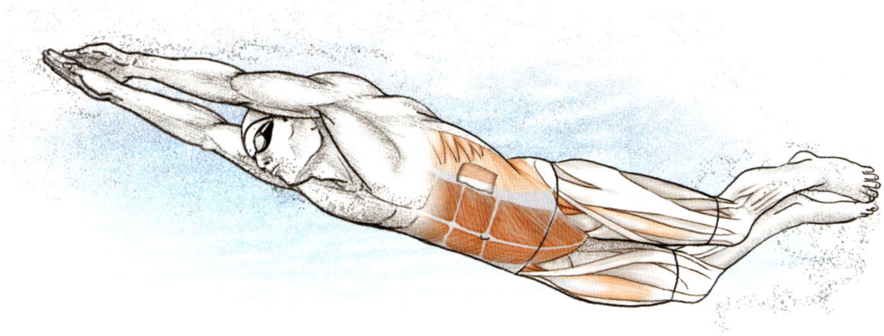

バリエーション

ウェイトを使ったＶシット

Ｖシットの強度を上げるために、メディシンボールなどのウェイトになるものを胸に抱え、Ｖ字になるたび、それを脚のほうに伸ばすバリエーションもある。

Flutter Kick

フラッター・キック(ばた足)

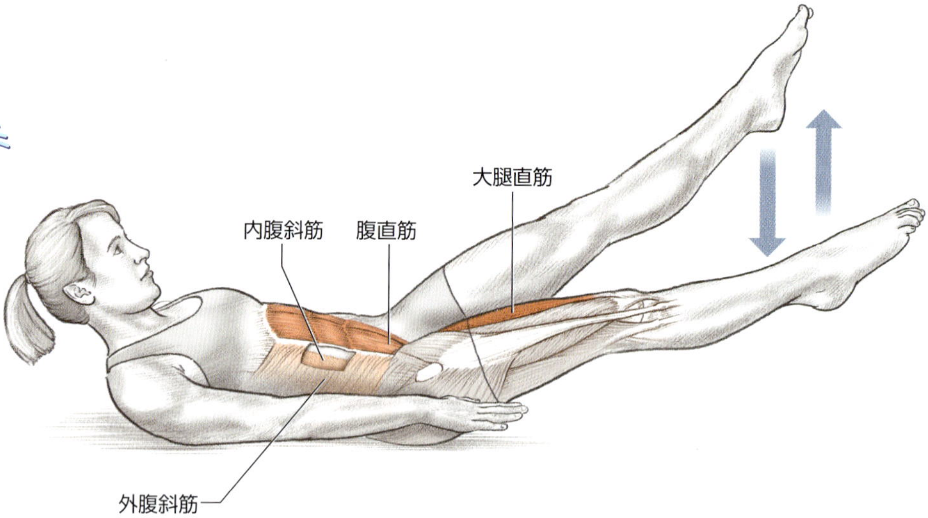

エクササイズ・ステップ

1. 仰向けになり、つま先をポイントにし、腕は体側に伸ばす。
2. 静かに肩を起こして、手を床から少し浮かし、コアの筋肉を使いながら、足を30-40cm床から上げる。つま先はポイントにしておくこと。
3. この姿勢から、脚を上下にキックする(ばた足)。つま先をポイントにしておくことに注意する。
4. このキックを15-30秒つづける。キック60秒、セット間の休息30-60秒をめざす。

動員される筋肉

主動筋：腹直筋、大腿直筋

補助筋：外腹斜筋、内腹斜筋、腹横筋、腸腰筋

トライアスロンのここに効く

フラッター・キックは、腹直筋下部と大腿直筋など、自由形泳ストロークのキックで使われる主要な筋群をターゲットにしている。さらに、このエクササイズを実行し、つま先をポイントにすることで、過度のラントレーニングで悪影響の出やすい部位の筆頭、足首の柔軟性も改善できる。フラッター・キックの重要ポイントは、腹筋の補助で腰が反らないようにすることだ。つま先をポイントに保つことも忘れないでほしい。足首の柔軟性を高め、自由形泳ストロークのサイクルで推進力のあるキックを生み出せるように足のポジションを改善するトレーニングになるからだ。

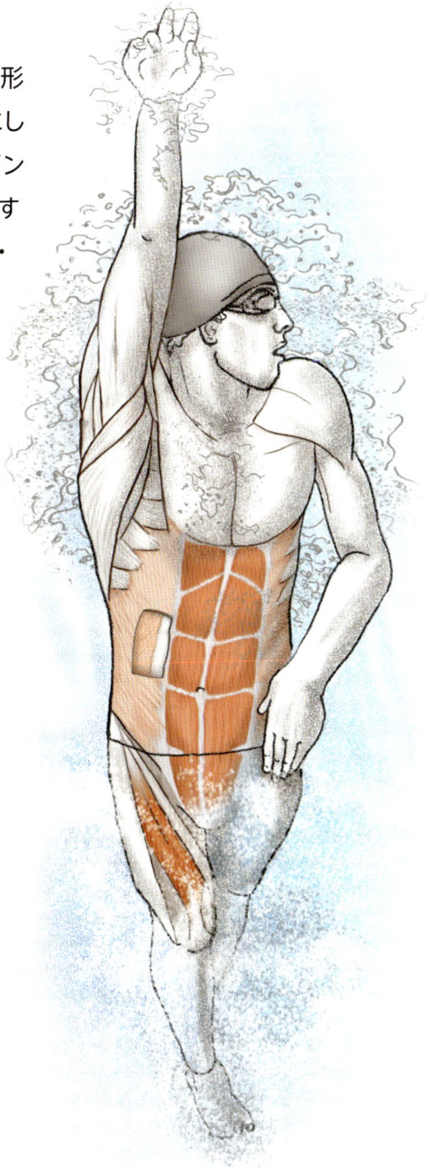

Stability Ball Crunch
バランスボール・クランチ

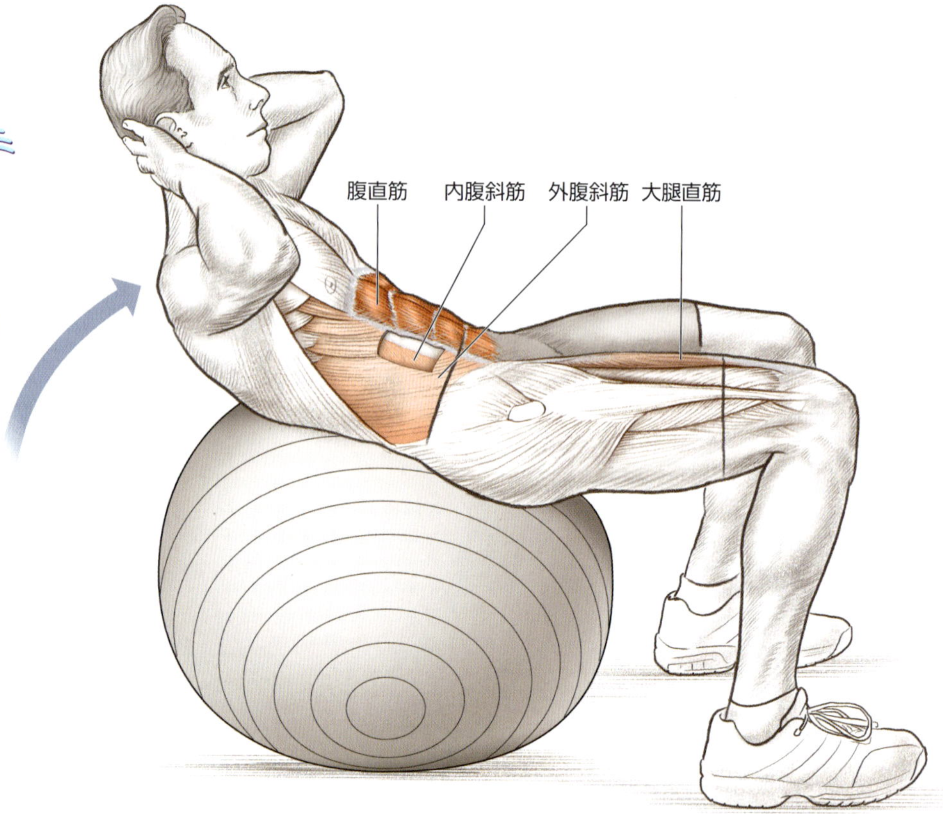

エクササイズ・ステップ

1. 背中の中央をバランスボールにのせる。足を床につき、肩幅くらいに離す。
2. 頭を手で支えてニュートラルポジションにするが、手で頭を引っ張り上げてはいけない。そうすると、首に大きな負担がかかってしまう。
3. 胸と肩を天井に向かって起こす。腹筋だけを使うことを意識する。ほぼ完全に腹筋を収縮させたら、そのままの姿勢で数秒静止する。
4. ゆっくりスタートポジションに戻り、所定の回数繰り返す。

動員される筋肉

主動筋：腹直筋

補助筋：外腹斜筋、内腹斜筋、腹横筋、大腿直筋

トライアスロンのここに効く

バランスボール・クランチは、安全で効果的なコア強化エクササイズであり、トライアスリートのコアトレーニングプログラムのメインにすべきものである。やりやすく、筋力に応じて調整も可能だ。

このエクササイズを行うときは、常に正しいフォームと腹筋だけを使って起き上がることを意識しよう。また、ボール上でバランスをとれるように、足裏をしっかり床につき、大腿四頭筋を床と平行に保つこと。

コアトレーニングは、バランスを担う筋肉の強さと安定性を高めることによって、間接的にスイム、バイク、ランのパフォーマンスを向上させる。それは、あらゆる動きの基盤となる。バランスボール・クランチは、スイム、バイク、ランの具体的な何かを目的にした腹筋エクササイズではないが、それでも筋力と持久力の増進に効果的であり、すべてのアスリートにおすすめのエクササイズだ。

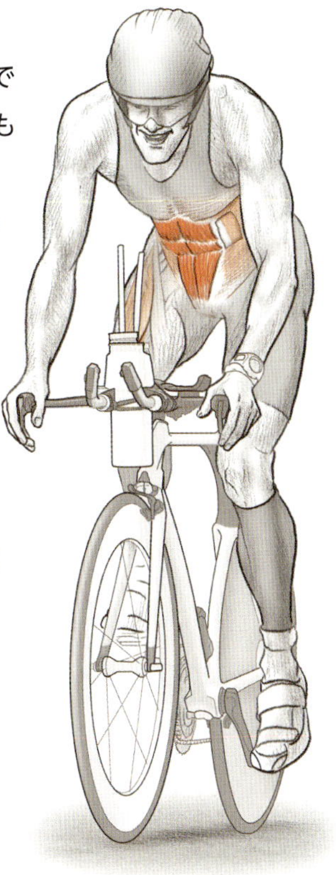

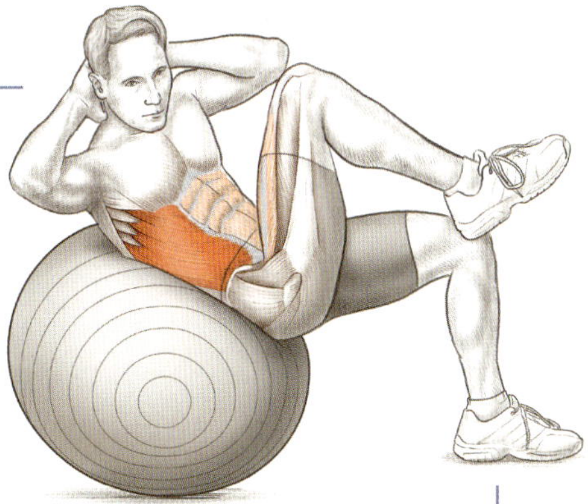

バリエーション

体幹の回旋を入れたバランスボール・クランチ

ツイスト運動を組み込み、左右交互にクランチをすることで、内腹斜筋と外腹斜筋をターゲットにすることになり、体幹の回旋能力が強化される。

Russian Twist
ロシアン・ツイスト

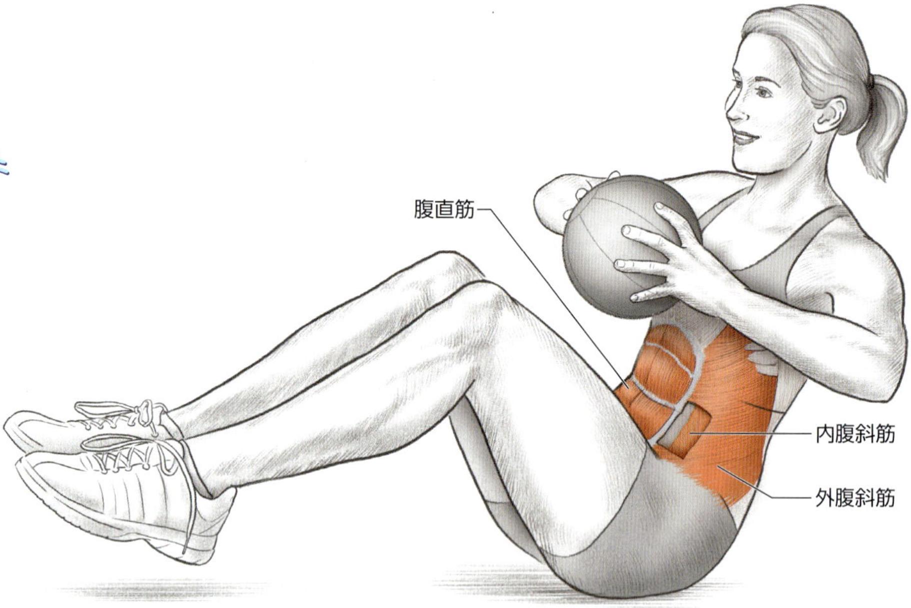

エクササイズ・ステップ

1. 膝を曲げて床に座り、適切な重さのメディシンボール（かなり努力して10-15レップこなせる重さ）を両手で抱きかかえる。
2. 少しずつ後ろに倒れて、上半身が床に対して約45度になるようにする。足を床から7.5-15cm上げる。
3. 体幹の筋肉だけを使って、左右に回転する。この動きを10-15レップ繰り返す。

動員される筋肉

主動筋：腹直筋、外腹斜筋、内腹斜筋

補助筋：大腰筋

トライアスロンのここに効く

ロシアン・ツイストは、腹斜筋をターゲットにし、股関節部から体幹を回旋する能力を高めるすぐれたエクササイズである。これは、特に自由形泳で重要である。水中でストリームライン（流線型）姿勢を保つためにはコアの強さが決定的に重要だからだ。先行する手がエントリー（入水）し、伸びてから水をキャッチしたら、プルの動きの開始と同時にコアが動員され、股関節部を瞬時に正しいアライメントに戻すのを補助するから、最大限の加速とストリームラインが得られるのだ。

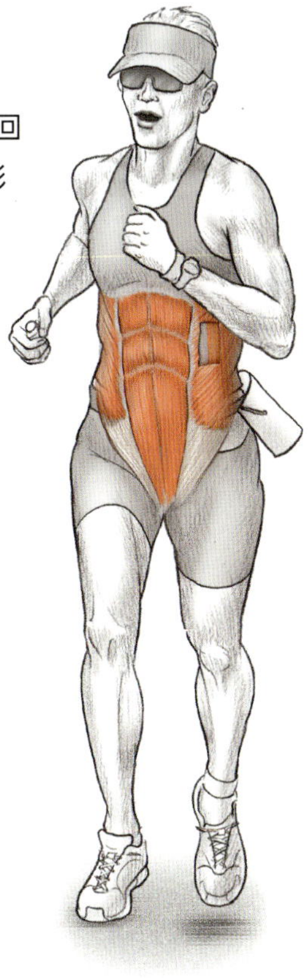

Stability Ball Prayer Roll
バランスボール・プレーヤー・ロール

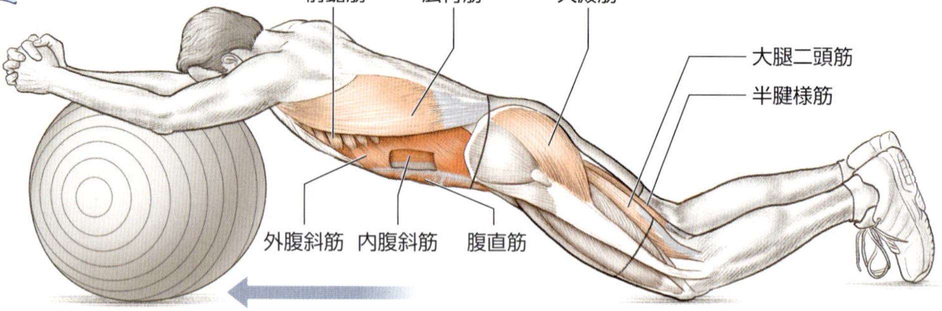

エクササイズ・ステップ

1. 膝立ちになり、前腕をバランスボールにのせる(スタートポジション)。
2. 前腕で体重を支えて、ボールをゆっくり前に転がしながら、膝を伸ばしていく(筋力に応じて無理のない範囲で)。
3. 一呼吸おき、ボールを後ろに転がしてスタートポジションに戻る。10-15レップ繰り返す。

動員される筋肉

主動筋：腹直筋、外腹斜筋、内腹斜筋、腹横筋

補助筋：広背筋、前鋸筋、大殿筋、ハムストリング(大腿二頭筋、半腱様筋、半膜様筋)

トライアスロンのここに効く

これは、きわめて効果的なコア強化エクササイズであり、腹部はもちろん、上背部と下背部の筋肉もターゲットにしている。自由形泳ストロークのうち、水面下のプルで使われる筋群の多くが鍛えられので、スイムに対する効果がはっきりしている。バイクにも効果があり、深く前傾したエアロポジションでトライアスロンバイクに長く、楽に乗れるようになる。

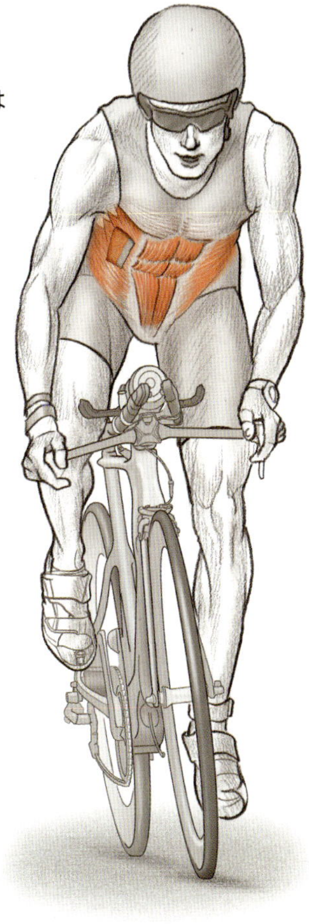

Reverse Crunch
リバース・クランチ

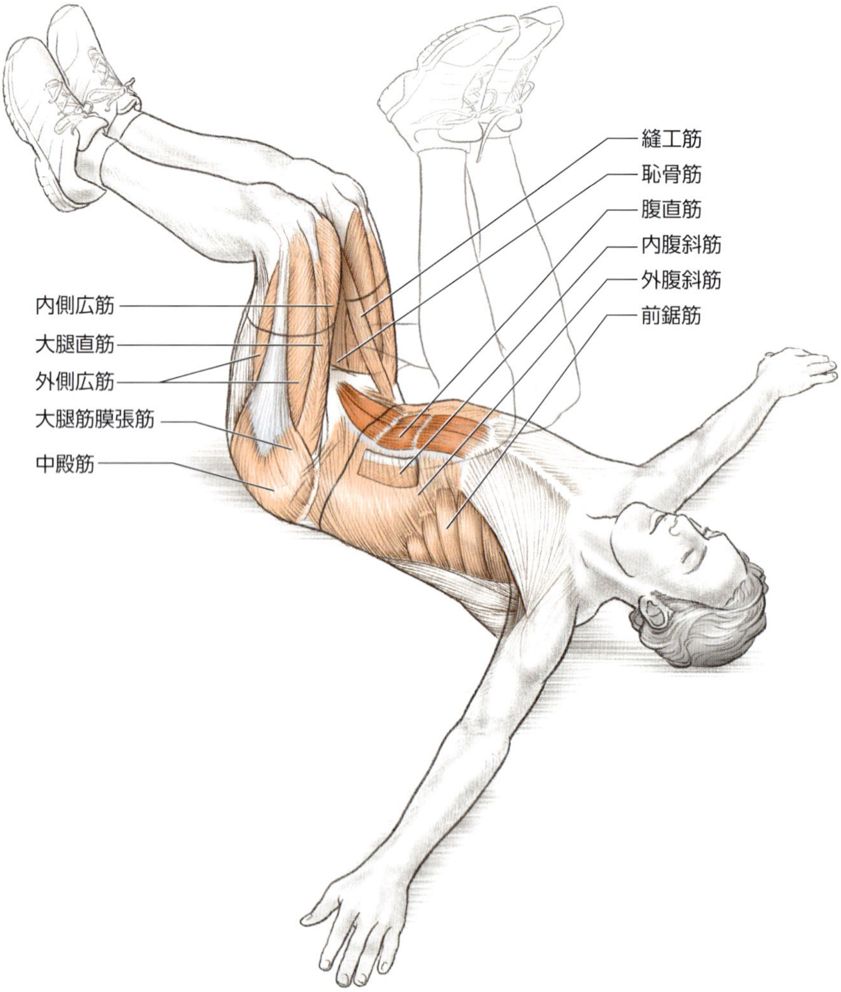

エクササイズ・ステップ

1. 仰向けになり、床に対して大腿を垂直に、下腿を平行にする(スタートポジション)。
2. 腕を真横に伸ばし、手のひらを床につけて上半身を安定させる。
3. 腹筋下部を使うことを意識しながら、骨盤を床から持ち上げ、膝を胸に近づける。
4. 骨盤をスタートポジションまで下ろす。所定の回数繰り返す。

動員される筋肉

主動筋：腹直筋

補助筋：外腹斜筋、内腹斜筋、腹横筋、前鋸筋、大腿四頭筋（大腿直筋、外側広筋、内側広筋、中間広筋）、股関節の屈筋（中殿筋、大腿筋膜張筋、縫工筋、恥骨筋など）

トライアスロンのここに効く

トライアスリートにとって下腹部の筋肉を鍛えることは重要である。3種目のどれでも常に使われる筋肉だからだ。この独特のエクササイズは、チーティング（目的以外の筋肉の力を借りること）になりにくく、腹筋下部をアイソレート（分離）して最大限にトレーニングできるから、腹筋下部を強化する安全で効果的な方法だ。オープンウォータースイミングの自由形泳キックから、バイクとランのハードなアップヒル攻略まで、コアの筋肉が強ければ、正しいフォームを維持しながら、フィニッシュラインめざして突き進む助けになる。

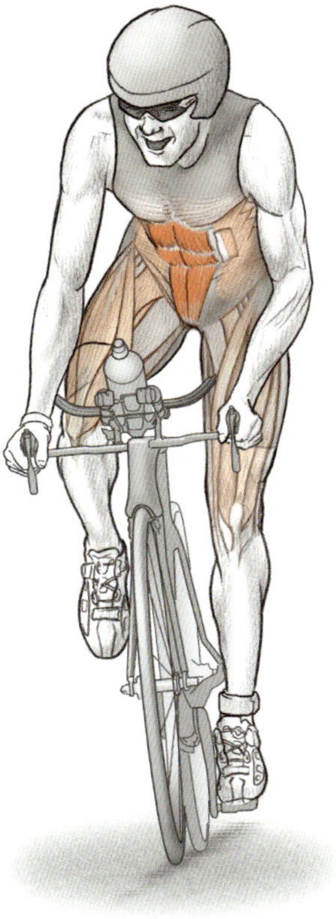

Back Extension Press-Up
バック・エクステンション・プレスアップ

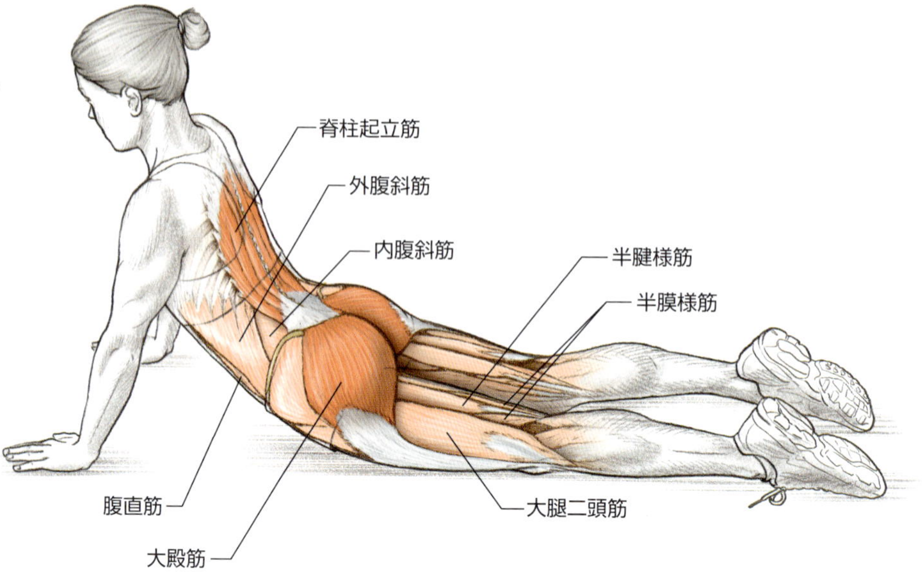

エクササイズ・ステップ

1. うつ伏せになってプッシュアップのように手をつき、顔を下に向けて背中を平らにする（スタートポジション）。
2. 腕で床を押して、体幹だけが床から離れるまで起き上がる。脚は床上に伸ばしたままにする。
3. この姿勢を10-15秒保持する。下背部と殿部の筋肉を刺激することに集中する。
4. スタートポジションに戻り、所定の回数繰り返す。

動員される筋肉

主動筋：脊柱起立筋、大殿筋

補助筋：ハムストリング（大腿二頭筋、半腱様筋、半膜様筋）、腹直筋、外腹斜筋、内腹斜筋

トライアスロンのここに効く

コア強化エクササイズは、トライアスロンの成功にとって多くの意味で決定的な重要性をもつ。残念ながら、アスリートの多くは、腹筋ばかりを重視して、下背部や殿部の重要な筋肉を無視し、結果的に筋肉がアンバランスになり、反復運動中のケガのリスクがいっそう高くなる。

バック・エクステンション・プレスアップは、それら重要な背面の筋肉を鍛えて骨盤を安定させる観点から、投資すれば見返りがとても大きいシンプルなエクササイズだ。これは、特にトライアスロンのラン区間で重要である。骨盤のアライメントが崩れていれば、走り方に悪影響を及ぼし、ほかの運動効率の低下やケガにもつながるからだ。

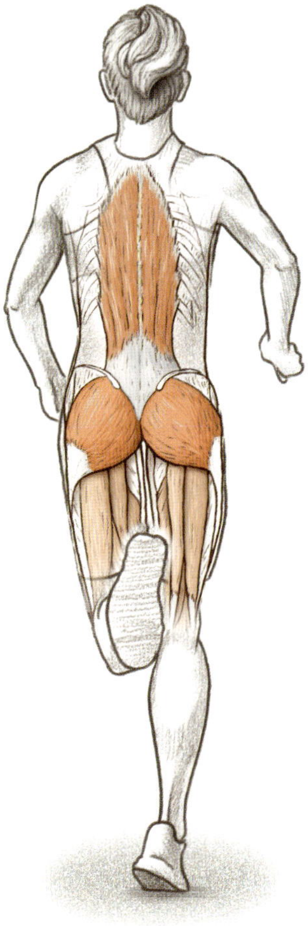

CHAPTER 8

背中と首

米国では、生涯のうちに背中や首の痛みを経験する人の割合が人口の約60-80%だという。それならば、なぜ私たちは背中や首を強く健康にしておくためにほとんど時間を割かないのだろう？「後ろにご用心」や「背水の陣」などの表現を耳にしたことがあるだろう。単純な言葉にも背部の潜在的なもろさが強調されている。背中や首の運動は怖いとわかっているから、最もケガや障害のリスクを劇的に減らせるはずの場所を私たちは無視してしまう。

トライアスロン中の肉体的負担によって私たちはケガのリスクにさらされる。テクニック不足、疲労、装備の問題、何が原因のケガにせよ、持久系スポーツのトレーニングやレースでは、すべての組織にきわめて反復性の高いストレスがかかり、やがて故障やケガに至る。泳いでいるときに体幹の回旋が不十分だと、頭を過剰に回旋させるしかなく、そのせいで首に負担がかかり、首が痛くなったり、凝ったりする。バイクがフィットしていないとか、乗車姿勢が悪いとか、あるいはサドルに長時間またがりすぎたというだけでも、首や腰が痛くなる。走ること自体、脊柱とその支持組織に大きな衝撃がかかるが、そのうえシューズがすり切れていたり、ランニングフォームが悪かったりすれば、背中や首の問題がすぐに発生する。このタイプの傷害は、ストレイン（筋挫傷、捻挫や肉離れの総称）や機械的痛みに分類できる。首や背中のストレインは、1つ、もしくは複数の脊柱の構造（骨、腱、靭帯、椎間板、筋肉など）の損傷によって起こる場合もある。これは神経痛や神経根痛とは区別される。神経・神経根痛の場合は、神経刺激が痛みなどの一連の症状を引き起こすが、その痛みは背中よりも脚、首よりも腕に強く出る。

背中と首の重要性について、また背中と首が健康と機能にどう関係するかについて理解を深めるために、解剖学的な構成要素を個別に解説する。そして、適切に組まれた筋力および柔軟性トレーニングのプログラムでちょっと予防すれば、ケガのリスクを最小限にとどめ、パフォーマンスを改善できることに納得してもらおう。

背中と首の骨格

背中と首の中心構造は、脊柱を構成している骨である。脊柱は33個の椎骨でできている。すなわち、7個の頸椎（C1-C7）、12個の胸椎（T1-T12）、5個の腰椎（L1-L5）、5個の仙椎（癒合して仙骨をつくる）、4個の尾椎（癒合して尾骨をつくる）である（図8.1）。

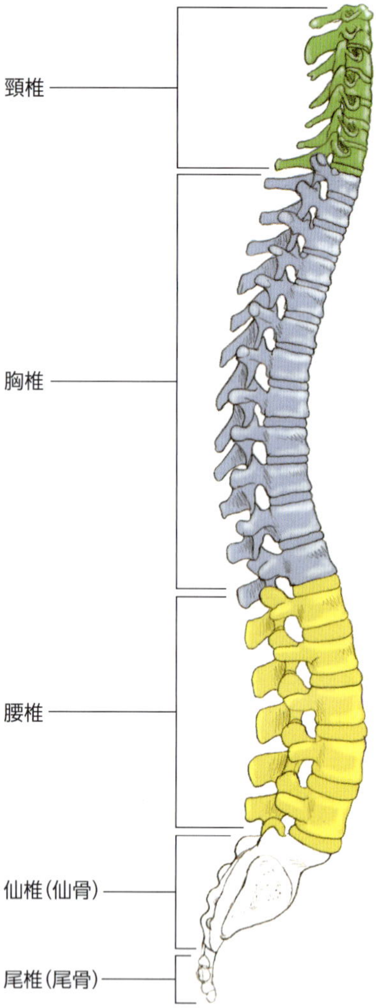

図 8.1　脊柱の部位とカーブ（脊柱を右横から見たところ）

個々の椎骨は、2つの必須要素、前部（椎体）と後部（椎弓）でできており、椎体が積み重なって脊柱の全長となる（図8.2）。仙骨と尾骨を除き、椎体どうしは椎間板によって接合されている。椎弓は、椎間関節と呼ばれる左右に1つずつある2つの関節で連結されている。脊柱の全長に沿って走る靭帯が各部分の連結を補強して1本の支柱をつくり、その支柱によって頭と体幹の直立が保たれ、脊髄とその神経根が保護される。

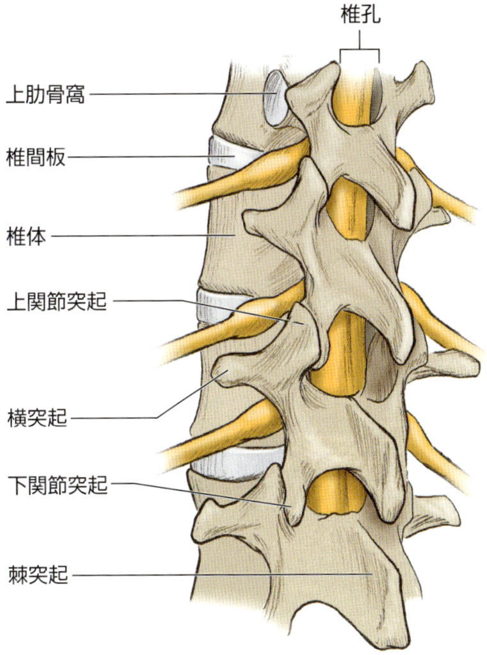

図 8.2　脊柱の椎骨

運動については、椎間板と隣接する上下の椎骨が動的分節（可動単位）である。それぞれはわずかしか動かないが、複数の分節が積み重なり合うと柔軟な柱ができあがる。この運動の中核を担うのは椎間板である。椎間板は、ジャムドーナツのようなものだと思えばよい。線維輪という繊維組織が、中心にある髄核というゼリー状の物質を取り巻いている（図 8.3）。髄核の 90％は水であり、圧縮できない枕のようになっている。

椎間板には、運動と衝撃吸収の２つの役割がある。脊柱の運動は、線維輪と髄核の相互作用から起こる。衝撃負荷で脊柱に垂直方向の圧力がかかると、線維輪内部の圧縮されにくい髄核が抵抗する。20代、30代の年齢で、椎間板や椎間関節に退行変性が生じる人もいる。髄核の水分が失われ、線維輪のコラーゲン線維構造が壊れると、椎骨の衝撃吸収力が低下し、椎間板ヘルニアになる恐れがある。この病状では、ゼリー状物質が線維輪から脱出して、脊髄やその神経の１つを圧迫し、椎間板の位置によって脚か腕に放散する痛みが生じる可能性がある。内張りである関節軟骨が減少するなど椎間関節の劣化、また周囲の靭帯の硬化や線維化が脊柱周辺の痛みや動きの低下を引き起こすこともある。

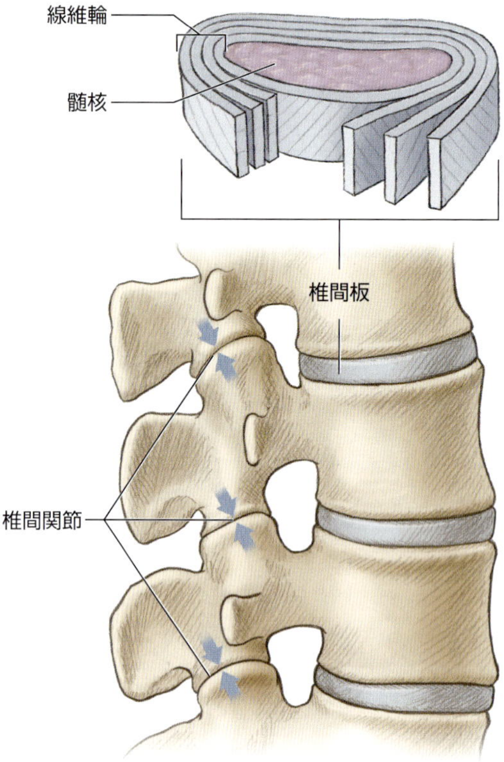

図 8.3　椎間関節と椎間板、および椎間板の詳細

正常な脊柱は、横から見るとS字カーブを描いており（図8.1）、前から見るとまっすぐに見える。このカーブは子どものときに発達する。人間の脊柱は、生まれたときはCカーブで、脊柱後弯と呼ばれる（横から見ると上背部が後ろに凸になっている）。赤ちゃんがハイハイを始めて、頭を持ち上げるようになると、頸椎が前弯していく（横から見ると上背部が前に凸になる）。ひきつづき筋肉が発達していき、歩きはじめると、脊柱に分散される体重が増え、腰椎が前弯する。脊柱のS字カーブが完成すると、体重が均等に配分され、バランスのとれた柔軟性のある脊柱になる。

背中と首の筋肉

これまで述べてきたのは、脊柱の受動的な構成要素ばかりだ。では、何が脊柱を動かすのだろう？脊柱起立筋（図8.4）、多裂筋（図8.5）、横突間筋など、背部の深層にある強い筋群が、脊柱の下部と中央部の運動をコントロールする。

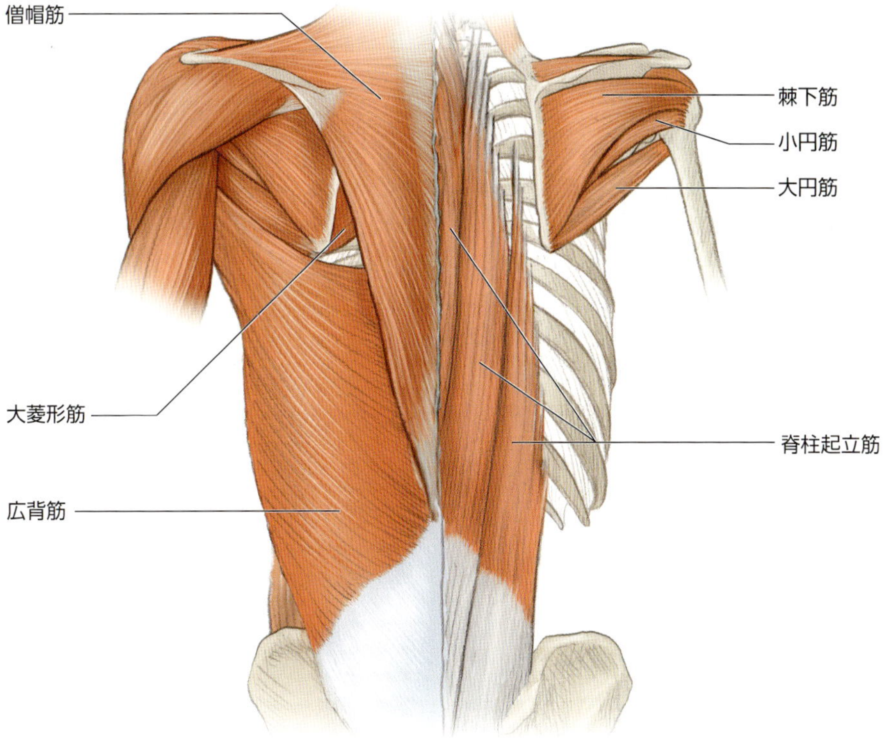

図 8.4　背部の筋肉：僧帽筋、大菱形筋、広背筋、棘下筋、小円筋、大円筋、脊柱起立筋

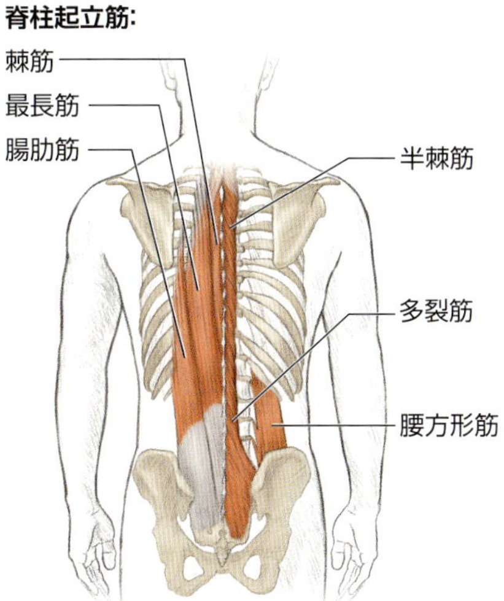

図 8.5　より深層の背筋、多裂筋と半棘筋を含む

上背部と頸部の運動は、同様の筋肉によって、さらに胸鎖乳突筋、斜角筋、頭板状筋など、小さい頸筋から成る大きな筋群によってもコントロールされる（図8.6）。このほかに脊柱周辺の運動を担う筋肉としては、僧帽筋、広背筋、深層の肩甲骨回旋筋である肩甲挙筋などがある。

脊柱周辺で起こる運動は、屈曲（前に曲げる）と伸展（後ろに曲げる）、側屈（横に曲げる）、回旋である。頸椎では、回旋のほとんどが上位の頸椎、C1とC2で起こり、屈曲と伸展は下位の頸椎、C5とC6で起こる。腰椎では、回旋は全椎骨にある程度均等に分散されるが、屈曲と伸展はL3-L4とL4-L5で起こる。この部位は、可動性が高いために退行変性（ヘルニアなど）を最も来たしやすい。

脊柱の屈曲は、腹部の腹斜筋と腹直筋の作用で起こる。脊柱の伸展は、脊柱起立筋と呼ばれる筋群が担う。脊柱起立筋は、3つの別個の筋肉（棘筋、最長筋、腸肋筋）で構成され、脊柱に沿って仙骨から頸部まで縦走する。筋線維の一部は大殿筋にもつづく。脊柱起立筋の主な作用は、脊柱の安定と伸展である。

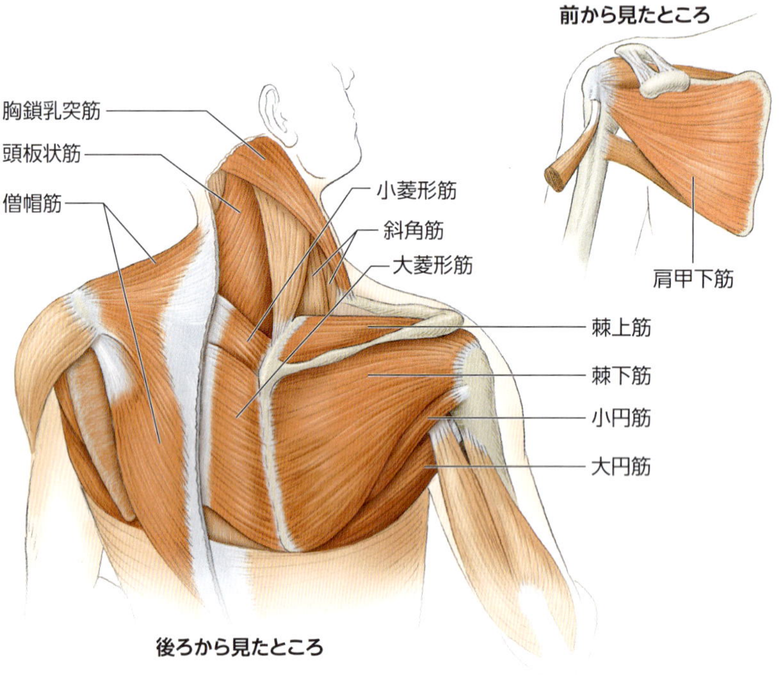

図 8.6　首、上背部、回旋筋腱板（ローテーターカフ）の筋肉

脊柱の回旋と側屈は、腹斜筋の作用とともに脊柱起立筋の単独収縮によって起こる。横突間筋は、椎骨の横突起間を走行する筋肉であり、その位置ゆえに脊柱の側屈を補助する。

多裂筋は、背部のきわめて細い深層筋であり、仙骨から頸部まで、椎骨の棘突起（背中に触れるとわかる骨の隆起）の隣の溝に沿って上方に走行する。多裂筋の主な作用は、脊柱の連結部を安定させることである。

頸部では、左右の胸鎖乳突筋が回旋と側屈を受け持つ。斜角筋は、左右に3つずつあり、頭を側屈させる。両方とも、運動で重要な機能、呼吸を促す筋群でもある。僧帽筋は、その付着部が頭蓋基部、肩甲骨、脊柱であるゆえに首を体幹に連結するほか、伸展、回旋、首の屈曲を補助する。

背中と首のエクササイズ

筋持久力と筋力を発達させるには、本章のエクササイズを10-15レップ、2-4セットこなすことをめざそう。各セットの効果を最大にするには、最後の数回をやっとできる重さのウェイトを選ぶ。研究によれば、筋力向上をねらうならセット間に3-5分休むのがベストであり、休息間隔を60秒未満にすると筋持久力向上に有利だという。エクササイズの強度や各セットを完了するのが相対的にどれくらい難しいかにもよるが、中強度のセットなら休息間隔の目標を1-2分にすることをおすすめする。

背中と首の筋肉のトレーニングは見落とされがちだが、レースはもちろん、机の前に座り、背中を丸めてコンピュータを見るような日常生活動作でも背中と首には身体的負担がかかっている。下背部（腰）や頸部を痛めないようにするには、この部位の筋力トレーニングに加えて、全体的なコアや腹筋のトレーニングもする必要がある。

背中は特に十分なウォームアップをしなければならない。背中は上肢や下肢とつながる場所だから、ロウイング（腕で漕ぐ）などの動作やエリプティカルトレーナー（クロストレーナー）*が、よいウォームアップになる。心拍数が上がると、血液が体のすみずみにまで流れる。深部体温（核心温度）が上がると、筋肉、腱、靭帯がストレスを受け入れやすくなる。ウォームアップには低強度の運動が適している。目安は、楽に会話できて、心拍数が有酸素運動範囲の低いほうに収まり、軽く汗をかく程度だ。こうなってから、筋力トレーニングを始めよう。これから紹介するエクササイズは、強く健康な背中と首をつくるのに役立ってくれるだろう。

*訳注：両手でハンドルを前後に動かしつつ、それと連動するように足踏みをして上・下半身を同時に鍛えられるもの。足の動きが楕円（ellipse）を描くためこう呼ばれる。

Floor Bridge
フロア・ブリッジ

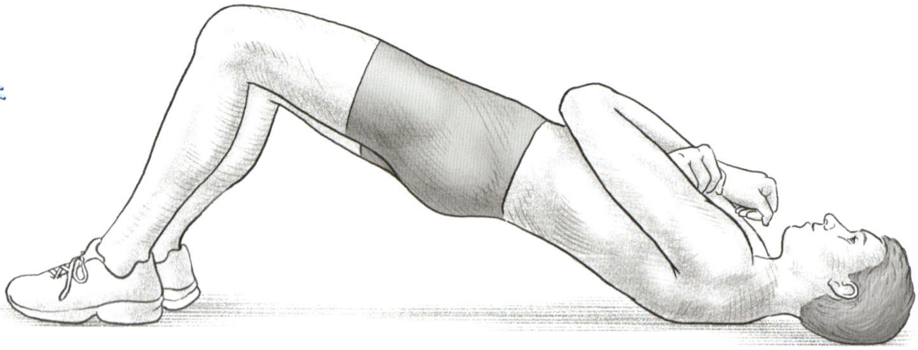

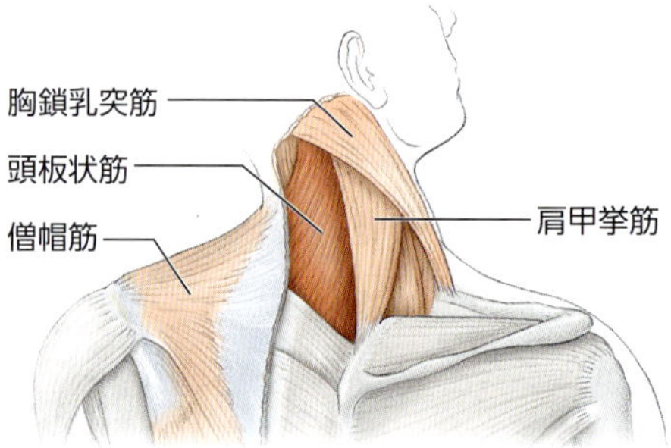

安全のためのアドバイス

このエクササイズは厳重な注意を要する。必ず首の筋肉をウォームアップしてから行い、無理のない範囲で首の筋肉を使うこと。また、頭頂部で体を支えるほど背中を伸ばしたり、首を極端に反らしたりしてはいけない。

エクササイズ・ステップ

1. 仰向けになり、膝を曲げ、足裏を床につける(スタートポジション)。
2. 静かに頭で床を押し返しながら、首の後ろの筋肉を使って体と肩をゆっくり3-4秒かけて持ち上げる。
3. ゆっくりロールバックしてスタートポジションに戻り、所定の回数繰り返す。

動員される筋肉

主動筋：頭板状筋

補助筋：僧帽筋、肩甲挙筋、脊柱起立筋、胸鎖乳突筋後部

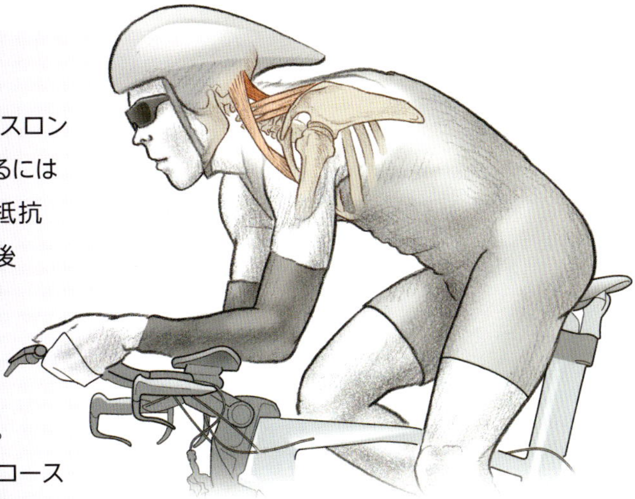

トライアスロンのここに効く

　まさしくエアロポジションでトライアスロンバイクに乗るという特質上、道路を見るには首を上に伸ばさざるをえない。空気抵抗の少ない姿勢にすればするほど、首の後ろの筋肉を使って見上げなければならない。サドルに乗って数時間もすれば、4.5Kgの頭はかなり重くなり、首の疲労と硬直が本格的になってくる。

　オープンウォータースイミングでは、コースからはずれないようにブイを見ながら泳ぐには、ヘッドアップ（顔を水面から上げる）したライフガード型の泳ぎ方を頻繁にしなければならない。これも首の後ろに大きな負担をかける。フロア・ブリッジのような補完的な筋力トレーニングをしておけば、首の疲労と痛みが緩和されるだろう。

Lat Pull-Down
ラット・プルダウン

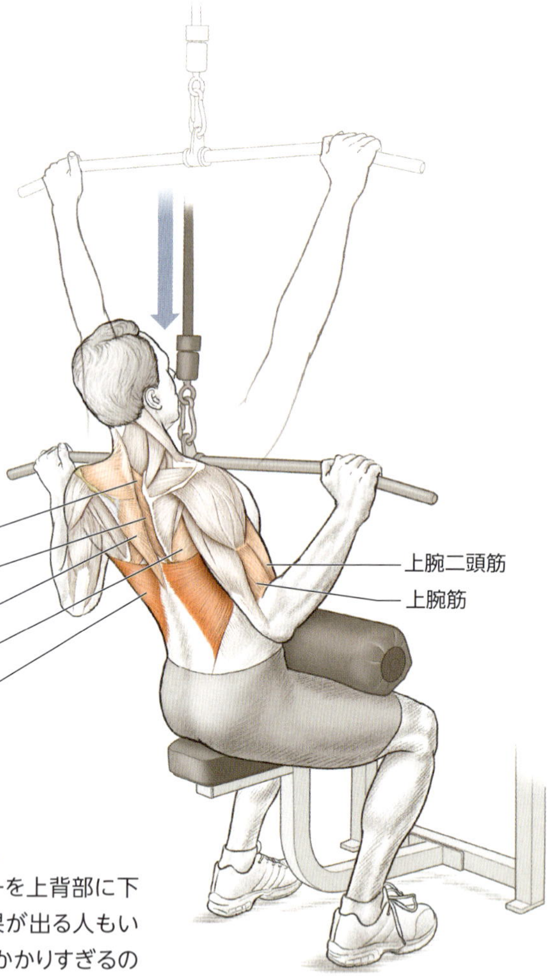

安全のためのアドバイス
旧式のボディビル本では、バーを上背部に下げると書いてある。これで成果が出る人もいるかもしれないが、肩に負担がかかりすぎるので、おすすめはできない。

エクササイズ・ステップ

1. ラットプルダウンマシンに座り、脚をサポートパッドの下に入れて体を支える。腕を完全に伸ばし、順手(手の甲を顔に向ける)でバーを握る。両手の間隔は肩幅よりやや広くする。
2. バーが顎の下にくるまで、ゆっくり、コントロールしながらバーを上胸部のほうに引き下げる。
3. バーをゆっくりスタートポジション(ステップ1)まで戻し、また腕を完全に伸ばす。所定の回数繰り返す。

動員される筋肉

主動筋：広背筋

補助筋：僧帽筋下部、大菱形筋、小菱形筋、大円筋、上腕二頭筋、上腕筋

トライアスロンのここに効く

プルアップ同様、ラット・プルダウンには抵抗を変えられるというメリットがある。また、自分の体重を使ったエクササイズではレップ数を多くこなせない初心者、逆にウェイトスタック式のマシンでしか得られない重い負荷が必要な上級者にとって、出発点となる優秀な代替エクササイズでもある。

プルアップもそうだが、このエクササイズは、上半身の牽引する筋肉のほとんどを鍛える多関節運動であり、それらの筋力、安定性、持久力が向上すればトライアスリートにとってプラスになる。最も直接的な効果があるのはスイムだが、上背部が強ければバイクやランでも好結果に結びつく。

まず、このエクササイズで筋力をつけてから（努力を要するウェイトで10-12レップを数セット）、より難易度の高いプルアップに移行することをおすすめする。

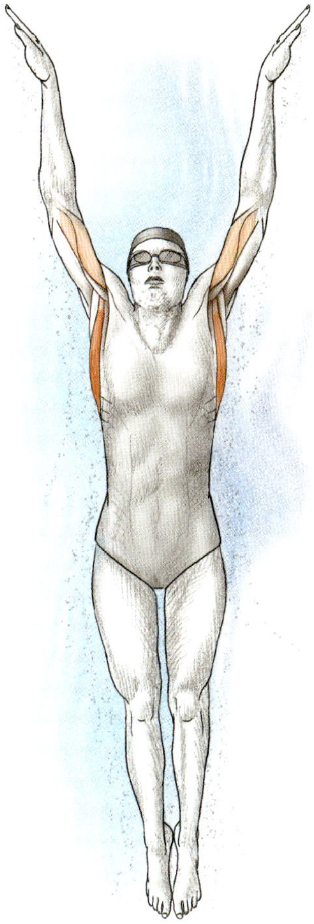

Standing Straight-Arm Pull-Down
スタンディング・ストレートアーム・プルダウン

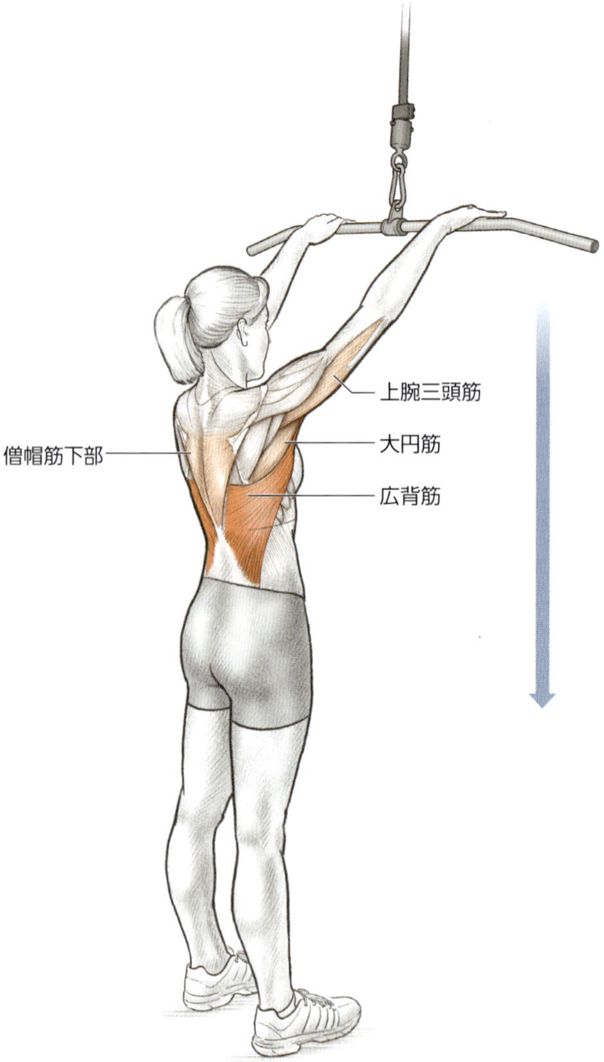

エクササイズ・ステップ

1. 背中をまっすぐにして立ち、プーリーマシンに向き合う。
2. 肘をごく軽く曲げて、手のひらをバーの上に置く（スタートポジション）。
3. 正しい肘のポジション（高くして、やや屈曲）を崩さないようにしながら、弧を描くように大腿上部に触れる寸前までバーを押し下げる。広背筋を使ってバーを押し下げることを意識する。
4. バーをゆっくりスタートポジションに戻し、所定の回数繰り返す。

動員される筋肉

主動筋：広背筋、大胸筋

補助筋：僧帽筋下部、大円筋、上腕三頭筋

トライアスロンのここに効く

これは、主にトライアスロンのスイムに効果があり、ドライランドトレーニングのメニューに組み込めるエクササイズだ。腕を頭上に伸ばしたスタートポジションは、自由形泳ストロークで手がエントリー（入水）して水をキャッチした後のプル序盤によく似ている。だから、リカバリーに至るまで実際に泳ぐときのストロークで動員されるように各筋群がターゲットになる。

このエクササイズを行うときは、最後のほうで上腕三頭筋に重点が移るときがややあるものの、ほぼ最初から最後まで広背筋を使うことに集中する。体を動かさず、はずみをつけた動きにならないようにすること。はずみをつけるとチーティング（目的以外の筋肉の力を借りること）となり、効果が目減りしてしまう。

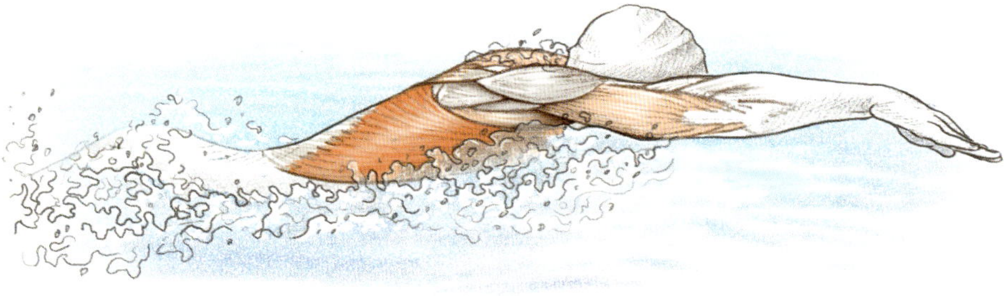

Pull-Up

プルアップ（順手の懸垂）

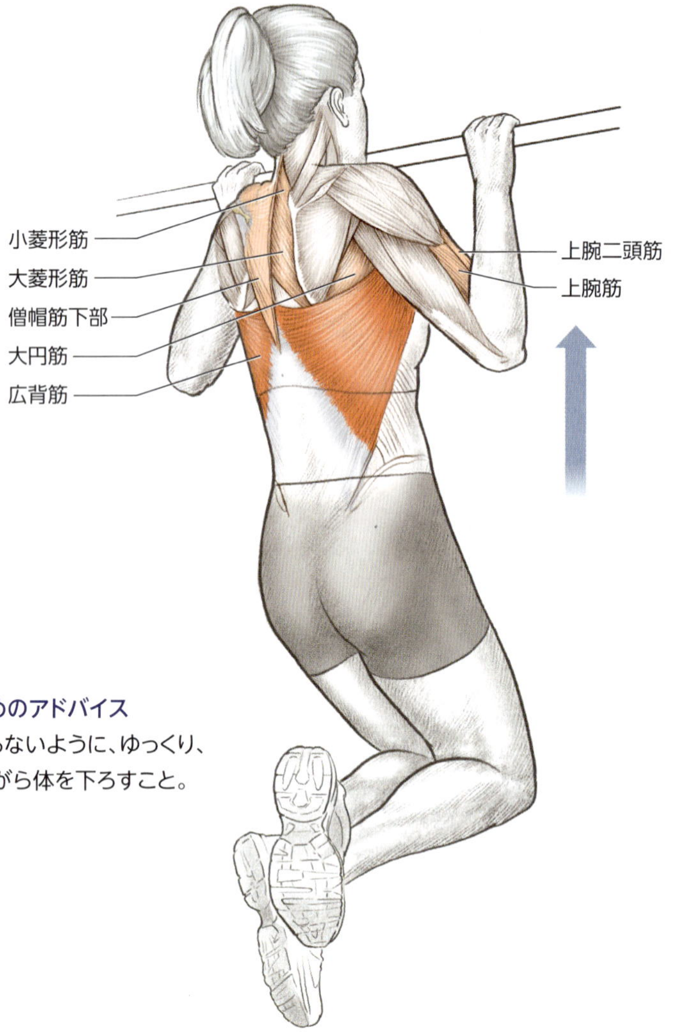

安全のためのアドバイス
肩に負担がかからないように、ゆっくり、コントロールしながら体を下ろすこと。

エクササイズ・ステップ

1. 順手でプルアップバーを握る。
2. 膝を曲げ、足首を交差して下半身を安定させ、前後に揺れないようにする。
3. 腕を完全に伸ばしてぶら下がった姿勢から体を引き上げ、上胸部をバーに近づける。
4. ゆっくり体を下ろし、所定の回数繰り返す。

動員される筋肉

主動筋：広背筋

補助筋：僧帽筋下部、大菱形筋、小菱形筋、大円筋、上腕二頭筋、上腕筋

トライアスロンのここに効く

高校の体育の授業以来、プルアップと聞くとぞっとしてきたのではないだろうか。しかしプルアップは、牽引力を高め、背筋を鍛えることにかけては効果絶大なうえ、すべてを網羅した優秀な上半身エクササイズの１つなのだ。

トライアスリートにとって最も直接的な効果があるのはスイムである。このエクササイズが自由形泳ストロークの各段階で使われる筋肉をターゲットにしているからだ。バイクでも、エアロバーを握った姿勢やサドルから腰を浮かした姿勢で乗るときに感じる安定感が増すし、ランでも、急な坂を駆け上がるときに腕の振りで推進力を補えるようになる。

プルアップの回数を増やすには継続性が鍵である。初めのうちは、数レップこなすのがやっとなら、誰かに補助を頼み、足を押し上げてもらうとよい。自力で12-15レップを数セットこなせるようになったら、ウェイトを追加することを検討しよう。その場合、交差した足にダンベルをはさむという方法にする。

Chin-Up

チンアップ（逆手の懸垂）

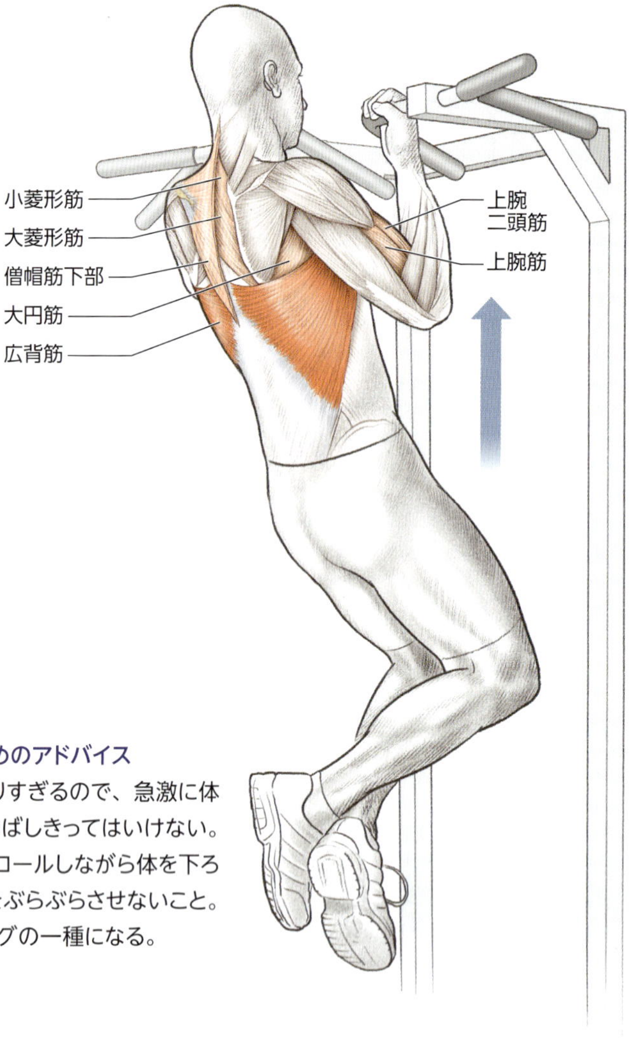

安全のためのアドバイス

肩に負担がかかりすぎるので、急激に体を下ろして腕を伸ばしきってはいけない。ゆっくり、コントロールしながら体を下ろそう。また、脚をぶらぶらさせないこと。これはチーティングの一種になる。

エクササイズ・ステップ

1. 逆手（手のひらを顔に向ける）でチンアップバーを握る。膝を曲げ、足首を交差させて下半身を安定させる。
2. 腕を完全に伸ばしてぶら下がった姿勢（スタートポジション）から、静かに体を引き上げ、上胸部をバーに近づける。1回ごとに顎をバーより上に引き上げることを目標にする。
3. ゆっくり、コントロールしながらスタートポジションまで下りる。所定の回数繰り返す。

動員される筋肉

主動筋：広背筋

補助筋：上腕二頭筋、上腕筋、僧帽筋下部、大菱形筋、小菱形筋、大円筋

トライアスロンのここに効く

フォームも作用もプルアップの従兄のようなチンアップでは、上腕二頭筋や上腕筋など、肘関節の屈筋がいっそう鍛えられる。同時に上背部の大きな筋肉、広背筋も強化される。

このエクササイズは、特にトライアスロンのスイムのニーズを満たし、自由形泳ストロークの強く、安定したプルに必要な筋肉を鍛える効果がある。バイクに対しては、エアロバーを握った姿勢のときの安定性とコントロールが向上する効果がある。ランでは、上背部と腕が強ければ、ハードなアップヒル攻略でもうひとがんばりできるようになる。

Seated Double-Arm Machine Row
シーテッド・ダブルアーム・マシン・ロウ

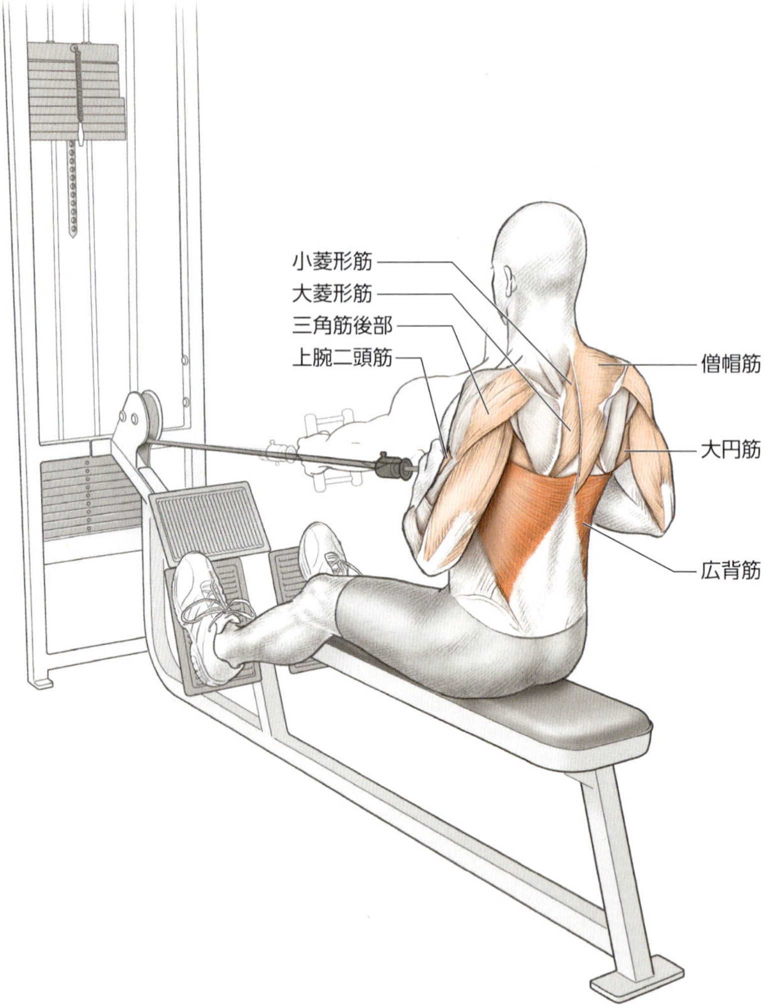

エクササイズ・ステップ

1. ケーブルとプーリーが付属したシーテッドローロウマシンに座り、体を固定し、ハンドルをつかむ。
2. 背中を床に対してまっすぐ垂直にしたまま、ウェイトの重みがかかったハンドルごと腕を伸ばした姿勢になる（スタートポジション）。広背筋、菱形筋、三角筋後部がストレッチされるのがわかる。
3. 広背筋を使い、肩甲骨を寄せ合わせるようにしてハンドルを下胸部に引き寄せる。背骨を直立させておくことに注意。
4. 腕を伸ばしてスタートポジションに戻り、所定の回数繰り返す。

動員される筋肉

主動筋：広背筋

補助筋：僧帽筋、大菱形筋、小菱形筋、大円筋、三角筋後部、上腕二頭筋

トライアスロンのここに効く

この上背部エクササイズも、オープンウォータースイミングで使われる主要な筋群を鍛える。真剣なアスリートならトレーニングに必ず加えるべきものだ。特に肩甲骨の安定筋を強化する効果が抜群だから、上肢帯（肩）全体の支持基盤が堅固になる。

動きそのものは自由形泳に特化したものではないが、運動の成果とターゲットになる筋肉は、ストロークのプルを力強くすることに貢献する。バイクでも、バイクをうまくコントロールできるようになる。特にカウホーン（ブルホーン）を強く引っ張り上げながら、急な難しい坂を上るときに実感できるはずだ。

Dumbbell Shrug
ダンベル・シュラッグ

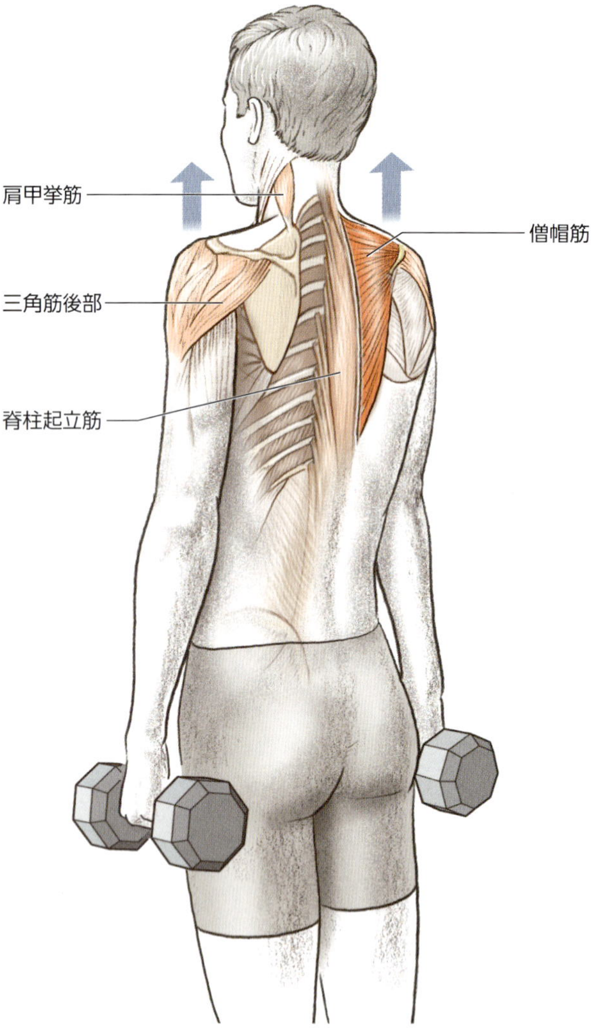

エクササイズ・ステップ

1. 両手にダンベルを持って、背骨を直立させて立つ(スタートポジション)。
2. 腕はまっすぐ伸ばしたまま、肩を耳のほうに引き上げる(肩をすくめる[shrug])。
3. スタートポジションに戻り、所定の回数繰り返す。

動員される筋肉

主動筋：僧帽筋

補助筋：三角筋後部、肩甲挙筋、脊柱起立筋

トライアスロンのここに効く

トライアスリートには、アメリカンフットボール選手のような肥大した僧帽筋（すなわち首）は必要ないが、筋力トレーニングのメニューにシュラッグを加えるのはよいことだ。

バイクでは、なだらかな坂から急な坂までサドルから腰を浮かして上るときに、また全力疾走するときにも、このエクササイズでターゲットになる筋肉の役割が特に目立つ。

ランでは、特にアイアンマンディスタンスともなると、トライアスリートはトレーニングでもレースでも長距離の走りに耐え抜かなければならない。疲労がフォームやテクニックに悪影響を及ぼしても、長時間、正しい上腕のポジショニングを維持するのに必要な僧帽筋と周辺の筋群をシュラッグで鍛えておけば、強みになる。

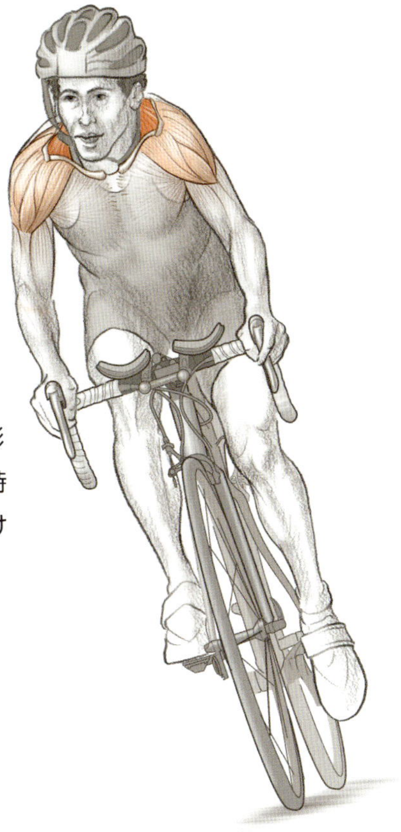

バリエーション

バーベル・シュラッグ

このエクササイズは、ダンベルをバーベルに置き換えても効果的である。バーベルは順手で持つ。

Barbell Pull-Up
バーベル・プルアップ

エクササイズ・ステップ

1. スミスマシンなど、ウエストくらいの高さにセットした低いバーを使う。
2. バーの下で体の位置を決める。順手でバーを握り、体をまっすぐにし、腕を完全に伸ばしてバーからぶら下がる。体が床に対して約45度の角度になる。
3. バーが胸骨のあたりに触れるくらい胸をバーのほうに引き上げる。
4. 体を下げて、所定の回数繰り返す。

動員される筋肉

主動筋：広背筋、上腕二頭筋、上腕筋、腕橈骨筋、三角筋後部

補助筋：大菱形筋、小菱形筋、大円筋、小円筋、棘下筋、外腹斜筋、僧帽筋

トライアスロンのここに効く

このエクササイズは、プルアップとほぼ同じ筋群をターゲットにしているが、三角筋後部をより重点的に鍛える。正しく行う鍵は、最初から最後まで体をまっすぐにしておくことだ。たいていの人が、初めのうちはこのエクササイズを難しいと感じるが、辛抱強く努力すれば、結果がついてくる。

トライアスリートにとって、このエクササイズは多くの意味で有益である。背筋が強くなれば、スイムが改善されるし、スタンディング（立ってこぐ）でバイクに乗るときの安定性と登坂のてこの力が増す。ランでも、姿勢がよくなり、長距離耐久レースのときの背筋の疲労が軽くなる。

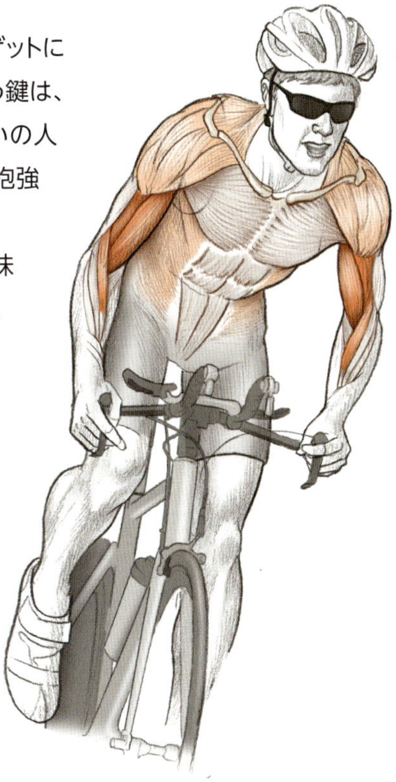

Deadlift
デッドリフト

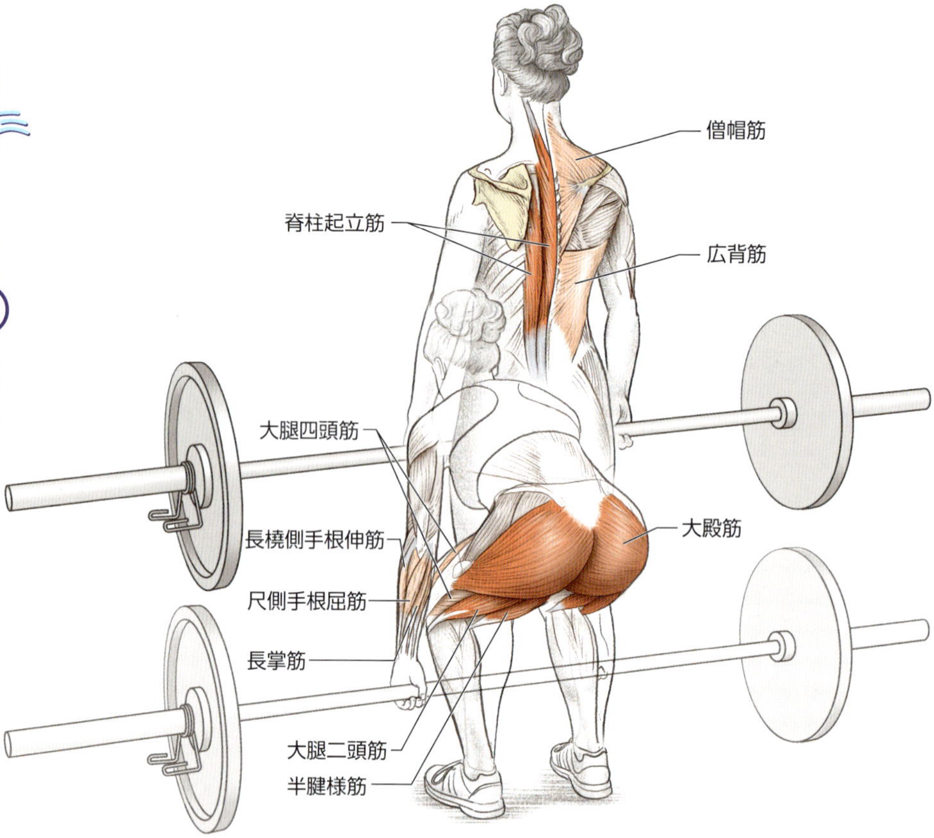

安全のためのアドバイス

正しく行うことに注意する。特に、動作中はずっと背中をまっすぐにし、前方上を見ていること。

エクササイズ・ステップ

1. 足を肩幅に離して立ち、膝を曲げ、バーベルを順手で握る。バーベルは必ず筋力に適した重さにすること。
2. 背中を平らに、背骨をまっすぐにし、前を見て、顎を上げる。
3. バーベルで軽くすねをこするようにしながら、バーベルを床から持ち上げて完全に直立する。背中はまっすぐにしたまま、大腿四頭筋、殿部、ハムストリング、下背部の強い筋肉を使うことを意識する。
4. 持ち上げるときと同様にバーベルをゆっくり床に下ろす。バーベルをバウンドさせてはいけない。所定の回数繰り返す。

動員される筋肉

主動筋：脊柱起立筋、大殿筋、ハムストリング（大腿二頭筋、半腱様筋、半膜様筋）

補助筋：僧帽筋、広背筋、大腿四頭筋（大腿直筋、外側広筋、内側広筋、中間広筋）、前腕（長橈側手根伸筋、尺側手根屈筋、長掌筋）

トライアスロンのここに効く

デッドリフトは、大きな筋群をいくつも使うので、全身の筋力アップに効果があるオールラウンドなすぐれたエクササイズだ。特に脊柱起立筋、大殿筋、ハムストリングがターゲットになる。筋肉を増強するホルモンの分泌を刺激する方法としてデッドリフトを推す筋力トレーニングのコーチも多い。

トライアスリートがデッドリフトをトレーニングすると、下半身、コア、背部の筋力と持久力がつく。これが特に長距離レースで威力を発揮する。長距離コースのトライアスリートが、バイクで前傾姿勢になり、舗装道路の衝撃を受けながら長時間走ることに起因する下背部（腰）の疲労に関する問題を経験することは珍しくない。さらに、長距離のオープンウォータースイミングでも、コンディションがよくなければ下背部の疲労はすさまじくなる。デッドリフトを定期的にトレーニングに組み込めば、こうした問題を解消できないまでも、最小限に抑えられる。

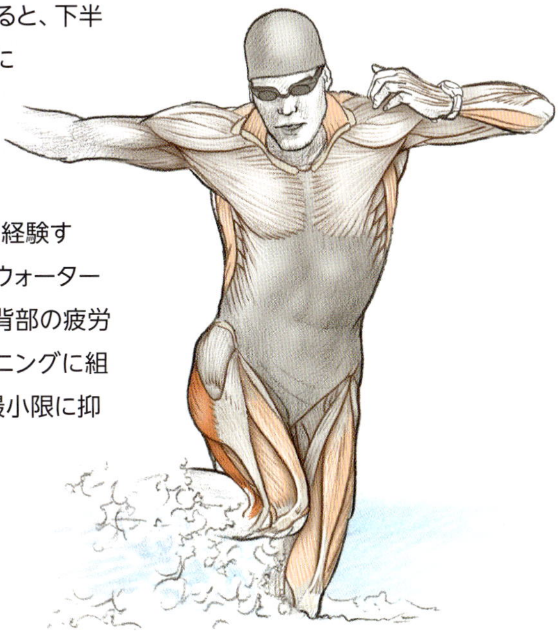

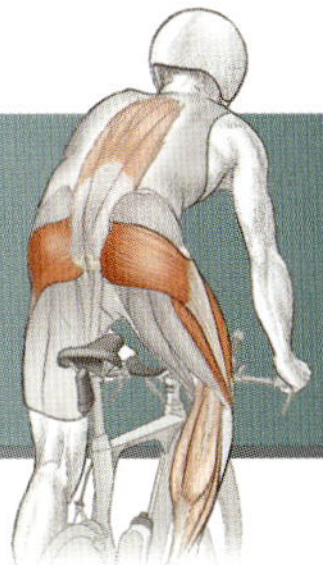

CHAPTER 9

脚

パワーとスピードは、あらゆるトライアスリートが夢見る二大資質である。ビギナーもトップアスリートも、その秘訣を知りたがる。残念ながら、猛練習以外に秘訣はない、というのが真実だ。

トライアスロンのトレーニングとレースにおいて、上肢の強さとコアの安定が重要であるように、下肢も私たちを速くする最大の推進力を提供してくれるから、努力すれば見返りは絶大だ。エンジンが強ければ強いほど、速く進めることは誰でも知っている。

人間の下肢は、効率的な二足歩行専用に設計されている。この効率性がスイム、バイク、ランにどう転用されるのかはまだ明らかになっていない。わかっていることは、運動能力を高めるには、筋力（力の生成）を最大化し、パワー（一定の距離で生成される力の量）を増やし、持久力（筋肉がそのパワーを持続できる時間の長さ）を改善しなければならないということだ。この3つの目標はトレーニングで達成できる。

筋力とパワーは、大腿四頭筋をアイソレート（分離）して強化するレッグ・エクステンションなど、筋力トレーニングのアイソレート種目、および筋肉を複合的に使うランジなど、スポーツ種目別筋力トレーニングで発達させることができる。問題は、方法が違えばパフォーマンスに対する効果も違うのか否かである。答えは、それほど単純ではない—筋肉は、エクササイズの種類にかかわらず、筋線維を太くすることでストレスもしくはレジスタンストレーニングに反応するとしか言えない。筋線維の数は増やせない。1本が太くなるにすぎない。静止したウェイトを床から持ち上げることによって生じる抵抗、あるいは大きなギアを押して坂を上るときに感じる抵抗は、各筋肉もしくは筋群に使用率に応じたストレスをかけ、それが正しく行われたものならば、筋力とパワーが増大する。

人がスプリント向きか長距離向きかは、大部分が遺伝的性質によって決まる。筋線維はタイプⅠ（速筋）とタイプⅡ（遅筋）に分けられる。速筋線維は、収縮が速く、嫌気性（無酸素）エネルギーを利用する。遅筋線維は、持久系スポーツに適しており、好気性（有酸素）エネルギーを利用する（第2章参照）。人はそれぞれ遺伝的にタイプⅠとⅡの比率が決まっている。残念ながら、この比率は変えられないが、筋力トレーニングのアイソレート種目とスポーツ種目別エクササイズの両方で各筋線維タイプをトレーニングすることはできる。

スポーツ種目別筋力トレーニングのメリットの1つは、筋肉の対称性と下肢の生体力学を維持しやすくなることだ。これはケガ予防の本質的概念である。疲労と下肢の筋肉の弱さは、筋肉をアンバランスにし、それが原因でランやバイクのフォーム、スイムの姿勢が悪くなる可能性がある。筋肉以外の下肢の組織に対する異常なストレスがケガの原因になることもあるだろう。そればかりか、体のバランスの悪さを埋め合わせる背中や上肢に対する異常なストレスがケガの原因になることさえある。

下肢の解剖学

下肢の解剖学的構造には、大腿の長い骨である大腿骨、下腿の脛骨と腓骨、足と足首の多数の骨、そして各関節をまたぐ多数の筋肉が含まれる。こうした構造が、効率的で安定した歩行を可能にする。下肢は、骨盤の股関節を介して体幹、すなわち軸骨格に付属している(図9.1)。歩くとき、走るとき、脚に力をかけるとき、骨盤と脊柱にストレス(圧力)が伝わる。この力をそらしたり、散らしたりするのが筋肉の収縮である。筋肉は、運動の力を提供するだけでなく、動的な衝撃吸収材と考えることもできる。第8章で述べたように、背中とそのS字カーブも衝撃を吸収する役割を果たす。

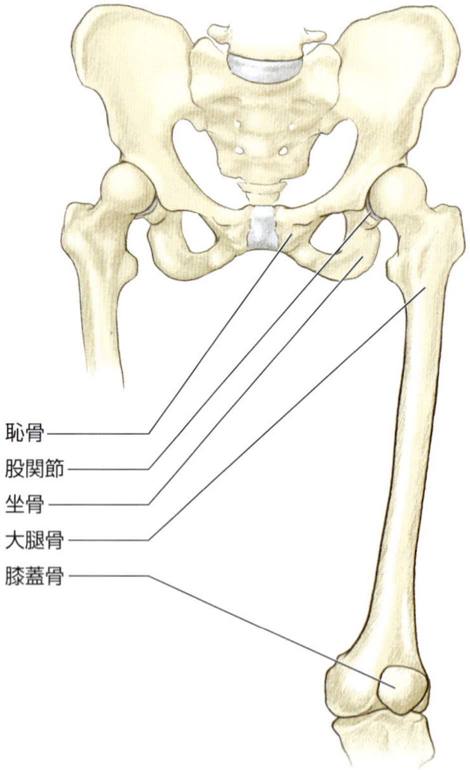

図 9.1　大腿の骨格

上肢、下肢、骨盤の協調した運動が歩行サイクルを生み出す。歩行サイクル(図9.2)は、片足が接地している立脚(スタンス)期、そして反対足が地面から離れ、前に振り出されて接地の準備をする遊脚(スイング)期に分けられる。歩くときは、立脚期の間中、常に片足が地面に接している。しかし、走るときは、両足が同時に宙に浮く瞬間がある。この支えのない姿勢で足にかかる体重の約3倍の衝撃が下肢に伝わる。

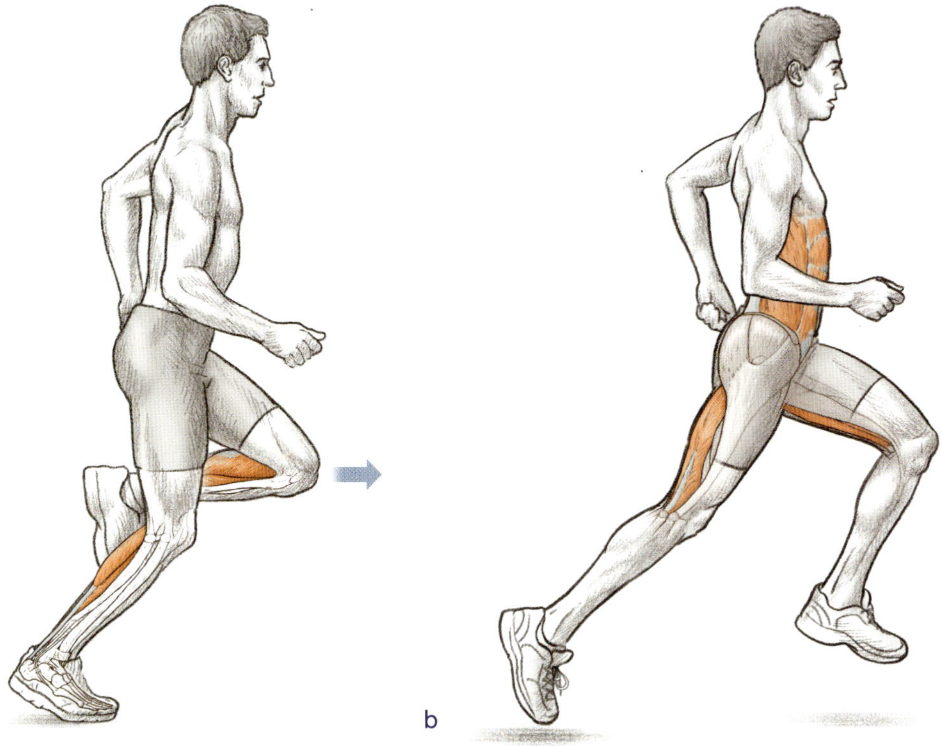

図 9.2　歩行サイクル：(a) 立脚（スタンス）期 (b) 遊脚（スイング）期

解剖学的構造が正常で健康なら、なめらかで無駄のない歩行サイクルになり、結果的にランニングフォームもそうなる。トライアスロン全3種目のうち、ランが骨格に最も大きな衝撃負荷をかける。バイクとスイムは、もともと低衝撃ではあるが、いささか不自然な運動であるため下肢に別の生態力学的な負担をかける。衝撃のかかる運動中、股関節や膝関節などの体重を支える関節は、時間の経過とともに著しい力にさらされる。ケガとそれにつづく関節炎発症のリスクが最大の懸念事項だ。しかし、現時点では、持久系スポーツのアスリートが関節炎になりやすいという説には科学的根拠が乏しい。長期的な損傷や退行変性を恐れずにトレーニングとレースをつづけよう。

下肢の筋肉（図9.3）は、各関節（股関節、膝関節、足部関節、足関節〔足首〕）に対する作用に基づいてグループ分けできる。下肢の筋肉が起こす運動の種類は、屈曲、伸展、外転、内転、回旋、時によって足関節を内反（内がえし、inversion）・外反（外がえし、eversion）する複合運動である。個々の筋肉のほとんどが単関節運動を起こすが、二関節運動をコントロールする筋肉も少しある。

股関節の屈曲（大腿を引き上げる）は、腸腰筋（大腰筋、小腰筋、腸骨筋）と総称される筋群が受け持つ。その起始部は腰椎と骨盤であり、大腿骨に停止する。腸腰筋は股関節の単関節運動をコントロールする。

股関節の補助筋は、大腿前面の大腿直筋や縫工筋などである。大腿直筋と縫工筋は、骨盤に起始し、股関節と膝関節の両方をまたぎ、それぞれ膝蓋骨と脛骨近位部に停止する。大腿直筋は股関節の屈曲と膝関節の伸展（まっすぐにする）を促す。縫工筋も股関節の屈曲を補助するが、膝関節に関しては屈曲（曲げる）を助ける。この2つの関節をまたいで作用する二関節筋という概念は、第10章

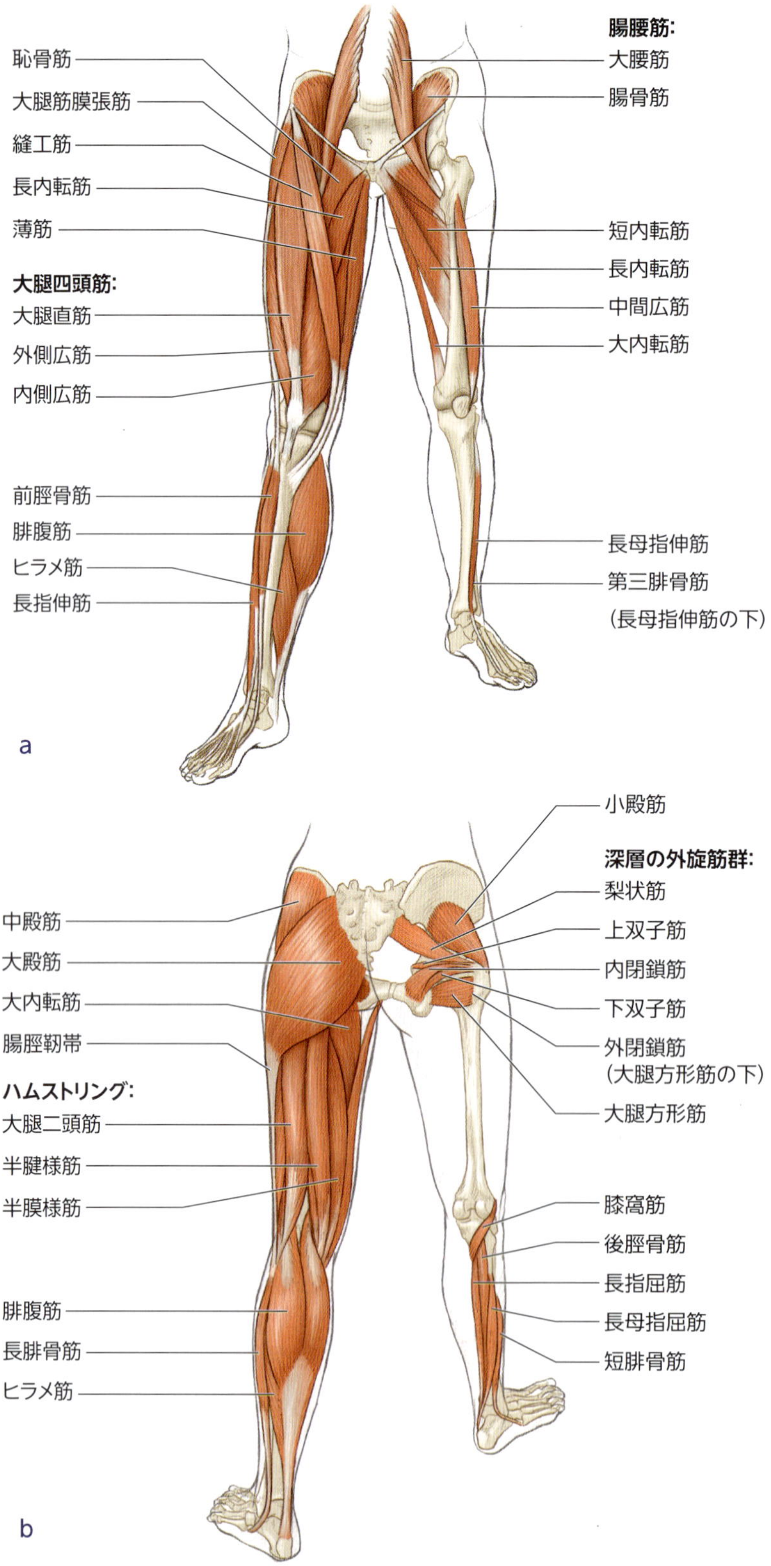

図 9.3　下肢の筋肉：(a) 前面 (b) 後面

で解説するが、スポーツ種目別エクササイズがトレーニングの重要な一面だと理解するうえで必ず知っておかなければならない。

股関節の伸展(屈曲した大腿を押し戻す)は、大殿筋がコントロールする。大殿筋は最大の殿筋であり、殿部の形状と外観の大部分を占める。進化の観点からは、大殿筋のサイズが大きいのは直立姿勢と直立歩行の特徴である。姿勢を保ち、前傾した後、直立姿勢を取り戻す役目をするのが大殿筋だからだ。

股関節の外転（脚を体の正中線から遠ざけて引き上げる）は、基本的に中殿筋と小殿筋がコントロールする。この2つの筋肉は、骨盤の腸骨翼から起始し、大腿骨の突出部、大転子に停止する。大転子はヒップの側面に触れるとわかる骨だ。中・小殿筋は、別の外転筋(大腿筋膜張筋、腸骨稜から走行し、腸脛靭帯として脛骨近位部の外側に沿って停止する)とともに歩行サイクル中の股関節と骨盤の運動をコントロールする。片脚立位の場合、体の重心は立っている側の股関節と脚より内側、すなわち正中線よりにある。

体重支持脚の股関節の外転は、体重に対抗して、体が歩行サイクルの遊脚期の脚に倒れかからないようにしている。この場合、外転筋は骨盤の安定筋として働き、骨盤を水平に保ち、安定した力学的な軸をつくる。この安定した基盤は、良好なコアのコントロールの補助で、適切な膝と足の生態力学を維持し、ケガを防ぐ。

股関節の内転(脚を正中線に引き寄せる)は、主に恥骨筋、薄筋、短内転筋、長内転筋、大内転筋がコントロールする。各筋肉には、股関節の屈筋および回旋筋としての二次的な役割もある。この筋群の臨床上の重要性は、鼠径部損傷(ストレイン)と呼ばれるものに関係している。内転筋の損傷は、股関節周辺に痛みや硬化を引き起こすことがある。この部位のほかの組織が同様の症状を引き起こす場合もあるので注意してほしい。鼠径部痛は、疲労骨折、関節唇(股関節を取り巻く線維輪)の損傷や断裂、関節炎と言われる関節軟骨面の劣化など、股関節の骨の損傷も原因になる。

股関節の外旋(つま先と膝を外に向ける)は、主に大腿後面の股関節回旋筋である梨状筋、閉鎖筋、双子筋、大腿方形筋などが起こす。内旋は、内転筋と連動して中殿筋と小殿筋が起こす。

膝を構成する骨は、大腿骨遠位部、脛骨プラトー(上関節面)と呼ばれる脛骨上端、腓骨、膝蓋骨(いわゆる膝の皿)である。膝関節の関節軟骨は、大腿骨と脛骨の関節面(脛骨大腿関節)および膝蓋骨と大腿骨の関節面(膝蓋大腿関節)の摩擦を少なくしている。膝蓋骨と膝蓋大腿関節の機能は、大腿四頭筋の力を生成する力学的な支点となることだ。大腿四頭筋の収縮によって走ったり、ジャンプしたりすると、膝蓋大腿関節に体重の3-5倍の力がかかる。

膝関節の安定は、4つで1組の靭帯によって保たれる（図9.2）。内側・外側の側副靭帯は左右の安定を担い、前・後の十字靭帯は前後の安定を担う。前十字靭帯(ACL)は、膝関節の回旋の安定も担い、軸回転を伴うスポーツで最も損傷しやすい膝の靭帯である。

膝関節の伸展（まっすぐにする）は、大腿前面の大腿四頭筋がコントロールする。大腿四頭筋は、大腿直筋とそれを取り囲む中間広筋、内側広筋、外側広筋という4つの筋肉で構成される。大腿直筋は骨盤に起始し、いっぽう広筋は大腿骨近位部から起始する。これらは膝関節で一体化して、四頭筋腱という共同腱と膝蓋支帯という膝蓋骨を取り巻く組織層を形成する。膝蓋腱は膝蓋骨を脛骨につないでいる。膝蓋支帯、大腿四頭筋、四頭筋腱、膝蓋骨、膝蓋腱はともに膝関節の伸展メカニズムを構成する。その主な機能は膝関節をまっすぐにすることである。

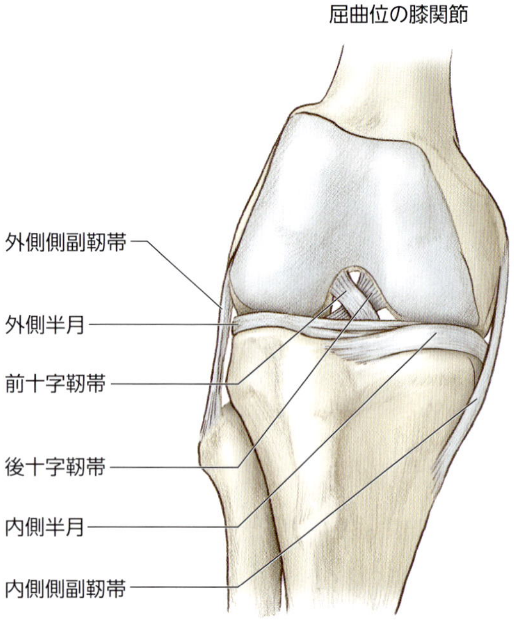

図 9.4　膝関節の腱と組織

大腿と膝の後面の筋肉は、ハムストリングと総称され、大腿二頭筋、半腱様筋、半膜様筋がこれに含まれる。大腿二頭筋の起始部は2つあり、1つは骨盤の骨の隆起、坐骨結節（坐骨は座ったとき体が乗る骨）、もう1つは大腿骨体の後面である。この両頭が、膝関節で結合して共同腱となり、膝関節外側の腓骨頭に停止する。大腿二頭筋の主な機能は、膝関節の屈曲（曲げる）だが、膝関節の外旋筋としても作用する。内側ハムストリングとも呼ばれる半腱様筋と半膜様筋は、骨盤から起始し、脛骨の内側に沿って停止する。2つの関節をまたいでいるから、内側ハムストリングは股関節の伸展、膝関節の屈曲、脚の内旋を担う。内側ハムストリングは、縫工筋や薄筋とともに鵞足腱を形成する。鵞足腱は、脛骨近位部の上内側縁に沿って停止する。鵞足腱は、一緒に働くと膝関節と股関節の屈筋として機能し、また股関節と大腿の外旋筋としても機能する。この運動パターンは、歩行者が歩行時に、足が上がる高さを確保するために不可欠である。

足関節は、脛骨遠位部、腓骨遠位部、距骨から成り（図9.5）、足の背屈（フレックスにする）と底屈（ポイントにする）を可能にする。距骨より下の骨には、踵骨や中足骨などがあり、正常な歩行に必須の複合運動を可能にする。内反は足関節と足の底屈かつ内旋と定義され、外反は背屈かつ外旋と定義される。この一連の運動ができなければ、私たちはでこぼこした面に適応するのがひどく難しくなるだろう。

足関節は、頑強な靭帯系、ならびに下腿外側の筋肉であり、動的な足関節の安定筋として作用する長腓骨筋と短腓骨筋の働きによって安定する。足関節外側の靭帯、前距腓靭帯や踵腓靭帯などは、足関節にかかる内反に対抗する。

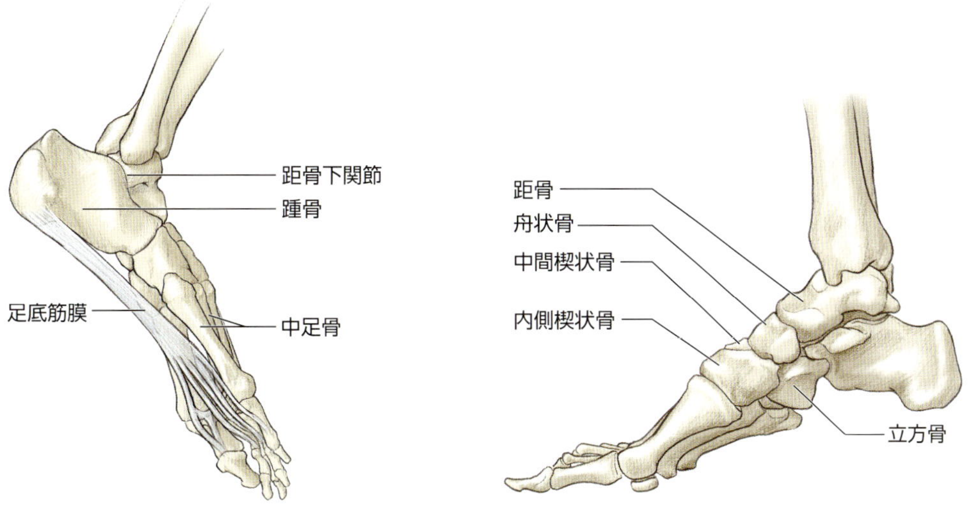

図 9.5 足の骨と組織：(a) 底面、足底筋膜を示す (b) 内側

最もよく見られる損傷機序に足首のローリングがあるが、その場合、これら靭帯が頻繁に受傷する。

足関節内側の三角靭帯は、脛骨遠位部、すなわち内果を踵骨と距骨につないでいる。もっと重症の捻挫では、この靭帯が受傷する。足関節を安定させる頑強な靭帯の残り1組は、腓骨遠位部を脛骨につなぎ、脛腓靭帯と呼ばれる。回転力に起因するこの靭帯の損傷は、ハイアンクルスプレイン（High ankle sprain）と呼ばれる。靭帯が関節の高さより上にあるからだ。これは、治るのにほかの捻挫より長くかかることが多い。

ふくらはぎ（後下腿部）の筋肉（図9.6）は、足関節の運動をコントロールする。大腿骨遠位部から起始する腓腹筋と脛骨に起始するヒラメ筋は、足関節付近で結合して、アキレス腱となり、踵骨に停止する。これらは、足の底屈を担い、蹴り出す力の主要な源泉である。アキレス腱は体のなかで最大にして最強の腱だが、炎症から断裂まで、さまざまな損傷を受ける部位でもある。

ふくらはぎ前面（前下腿部）には、前脛骨筋、長母指伸筋、長指伸筋などがあり、足を背屈させる。この歩行に不可欠な運動は、歩行サイクルの遊脚期（つま先で蹴り出して、踵が接地するまで）を通過するとき、足が上がる高さを確保する。この運動ができなければ、足が落ちて、つま先をひきずりながら足を前に出すことになるだろう。この筋群を支配する腓骨神経が受傷すると、この問題が生じることがある。これはよくある傷害ではないが、股関節置換手術の合併症になる場合もある。

最後の筋群は、腓骨筋群、長腓骨筋と短腓骨筋である。これらは腓骨上部から起始し、足関節の外側、外果（外くるぶし）後方を下行して、足底に停止する。主な機能は足関節の外反である。機能上、この運動は動的に足関節を安定させる。足首の捻挫と靭帯の治療の後には、腓骨筋のリハビリテーションにも同等の注意を払い、機能面を完治させなければならない。

足部関節と足関節は、26個の骨、30以上の関節、100以上の筋肉、腱、靭帯でできている。以上、下腿に起始し、足に停止する外在筋（起始と停止が同一の骨上にない筋肉）について述べてきた。足の内在筋群（起始と停止が同一の骨上にある筋肉）は、小さいが強い筋肉であり、なめらかな歩行パターンを補助する。

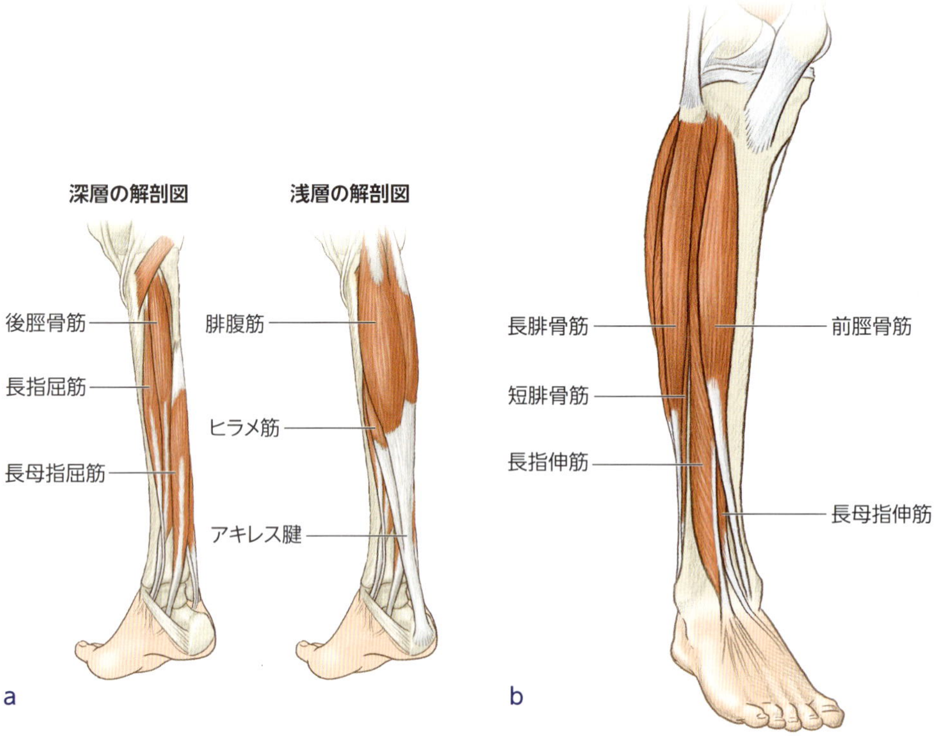

図 9.6　下腿と足の筋肉：(a) 後面 (b) 前面

下肢のエクササイズ

トライアスリートは、脚の筋力トレーニングをするにあたっては戦略的であるべきだ。レースシーズンに対する年間トレーニングシーズンのいつなのか、バイクとランのトレーニング量をどうするかなど、さまざまな要因を考慮すれば、脚のレジスタンストレーニングの量と質も自ずと変わってくる。常に最大の関心事は、十分な回復と種目別トレーニングから最大の成果を得ることだ。重要なのは、むやみやたらな筋力とパワーをつけたところで10Kmを速く走れるとか、112マイルのバイクコースを速くこげるようにはまずならないと心得ることだ。種目の特殊性は、持久系アスリートなら誰でも忠実に守るべき大切なトレーニング原則である。筋力トレーニングは、あくまでパフォーマンスを高め、ケガのリスクを減らすための補完的手段として利用する。

脚以外の筋力トレーニング同様、脚をトレーニングするのは筋力と筋持久力を発達させるためだ。したがって、選んでメニューに入れたエクササイズは、10-15レップを2-4セット、セット間の休息1-2分くらいで行うようにしよう。

これから紹介するエクササイズは、アイソレート運動と種目別の多関節運動のコンビネーションだ。必ず十分なウォームアップをしてからとりかかろう。たとえば、10-15分の軽い有酸素運動をしてから、少しストレッチをする。ストレッチは、動的ストレッチでもソフトな静的ストレッチでもかまわない。また、脚の筋力トレーニングは、プレシーズントレーニング中なら週2、3回、シーズン中なら体のメンテナンスとケガ予防のために週1、2回を目安にする。

Barbell Squat
バーベル・スクワット

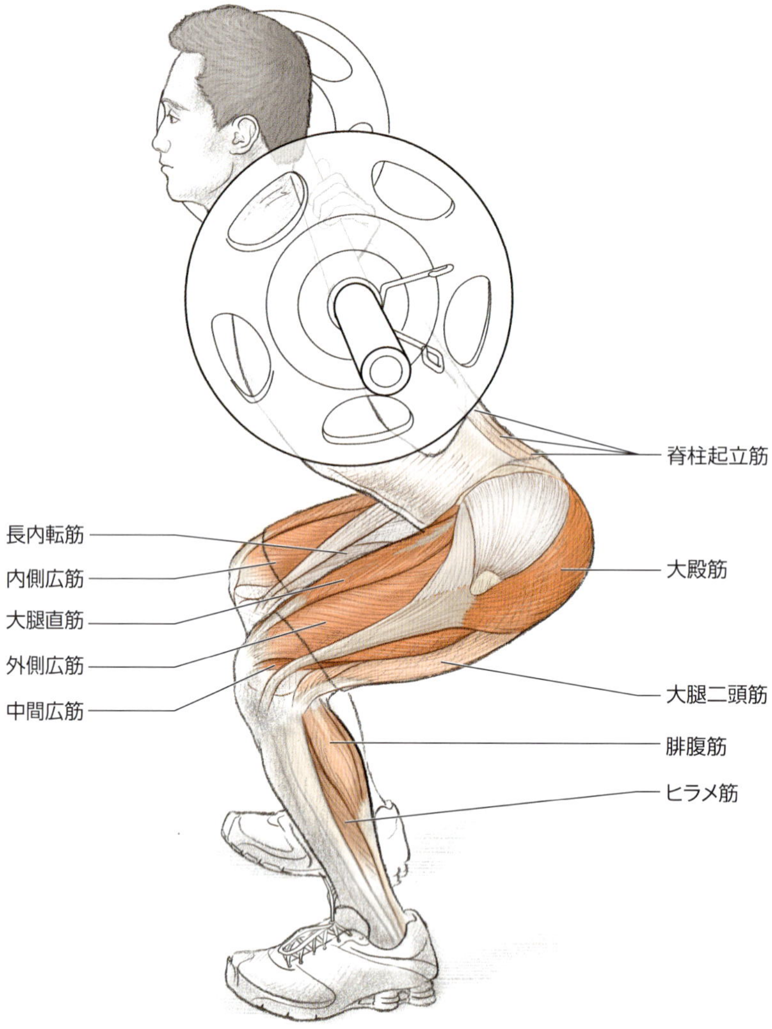

安全のためのアドバイス

正しいフォームがきわめて重要。最初から最後まで背中を平らにしておき、かがむとき決してはずみをつけないこと。必要なら、板を1枚はさんで踵を浮かす。また、十分にウォームアップしてから始めること。

エクササイズ・ステップ

1. ウェイトをつけたバーベルを肩にのせ、バイクに乗って足をクリップでペダルに固定したときと同じくらいに（もしくは、やや広く）足を離して立つ（スタートポジション）。
2. 背中をまっすぐにしたまま、大腿上部がほぼ床と平行になるまで体をかがめてスクワットの姿勢になる。

3. まっすぐな背中とコアの収縮を保ちながら、殿部と脚の筋肉を使ってスタートポジションに戻る。所定の回数繰り返す。

動員される筋肉

主動筋：大殿筋、大腿四頭筋（大腿直筋、外側広筋、内側広筋、中間広筋）

補助筋：脊柱起立筋、ハムストリング（大腿二頭筋、半腱様筋、半膜様筋）、腓腹筋、ヒラメ筋、股関節の内転筋

トライアスロンのここに効く

昔からあるバーベル・スクワットは、筋力増進のための総合的な下半身エクササイズとして最高だと長く喧伝されてきたが、効果の点では依然、他の追随を許さない。脚、殿部、股関節、コアの主要な筋肉を動員する多関節運動なら、このスクワットよりも努力しがいのある下半身エクササイズはまず見つからないだろう。

バイクでは、このエクササイズで鍛えられた強い大腿四頭筋があれば、ペダルをこぐたびに少ない疲労で大きな力を発揮できる。特にクランク位置が直角（3時の位置）を通過するときの力強いダウンストローク（踏み下ろし）ではそうだ。

スイムでは、プールで練習するときに壁を蹴って泳ぎだす力が強くなり、キックからの推進力も増す。ランでは、ハードなバイク区間を終えて疲労していても、もっとばねのある脚で、もっと力強く、坂を駆け上がれるようになる。

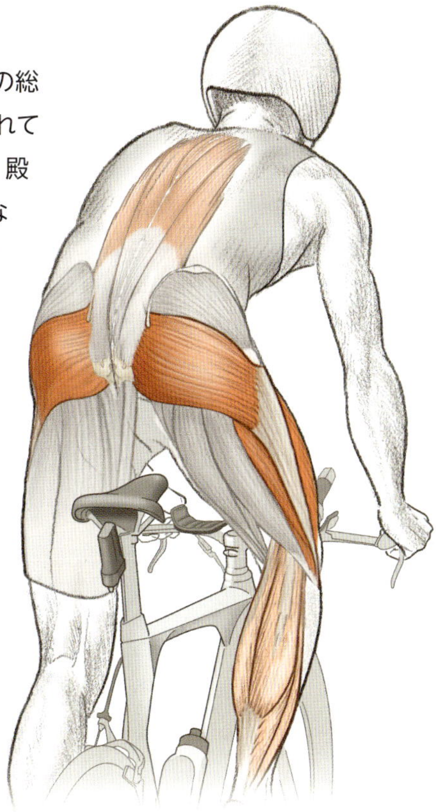

バリエーション

ダンベル・スクワット

バーベル・スクワットと同様に行うが、バーベルではなくダンベルを使う。両手に同じ重さのダンベルを1つずつ持って、腕を体側に下げ、背中を平らに保つことに注意しながらスクワットの動作をする。

Lunge
ランジ

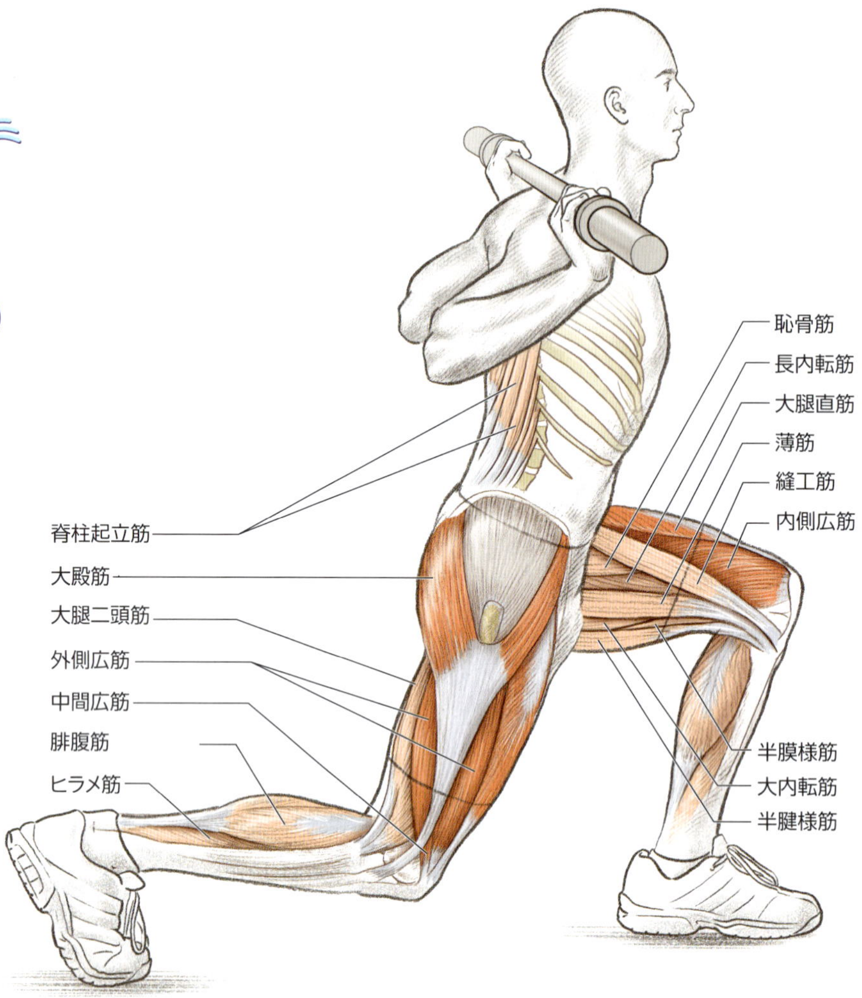

エクササイズ・ステップ

1. 足を肩幅くらいに離して立つ（スタートポジション）。抵抗を追加するなら、バーベルを肩に無理なく均等にのせるか、同じ重さのダンベルを両手に持つ。
2. 背中をまっすぐにし、頭を上げて前を見ながら、静かに1歩踏み出す（ランジ）。大腿が床と平行になり、曲げた膝の角度が直角になるようにする。後ろ脚は膝を床すれすれに落とす。最期まで姿勢を維持すること。
3. 一呼吸おき、前脚の大腿四頭筋を瞬発的に使って、バランスと姿勢を崩さないようにしながらスタートポジションに戻る。
4. 反対の脚を踏み出して同じことを繰り返す。交互に所定の回数繰り返す。

動員される筋肉

主動筋：大殿筋、大腿四頭筋（大腿直筋、外側広筋、内側広筋、中間広筋）

補助筋：脊柱起立筋、ハムストリング（大腿二頭筋、半腱様筋、半膜様筋）、腓腹筋、ヒラメ筋、股関節の内転筋

トライアスロンのここに効く

勝利に貢献する下半身強化エクササイズを１つ挙げるとすれば何か？　トップトライアスリートにそう聞いてみれば、おそらくランジという答えが返ってくるだろう。大腿四頭筋（大腿直筋、外側広筋、内側広筋、中間広筋）、ハムストリング（大腿二頭筋、半腱様筋、半膜様筋）、大殿筋の力強い筋肉をターゲットにした、このシンプルだが効果的なエクササイズは、バイクとランのスピードを上げるための筋力とパワーをつける効果的な手段だ。

ランジ、特にウォーキング・ランジは、多目的な下半身エクササイズだ。バイクでより大きなギアを選んだり、ランで上り坂を速く走ったりできる能力を高めることはもちろん、ランのトレーニングの前にしておくべき動的なウォームアップやストレッチにもなる。それに加え、ランジを正しく行うと、固有受容覚（深部感覚）*やバランスも強化される。

ランジを行うときは、バーベルやダンベルを使うか、体重だけを抵抗にするか、慎重に選ぼう。背中をまっすぐに保ち、膝蓋腱に負担がかかりすぎないように踏み出したとき膝がつま先より後ろにあるのが正しいフォームになる。

*訳注：筋肉の収縮や関節の曲げ伸ばしなど、内部自己刺激の知覚。

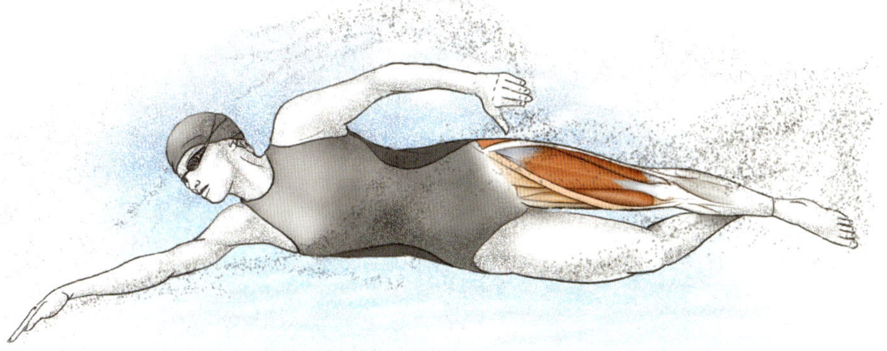

バリエーション

ウォーキング・ランジ

ウォーキング・ランジは、ウェイトを追加せずに行えば、すばらしい動的なウォームアップになるエクササイズだ。ランジの動きをするが、踏み出した脚を戻すのではなく、後ろ脚を１歩進めて、その脚をまた踏み出し、歩きながら所定の回数繰り返す。強度を上げたければウェイトを追加する。

Single-Leg Squat
シングルレッグ・スクワット

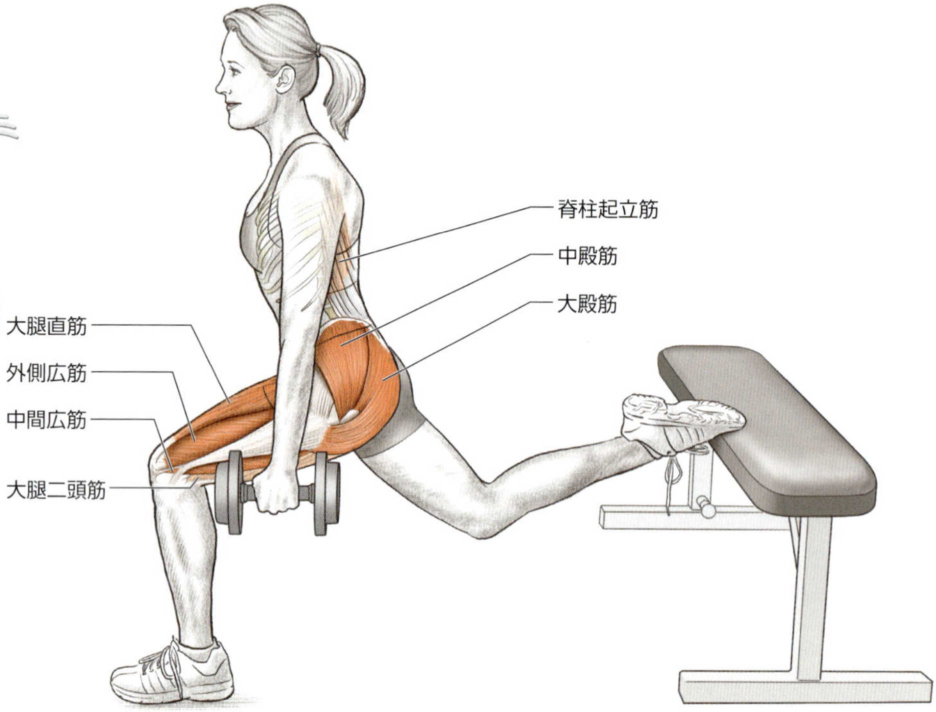

安全のためのアドバイス
両脚のスクワット同様、かがむとき決してはずみをつけないこと。はずみをつけると膝に大きな負担がかかる。

エクササイズ・ステップ

1. 体重だけを利用するか、両手にダンベルを持って行う。
2. フラットベンチなど、しっかりした支えになるものの前0.6-0.9mのところに立つ。片脚を後ろに伸ばしてベンチにのせ、バランスのとれる位置を見つける。
3. 前脚の膝を曲げて、大腿が床と平行になるまで体を下げる。股関節、殿部、大腿四頭筋の筋肉を刺激する。
4. 前脚を伸ばしてスタートポジション（ステップ2）に戻り、所定の回数繰り返す。脚を替えて同じことを繰り返す。

動員される筋肉

主動筋：大腿四頭筋（大腿直筋、内側広筋、外側広筋、中間広筋）、大殿筋、中殿筋

補助筋：脊柱起立筋、大腿二頭筋、長内転筋、短内転筋、腹横筋、内腹斜筋、外腹斜筋

トライアスロンのここに効く

シングルレッグ・スクワットの筋肉を発達させる効果は、両脚のスクワットとほぼ同じだが、片脚ずつトレーニングするので、筋肉の弱さとバランスにより集中できる。

このエクササイズは、広範囲の筋肉がターゲットになるから、トライアスリートにとって、特にバイクとランにとって理想的だ。バイクでは、ペダリングで大きなパワーを発揮できるようになる。ランでは、特に上り坂を走るときの推進力が増す。総合的に見て、シングルレッグ・スクワットは、下半身の筋力トレーニングメニューで押さえておくべきエクササイズの１つだ。

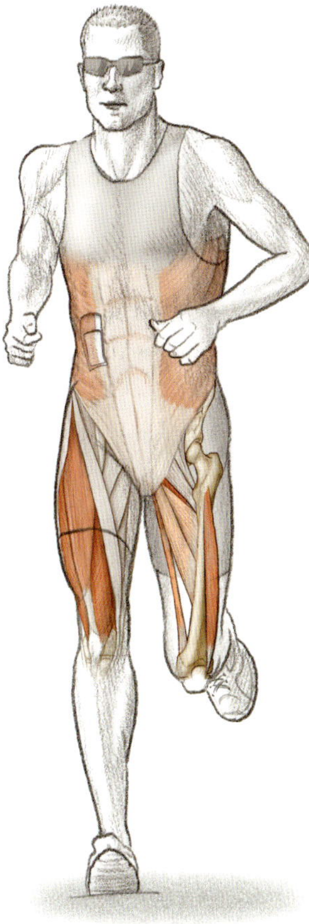

Dumbbell Step-Up
ダンベル・ステップアップ

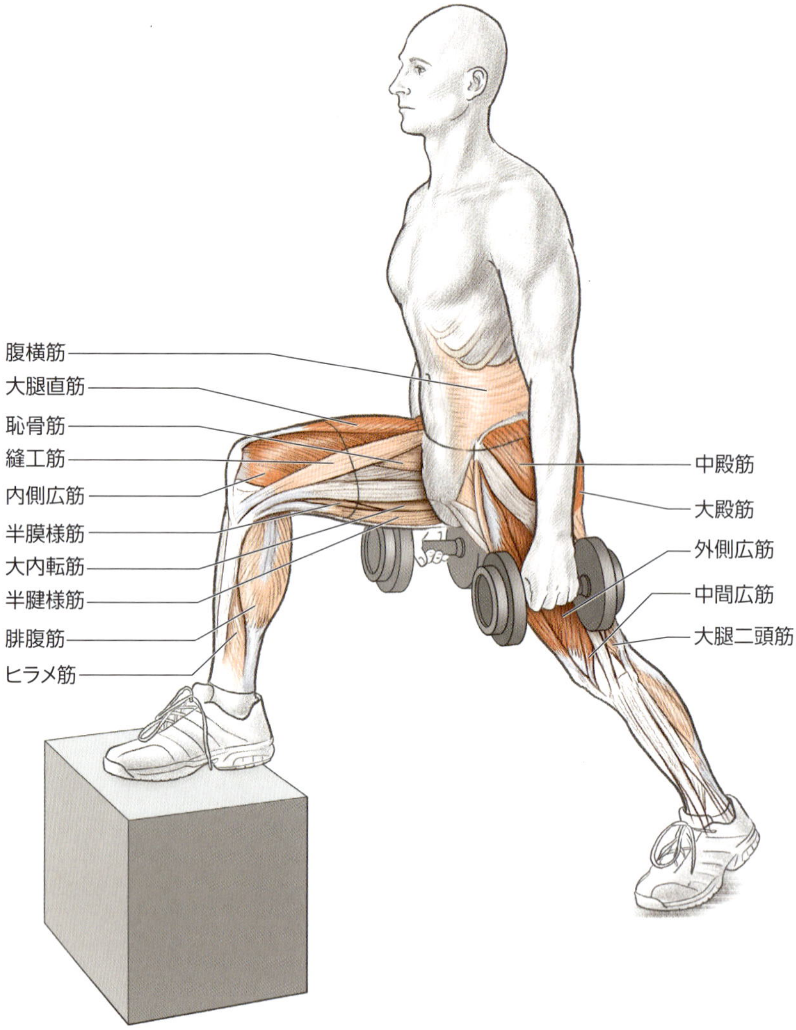

エクササイズ・ステップ

1. プライオメトリックトレーニング（第10章参照）用など、膝の高さくらいの丈夫なボックスを用意する。両手にダンベルを持ち、ボックスに向き合って立つ（スタートポジション）。
2. 片脚をボックスにのせ、しっかり踏み込んで、両足でボックスに立つ。
3. スタートポジションに戻る。反対の脚で同じステップ運動をする。所定の回数繰り返す。

動員される筋肉

主動筋：大腿四頭筋（大腿直筋、内側広筋、中間広筋、外側広筋）、大腰筋、大殿筋、中殿筋

補助筋：ハムストリング（大腿二頭筋、半腱様筋、半膜様筋）、大内転筋、短内転筋、恥骨筋、縫工筋、腓腹筋、ヒラメ筋、腹横筋

トライアスロンのここに効く

これもまた、下半身の筋肉をターゲットにし、同時にバランスと安定性を高めるための優秀なエクササイズだ。ゆっくり、コントロールしながら行うといっそう効果的だ。

トライアスリートがこのエクササイズを筋力トレーニングメニューに組み込めば、バイクで発揮できるパワーが増し、スイムでは強く、推進力のあるキックになり、ランではエネルギッシュにはずむように坂を上れることに気づくだろう。このエクササイズは、結合組織も強化するから、ケガ予防にも一役買う。強度を上げたければ、ウェイトを重くするか、ボックスを高くする。

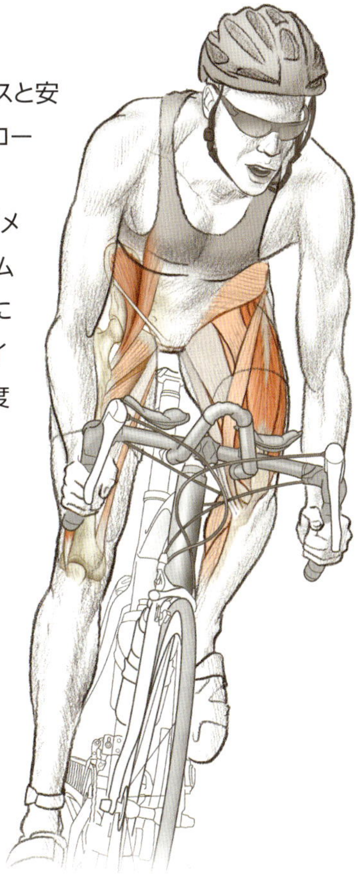

Stability Ball Hamstring Curl
バランスボール・ハムストリング・カール

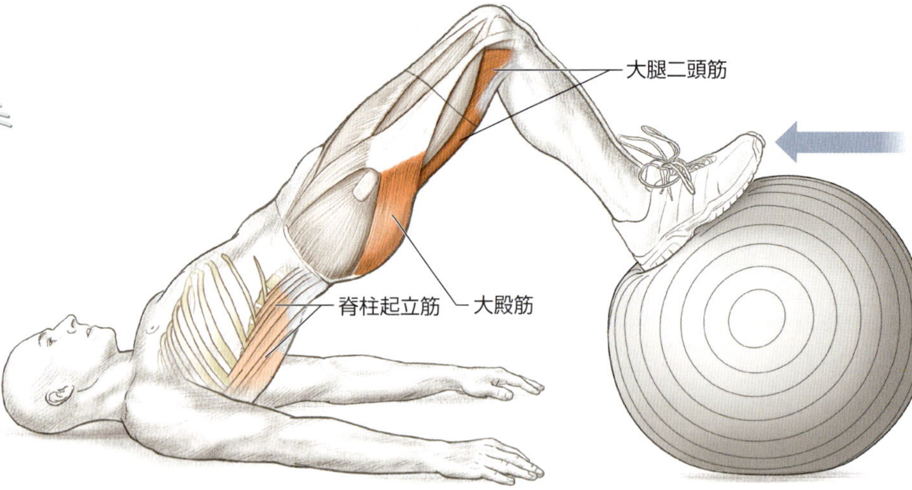

エクササイズ・ステップ

1. 直径が中サイズのバランスボールを用意し、仰向けに寝て、踵をボールにのせる（スタートポジション）。
2. コアを引き締めながら、静かに腰を天井のほうに持ち上げ、体をまっすぐにする。
3. 膝関節がほぼ直角になるまで踵を殿部のほうに引く。
4. 脚を伸ばしてスタートポジションに戻る。このとき、床に接している上背部とボールに接している踵で支えて体はまっすぐにしておく。

動員される筋肉

主動筋：大殿筋、ハムストリング（大腿二頭筋、半腱様筋、半膜様筋）

補助筋：脊柱起立筋

トライアスロンのここに効く

これは、忙しくてジムに行く時間がとれず、ハムストリングや殿筋をアイソレートして強化するトレーニングマシンを使えないトライアスリートにとって手軽で効果的なエクササイズだ。おまけに脚とコアの主要な筋肉もターゲットなるから、いっそう努力しがいがある。

バランスボール・ハムストリング・カールは、バイクで使われる筋肉、特にペダリングのプルアップ（引き上げ）が重要な上り坂や向かい風のときに使われる筋肉を強化する。ランでも、ハムストリングや殿筋が強ければ有利になる。特に強い向かい風や坂にアタックするときは、これら重要な筋群が最適なレベルで機能することが要求される。

このエクササイズを正しく行うには強いコアが必要だということに注意してほしい。コア強化エクササイズについては第7章を必ず読んでおこう。

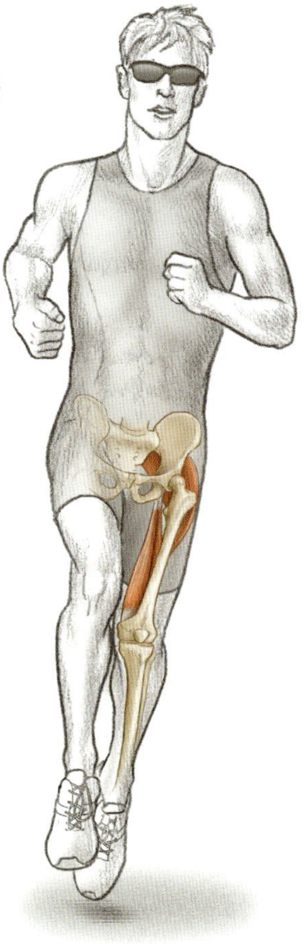

バリエーション

シングルレッグ・バランスボール・ハムストリング・カール

両脚のカールのバリエーションは、シングルレッグ・カールだ。このエクササイズでは、バランスとコアの安定がもっと要求される。まず片脚で所定の回数繰り返すが、その間ずっと反対の脚は空中に伸ばしておく。脚を替えて同じことを繰り返す。

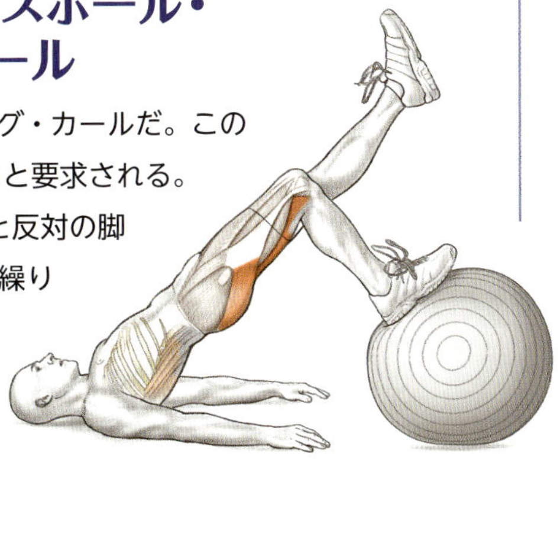

Leg Curl
レッグ・カール

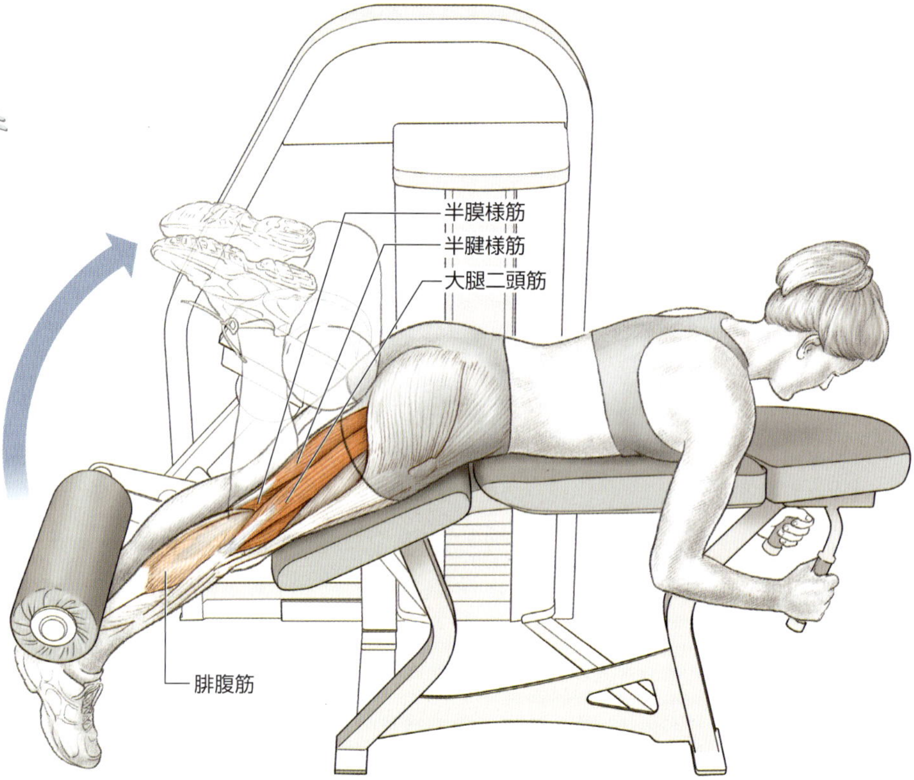

エクササイズ・ステップ

1. ハムストリングカールマシンにうつ伏せになり、踵をパッドの下に入れる。
2. ハムストリングの筋肉を使うことを意識しながら、パッドを殿部のほうに巻き上げる。
3. パッドをゆっくりスタートポジションに戻し、所定の回数繰り返す。

動員される筋肉

主動筋：ハムストリング（大腿二頭筋、半腱様筋、半膜様筋）

補助筋：腓腹筋

トライアスロンのここに効く

大腿前面の大腿四頭筋が不釣り合いに強いなら、それを相殺するためにも、ケガ予防のためにもハムストリングの強さが重要だ。これは、最も効果的にハムストリングをアイソレートするエクササイズだ。

バイクにせよ、ランにせよ、クランクを回すとき、上り坂を走るとき、トライアスリートは常にハムストリングを使う。ハムストリングが強ければ、最高のパフォーマンスを発揮するために必要なパワーとスピードが向上する。

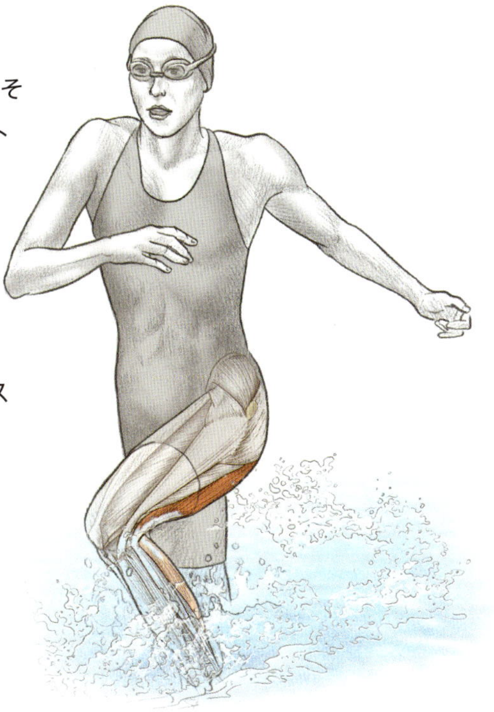

Leg Extension
レッグ・エクステンション

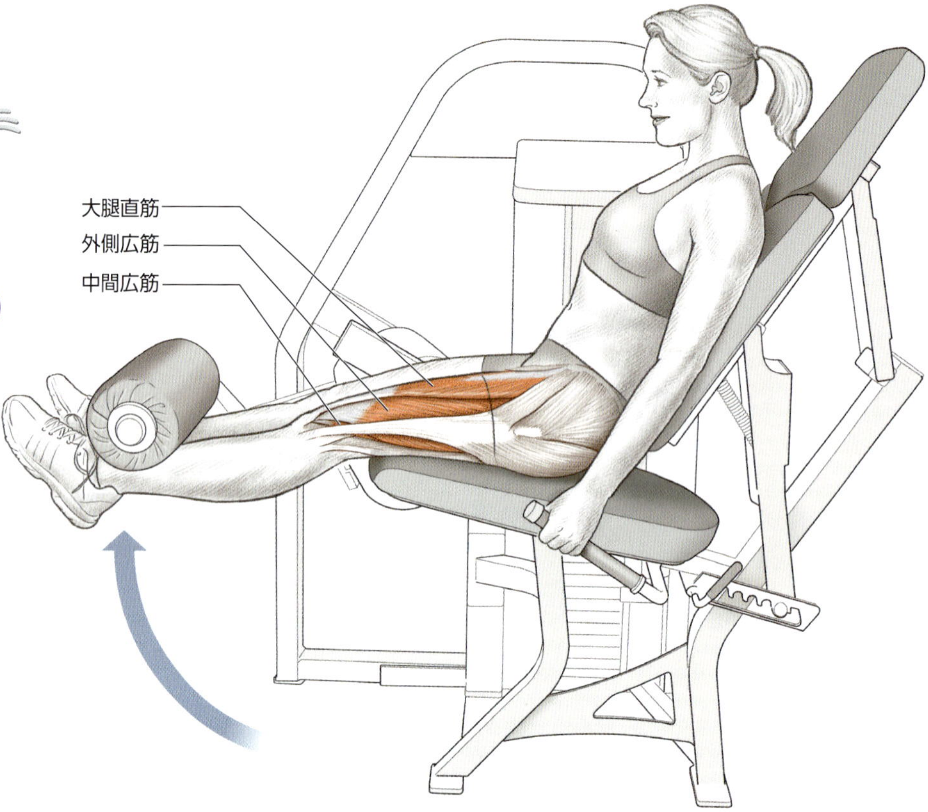

エクササイズ・ステップ

1. レッグエクステンションマシンに楽に座り、足をパッドの下に入れる。
2. 大腿前面を使うことを意識しながら、ゆっくり脚を伸ばしていく。
3. 脚を伸ばしきったら、パッドをゆっくりスタートポジションに戻し、所定の回数繰り返す。

動員される筋肉

主動筋：大腿四頭筋（大腿直筋、外側広筋、中間広筋、内側広筋）

トライアスロンのここに効く

これは、大腿四頭筋群をアイソレートするエクササイズであり、膝を取り巻き、支える筋肉を強化するために有益である。膝は、トライアスリートがバイクやランでよく痛める場所だ。さらに、大腿四頭筋をアイソレートすることによって、レッグ・エクステンションはバイクとランの出力を大きくし、大腿の前面と後面の筋力のアンバランスを修正する。

このエクササイズのポイントは、妥当な抵抗でゆっくり、入念に行うことだ。勢いよくパッドを上げるとか、重さに逆らわず、パッドを急にスタートポジションに戻すのはチーティング（目的以外の筋肉の力を借りること）になってしまうから、そうならないようにすること。

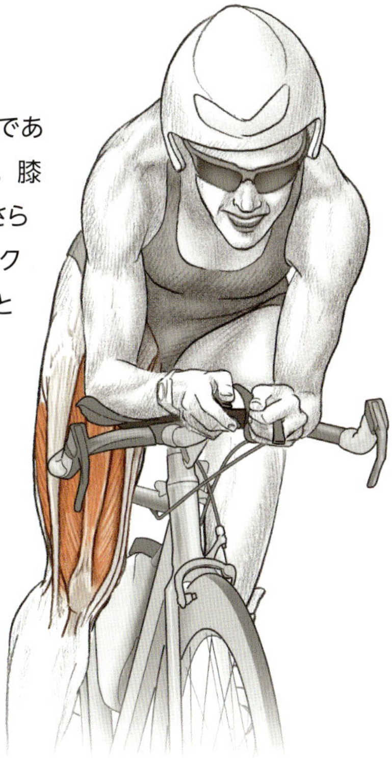

Machine Adduction
マシン・アダクション(内転)

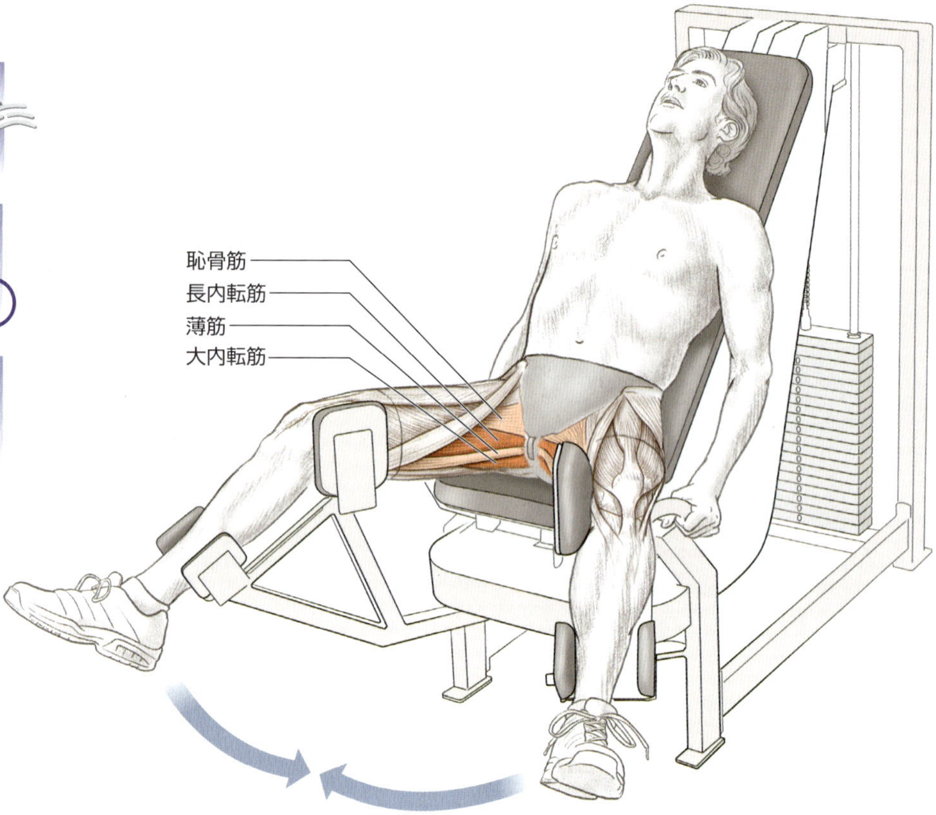

エクササイズ・ステップ

1. 脚を開いてアダクションマシンに座る。
2. パッドが軽く触れ合うまで脚を閉じ合わせる。
3. 再びゆっくり開脚してスタートポジションに戻る。所定の回数繰り返す。

動員される筋肉

主動筋：大内転筋、長内転筋

補助筋：薄筋、恥骨筋、大殿筋下部

トライアスロンのここに効く

このエクササイズは、スイム、バイク、ランに特有の運動パターンを再現はしないものの、補助的な機能をもつ筋群を鍛えて、総合的なパフォーマンスを底上げし、筋肉のアンバランスによるケガを防ぐ重要な補完的エクササイズだ。

バイクとランでは、主に疲労が本格的になってきたとき正しいフォームを維持するうえで内転筋が強いと有利になる。特にバイクの場合、もっとなめらかに、そして優雅にコントロールを効かせてペダルを回せるようになる。ランの場合も、バランスのよい、効率的な足運びと足の着地頻度数を維持しやすくなる。

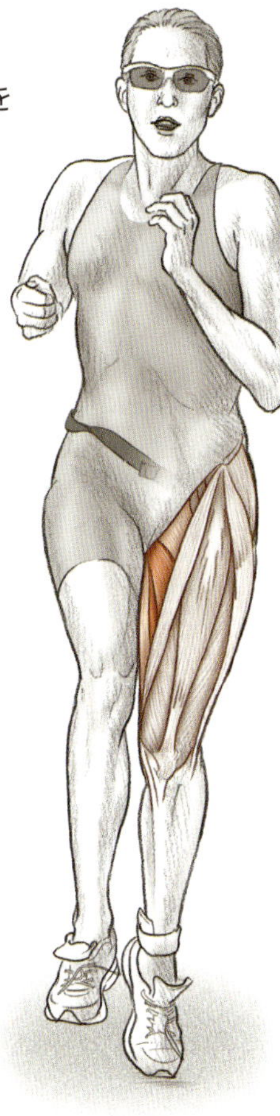

バリエーション

ケーブルまたはゴムバンドを使ったヒップ・アダクション（股関節の内転）

低い位置のケーブルかゴムバンドを使う。立って、マシン・アダクションと同じ運動を行い、内転を担う筋肉をアイソレートして鍛える。

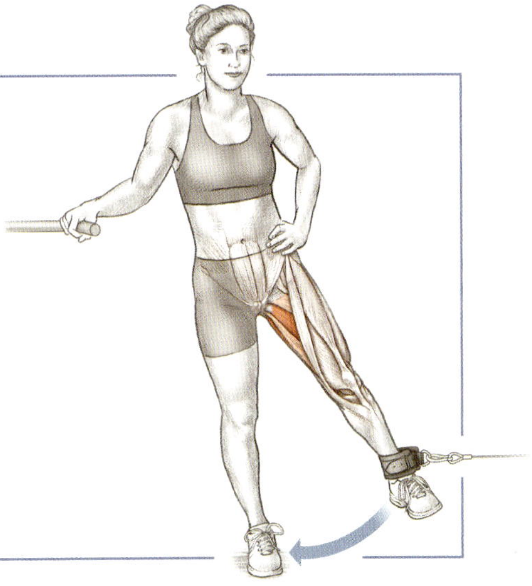

Machine Abduction
マシン・アブダクション(外転)

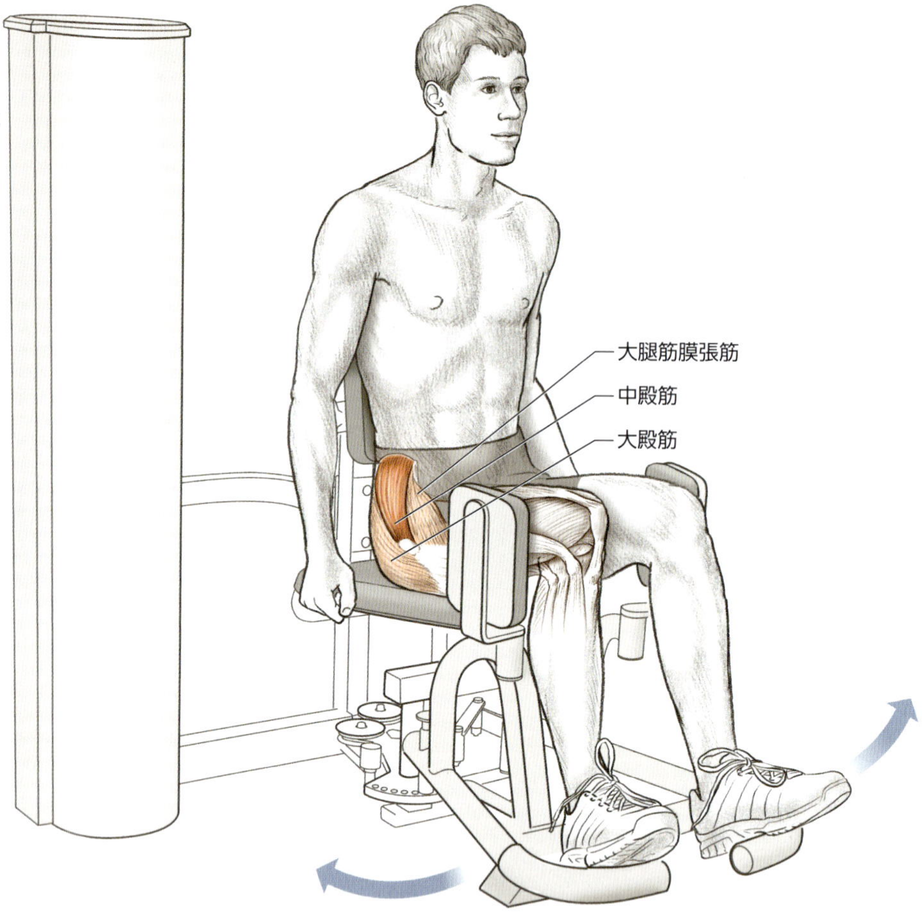

エクササイズ・ステップ

1. アブダクションマシンに楽に座り、大腿四頭筋の側面をパッドに押し当てる。
2. マシンの抵抗に逆らって開脚する。
3. ゆっくりスタートポジションに戻る。所定の回数繰り返す。

動員される筋肉

主動筋：中殿筋、小殿筋

補助筋：大殿筋、梨状筋、外閉鎖筋、大腿筋膜張筋

トライアスロンのここに効く

股関節の外転エクササイズは、バイクとランの主要な運動パターンの安定を担う別の筋群をターゲットにしている。特に長時間の、あるいは激しいトレーニングやレースで疲労が本格的になりはじめたときに大切な筋肉だ。

バイクでは、ペダリング全体でむらなくパワーを出せるようになる。ランでは、ラン終盤でもばねのあるステップを維持できるようになる。

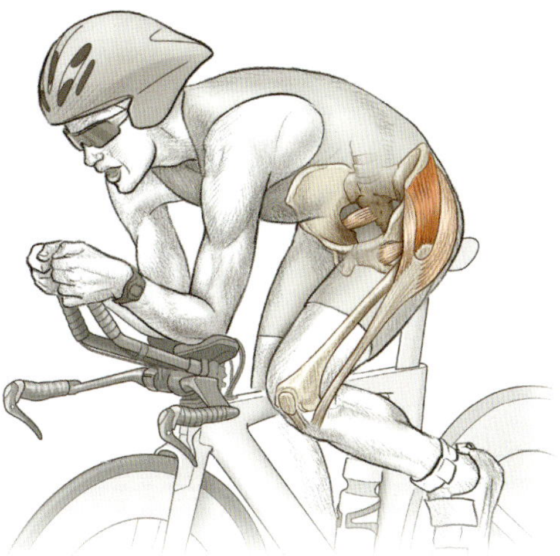

バリエーション

ケーブルまたはゴムバンドを使ったヒップ・アブダクション（股関節の外転）

トレーニングするほうの脚にロープーリーマシンのアンクルストラップを巻くか、ゴムバンドを使う。立って、マシン・アブダクションと同じ運動を行い、脚を替える。

Cable Kickback
ケーブル・キックバック

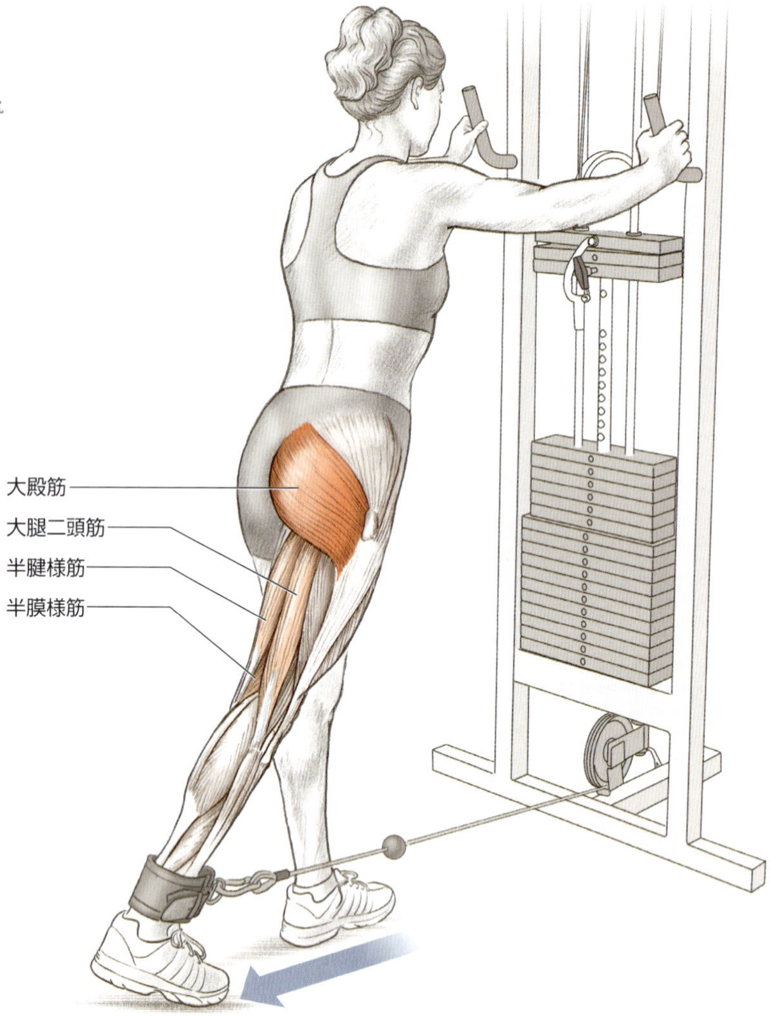

エクササイズ・ステップ

1. ロープーリーマシンを使い、片脚にアンクルストラップを巻き、マシンに向き合う。
2. マシンに両手をついて体を支える。大殿筋とハムストリングを使い、ストラップを巻いた脚をまっすぐ伸ばして、後ろに動かす。
3. ゆっくりスタートポジションに戻る。所定の回数繰り返す。

動員される筋肉

主動筋：大殿筋

補助筋：ハムストリング（大腿二頭筋、半腱様筋、半膜様筋）

トライアスロンのここに効く

大殿筋は、トライアスロンのトレーニングやレースで常に使われる強い筋肉だ。たいていの複合（コンパウンド）エクササイズで大殿筋がターゲットになるが、ケーブル・キックほど効果的に大殿筋をアイソレートするものはまずない。

大殿筋は、バイクをこいでいるときの、特にトライアスロンバイクに乗っているときのダウンストローク（ペダルの踏み下ろし）序盤での最も優勢なパワーの根源だ。そしてランでも、殿筋が強ければ、急な坂を駆け上がり、いよいよ踏ん張りどころになったときにもっとスピードを出せるようになる。

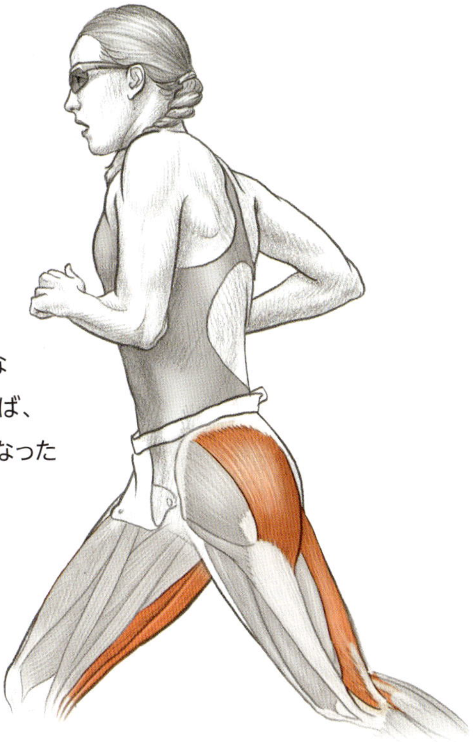

バリエーション

バランスボール・ヒップ・エクステンション（股関節の伸展）

仰向けになり、両脚をバランスボールにのせる。難易度を上げるには、図のように片脚ずつトレーニングする。殿筋を使って腰を持ち上げ、体をまっすぐ伸ばす。

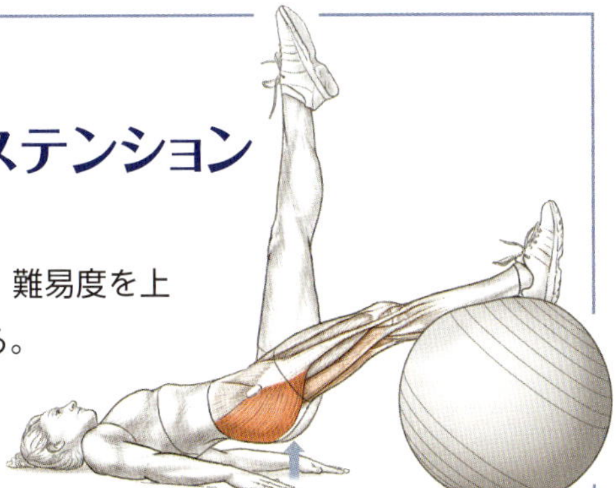

Wall Stability Ball Squat
バランスボール・ウォール・スクワット

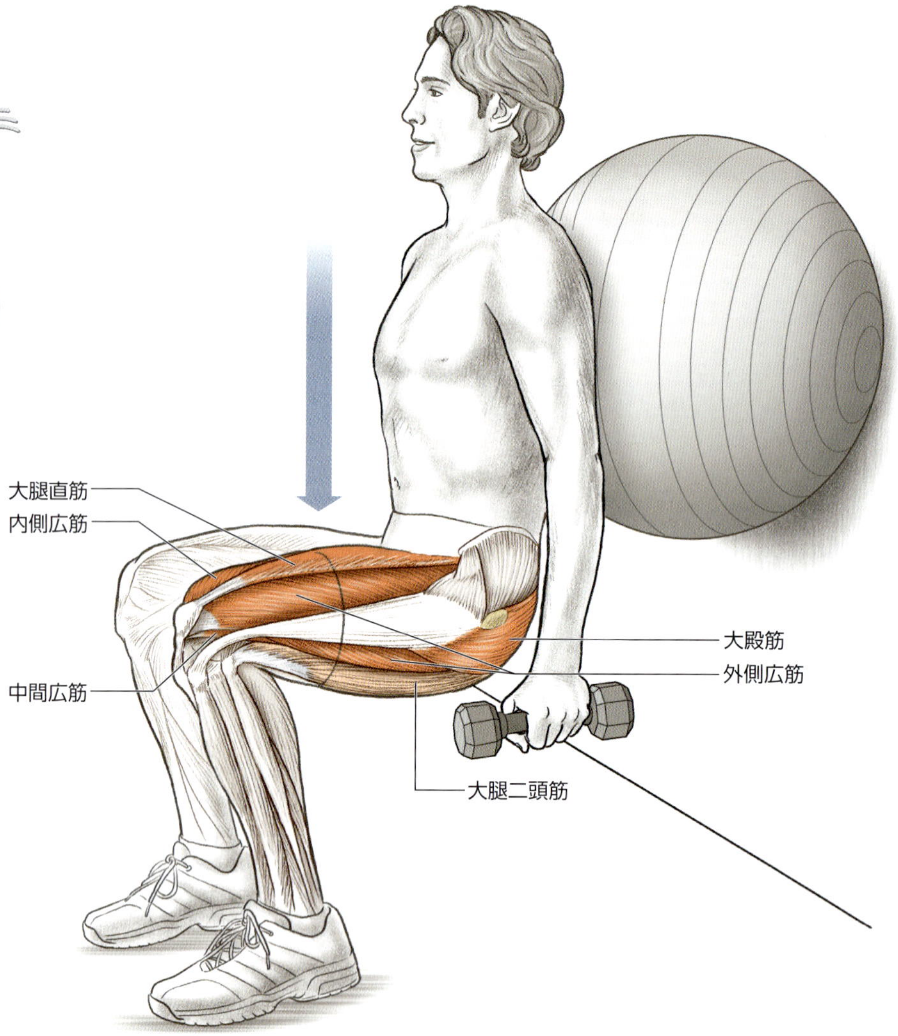

エクササイズ・ステップ

1. 背中を壁に向け、踵を壁から0.9mくらい離して立ち、下背部または中背部と壁の間にバランスボールをはさむ。ウェイトを追加したければ、両手にダンベルを持つ。
2. ボールを押し返して、バランスをとりながら、膝の角度が直角になるまで体を下げていき、椅子に座ったような姿勢になる。
3. 立ち上がり、所定の回数繰り返す。

動員される筋肉

主動筋：大腿四頭筋（大腿直筋、外側広筋、内側広筋、中間広筋）、大殿筋

補助筋：ハムストリング（大腿二頭筋、半腱様筋、半膜様筋）、股関節の内転筋

トライアスロンのここに効く

バランスボール・ウォール・スクワットは、通常のスクワットとほぼ同じ筋群をターゲットにしているが、それに加えてコアのエクササイズにもなり、バランス感覚もよくなるというメリットがある。

このようなレジスタンストレーニングで脚の筋力をつければ、バイクとラン両方に対する、さらにまたトライアスロンで重要な次の種目へのトランジションに対する出力が大きくなる。

このようなエクササイズのもう１つのメリットは時間効率である。コアの安定に必要な要素と脚の筋力と持久力をシンプルだが、きわめて効果的なオールインワンのエクササイズで強化していけるからだ。

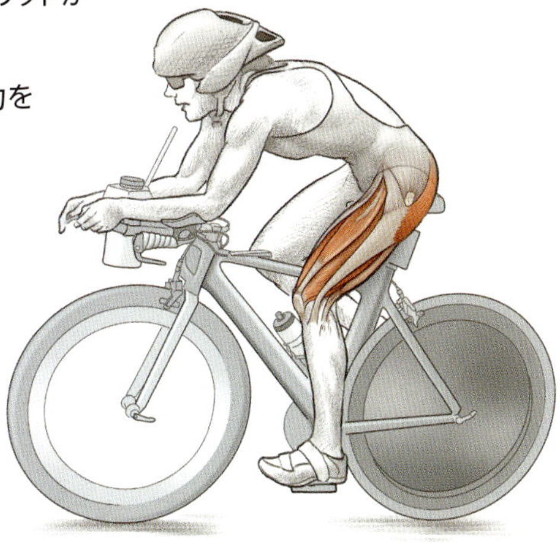

Single-Leg Heel Raise With Dumbbells

ダンベルを使ったシングルレッグ・ヒール・レイズ

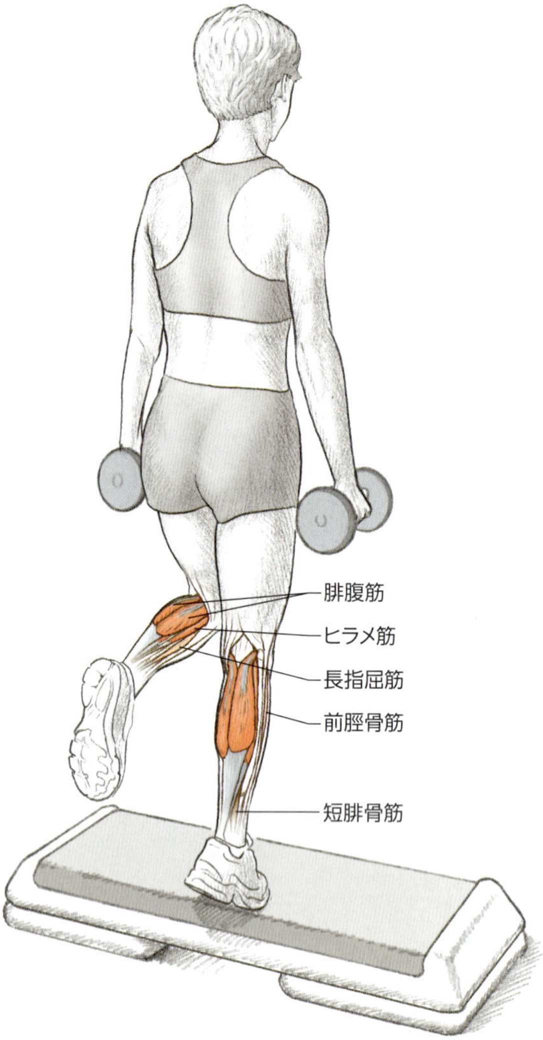

エクササイズ・ステップ

1. 7.5-12.5cmの高さの安定した台に片足の母指球をのせて立つ（トレーニングする脚）。筋力レベルに応じて、適切な重さのダンベルを両手に持つか、ウェイトはなしにする。一般的には、望ましいレップ数をやり遂げるのが難しい重さが適している。
2. ふくらはぎ周辺の筋肉が軽くストレッチされるまで踵を床のほうに下げる（背屈）。
3. 膝をやや曲げて、ふくらはぎの筋肉を使いながら、ゆっくり伸び上がる（底屈）。
4. またゆっくり踵を下げる。所定の回数繰り返し、脚を替える。

動員される筋肉

主動筋：腓腹筋、ヒラメ筋

補助筋：前脛骨筋、短腓骨筋、長指屈筋

トライアスロンのここに効く

これは、下腿をアイソレートする重要なエクササイズであり、トライアスリートにとってケガ予防にも、バイクとランのパフォーマンス向上にも効果的である。

バイクとランの両方で、下腿は出力、すなわち推進力に決定的に重要な役割を果たす。下腿の筋肉のトレーニングが不十分だと、パフォーマンスの可能性が小さくなるばかりか、ケガのリスクも高まる。特にアキレス腱のケガが頻発する。

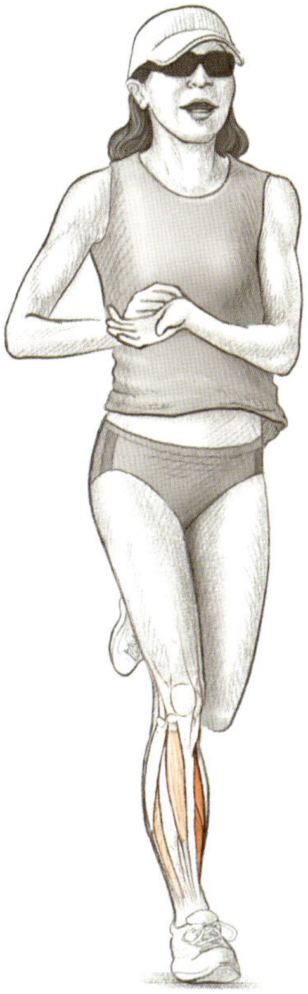

CHAPTER 10

全身トレーニング

4-9章までトライアスロンに必要な筋群ごとに筋力を鍛えるエクササイズの概要を述べてきた。現実には、体の動きは孤立した筋肉の収縮から生まれることはなく、多数の関節にまたがる協調のとれた一連の筋肉の相互作用があってなめらかな動きが生まれる。この全身の関与こそが、スイム、バイク、ランなどのスポーツで起こることを一番よく表している。全身運動に不可欠なものの1つは、コアの安定である。安定したコアは、効率的な運動のための力の生成とバランスのしっかりした基盤となる。本章のエクササイズは、コアと多数の筋群の両方をターゲットにしているから、種目特有の筋力をつけ、パフォーマンスを向上させる効果がある。

持久系スポーツの能力は、筋力が最適であることだけでなく、筋力と心肺持久力の相乗作用にも左右される。心肺持久力は、エネルギーを供給し、筋肉の活動を持続させる身体能力と定義され、第2章で説明した好気性（有酸素）代謝と嫌気性（無酸素）代謝両方の機能である。全身トレーニングは、筋力を強くするが、心肺持久力も改善する。筋線維と筋群が多く動員されるほど、心臓と肺は運動を支える組織に多くの血液、酸素、グルコースを供給しなければならない。ほとんどのウェイトトレーニングは無酸素運動と見なされるだろうが、それでもやはり好気性筋線維も活動している。コーチの多くは、ほかの方法よりもスポーツ種目特有のトレーニングで筋力を発達させる方法を選ぶことを知っておくことが大切だ。例を挙げると、ハンドパドルやドラッグスーツ（水の抵抗を大きくするトレーニング用水着）で泳ぐ、高抵抗・低ケイデンス（ペダル回転数）を利用したバイクのヒルリピート、階段ランニング、急傾斜のヒルリピートランニング、パラシュートやコーチが持ったゴム紐などの負荷をかける道具を利用する、などである。それぞれ、そのスポーツ種目の運動パターン特有の筋力をつけるトレーニングであり、そのスポーツに特化した効果がある。

ウェイトもしくは体重を利用したレジスタンストレーニングは、筋力を発達させる。多数の関節にまたがる運動と力の生成を何回も反復すると、心肺系にもストレスがかかり、その能力が改善される。このタイプのトレーニングには、神経筋系も発達するという二次的効果がある。脳から脊髄を通って届く信号を伝える神経細胞と神経線維が、筋肉を支配し、筋肉を収縮させる。電気インパルスと化学物質放出が組み合わさった刺激によって筋肉は力を生成し、その刺激が随意筋の機能をコントロールする。この伝達プロセスが、このタイプのトレーニングで改善されるのだ。最終的に、運動効率がよくなり、ひいてはエネルギー消費が減るという結果が期待できる。トレーニングをして、体調がよくなってくれば、この効果を実感するだろう。トレーニングが前より楽になり、強く、速くなる。この初期の神経筋適応プロセスはトレーニングの成果だが、短命に終わることがある。体が運動に慣れてくると、筋力の発達も神経筋の発達も停滞してしまう可能性がある。第3章で説明したトレーニングのピリオダイゼーションが、反復トレーニングのパターンを打ち破るのに役立つ。トレーニングを持続的に改良していけるし、ケガ予防にもなる。

多関節エクササイズ

本章で紹介するエクササイズは、多関節のプライオメトリック（後述）運動に分類される。多関節エクササイズは、2つ以上の関節にまたがる複数の筋群を使う。1つの関節の運動には、しばしば相乗的に作用する1組の筋肉が関与する。これは、アゴニスト(主動筋)とアンタゴニスト(拮抗筋)と呼ばれる。アゴニストは、屈曲(関節を曲げる)や伸展(関節をまっすぐにする)などをさせる筋肉である。アンタゴニストは、関節に反対の運動をさせるであろう筋肉である。腕ならば、上腕二頭筋が収縮して肘を曲げる(屈曲)と、上腕三頭筋は肘が曲がるように弛緩する。同様に、肘がまっすぐになると(伸展)、反対のことが起こる。この運動は一見単純だが、関与する関節と筋肉が多くなると、この基本的な収縮—弛緩のメカニズムはもっと複雑になる。

この複雑な運動をよく理解するには、関節運動中の筋肉の収縮と相互作用に関する基本概念と筋肉トレーニングの概念をいくらか知っておく必要がある。筋肉が収縮、すなわち緊張するのは、筋肉が同じ長さのままでいるか(アイソメトリック[等尺性]収縮)、短くなるか(コンセントリック[短縮性]収縮)、長くなるか(エキセントリック[伸張性]収縮)するからである。基本的なウェイトトレーニングは、開放運動連鎖(OKC)運動と閉鎖運動連鎖(CKC)運動という原則を利用する。もっと高度な方法もあるが、たいていは特殊な機器が必要だ。OKC運動では、力と運動が1つの関節で生成されるので、四肢の遠位部(手や足)が空間で自由に動いている。レッグ・エクステンションやバイセップス・カールがその一例だ。いっぽうCKC運動では、プッシュアップやスクワットのように、遠位部の手や足が接地して固定されている。両者の明確な違いは、アゴニストとアンタゴニストの相互作用である。ランジ(CKC)を例にとると、動きの最初から最後までアゴニストとアンタゴニストの協働作用がある。そのおかげで関節にかかる力とストレスが減り、おそらくケガ予防にもなる。CKC運動は、機能面の効果が高い傾向がある。OKC運動は、個々の筋群をアイソレート(分離)するので、特定の筋肉を強化するのに最適である。トレーニングやレースでは、関与する関節の角度に応じて、あらゆる筋肉でアイソメトリック収縮、コンセントリック収縮、エキセントリック収縮の組み合わせが起こる。

プライオメトリックエクササイズ

プライオメトリックエクササイズは、筋肉の瞬発的なエキセントリック収縮とコンセントリック収縮を組み合わせた速く、力強く動くためのトレーニングである。パワーとスピードを含め、スポーツのパフォーマンスを向上させることが証明されている。プライオメトリック運動では、筋肉をストレッチして負荷をかけてから、急速に収縮させて動く。この弾性反跳メカニズムは、ダブルレッグ・パワー・ジャンプを例に考えるとわかりやすい。筋肉は、コンセントリック収縮すると力を生成する能力が最大になる。筋肉にエキセントリック負荷がかかると(前負荷と呼ばれる)、その時点を超えれば力の生成が増大する状態になる。筋肉にかかるストレッチの範囲とスピードは、筋肉が力を生成する程度を決定する二大要因である。さらにエキセントリック収縮とコンセントリック収縮の時間差が少ないほうが、生成される力が大きくなる。ダブルレッグ・パワー・ジャンプを行う場合、下肢の筋肉がストレッチされて着地に向かい、身をかがめる。そしてジャンプの準備態勢に入り、床から離れるエネルギーをためる筋収縮で弾性反跳メカニズムが完了する。弾性反跳メカニズムが起こると、筋肉内の知覚神経線維も活性化され、トレーニングされる。脳—筋肉の効率を高めるのは、このタイプのエクササイズだ。

プライオメトリックエクササイズは、ほかのエクササイズ、たとえば筋力トレーニング、バランストレーニング、ストレッチと組み合わせると下肢のケガを減らせることが証明されている。ただし、生み出される力が大きいだけにケガが増える可能性はある。プライオメトリックエクササイズは、筋力と柔軟性を高めるトレーニングの初期プログラムを終了するまではやらないほうがよい。もちろん適切なウォームアップも必須条件だ。

全身のエクササイズ

次に紹介するエクササイズは、全身トレーニングに効果的だと考えられている。勝てるトライアスリートになるために必要なことを満たす戦略的に構成されたトレーニングプログラムのなかで、各エクササイズを適切に実行することが成功の鍵だ。

きわめて活発になる傾向があり、時に爆発的なアウトプットが要求されるという全身トレーニングの性質上、一連の動的ストレッチを含む、適切なウォームアップメニューはぜひとも実行してほしい。

セット数とレップ数については、正しい方法で一定時間内に繰り返せるだけ繰り返すという時間枠を指示するコーチが多い。この方法だと、アスリートにとって自分の限界を広げようという刺激になるし、身体能力の進歩や改善もわかりやすい。バーピーを例にとると、30秒間でできるだけ多く反復するか、10-15レップを1セット行う。最終的には、どちらの方法が最適か決めるのはコーチやアスリートに委ねられる。いずれにせよ、10-15レップを2-4セット、セット間の休息1-2分をおすすめする。

Burpee
バーピー

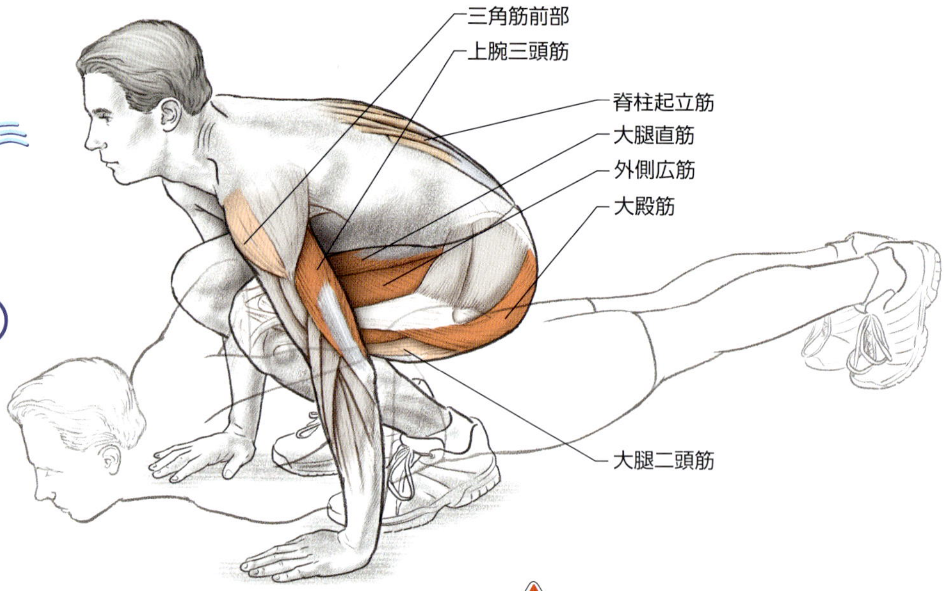

安全のためのアドバイス

弾みをつけてジャンプするときは要注意。着地の衝撃がかかるときに膝をやや曲げること。

エクササイズ・ステップ

1. 足を肩幅に離して立つ。両手を床につく。
2. 両脚を後ろに投げ出して、背中を平らにしたプッシュアップの姿勢になる。その姿勢をくずさないようにしながら、体を下げてプッシュアップを１回行う。力をこめて体を押し上げる。
3. 両足を体の下に引き寄せてから、瞬発的に空中にジャンプして両腕を頭上にまっすぐ伸ばす。
4. 膝をやや曲げて着地する。この動きを所定の回数繰り返す。

動員される筋肉

主動筋：大腿四頭筋（大腿直筋、外側広筋、中間広筋、内側広筋）、大殿筋、大胸筋、上腕三頭筋

補助筋：ハムストリング（大腿二頭筋、半腱様筋、半膜様筋）、脊椎、起立筋、三角筋前部

トライアスロンのここに効く

バーピーは、心肺機能も筋肉も強くなって、持久力がつき、しかも総合的な運動能力も向上するオールラウンドなすぐれたエクササイズだ。スイムでは、上半身が強くなれば、またトレーニングで壁をもっと強く蹴って泳ぎだせるようになれば有利になる。バイクとランに対しては、ジャンプで脚力がつき、また全体的な俊敏さが増すという効果がある。

すぐにわかるとおり、10-15レップを1セットで心拍数が上がるし、体系的なドライランドトレーニングプログラムである程度一貫して取り組めば、大いに健康も増進する。

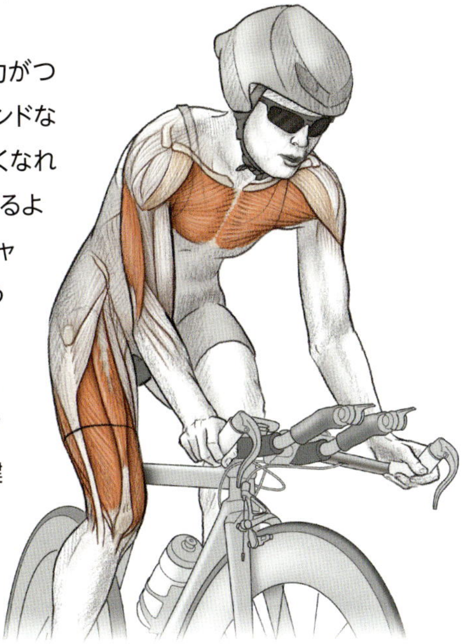

Box Jump
ボックス・ジャンプ

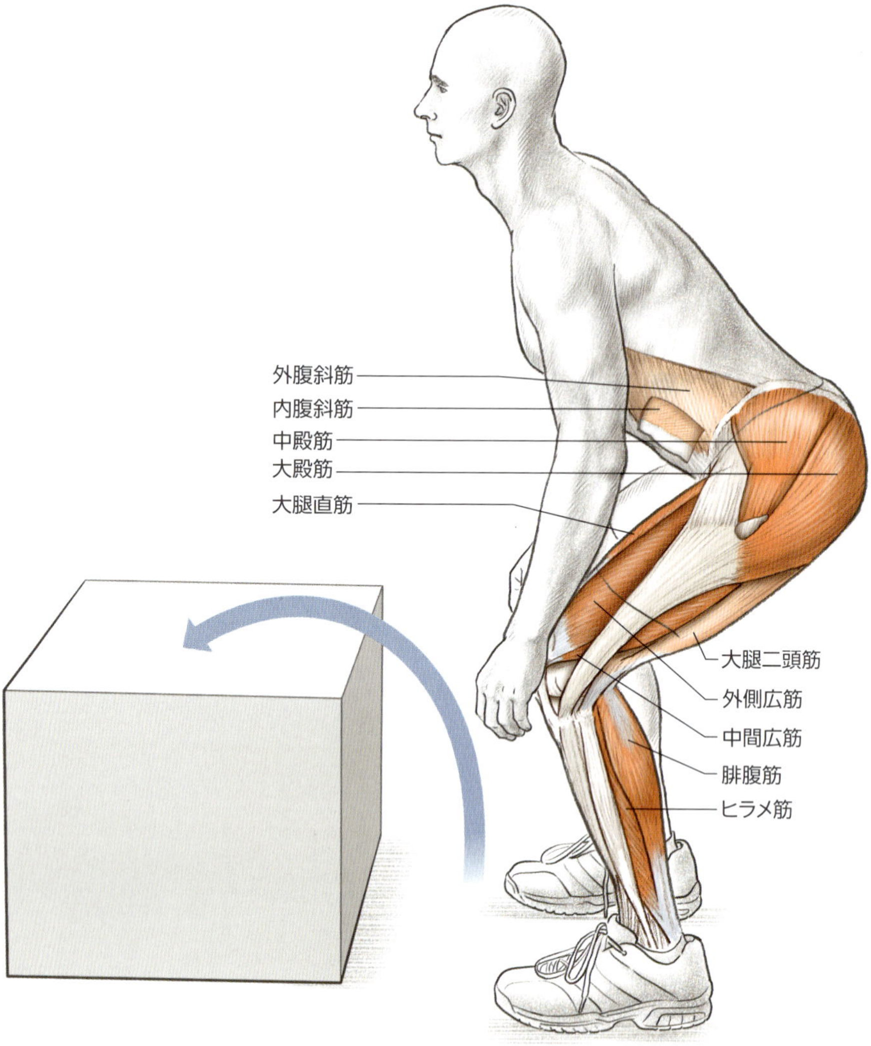

エクササイズ・ステップ

1. 膝くらいの高さのプライオメトリック用ボックスをしっかりと床に置く。ボックスから15-20cm離れて立つ（スタートポジション）。
2. 力強くジャンプしてボックスに飛び乗る。着地のとき膝はやや曲げること。
3. ボックスの上で直立して動作を完了する。
4. ボックスから降りてスタートポジションに戻る。所定の回数繰り返す。

動員される筋肉

主動筋：大腿四頭筋（大腿直筋、内側広筋、中間広筋、外側広筋）、大殿筋、中殿筋、腓腹筋、ヒラメ筋

補助筋：ハムストリング（大腿二頭筋、半腱様筋、半膜様筋）、外腹斜筋、内腹斜筋、腹横筋、脊柱起立筋

トライアスロンのここに効く

ボックス・ジャンプは、バイクとランで強みになる瞬発力を養う。ジャンプ力がついてきたらボックスを高くできるので、目標に応じた負荷をかけることもできる。

このエクササイズのバイクに対する効果は、アップヒルや全力疾走のときの瞬発力が高まることだ。ランに対しては、急勾配をもっと力強く、速く疾走する力をつける効果がある。

あまりにも膝を折り曲げてボックスに飛び乗るのはチーティング（目的以外の筋肉の力を借りること）になってしまう。そうしないと難しいなら、ボックスを低くしてみよう。

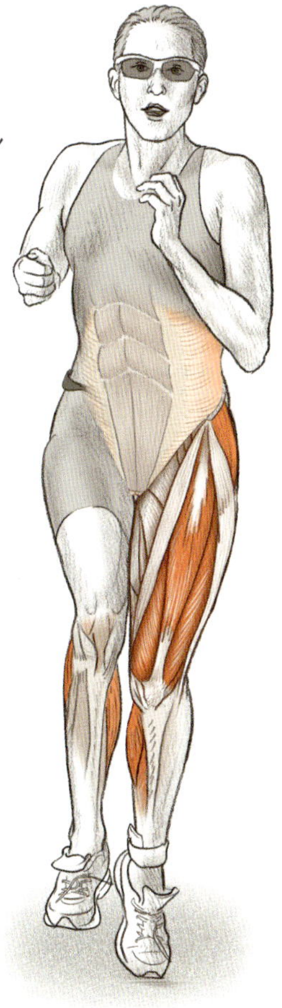

Woodchopper
ウッドチョッパー（木こり）

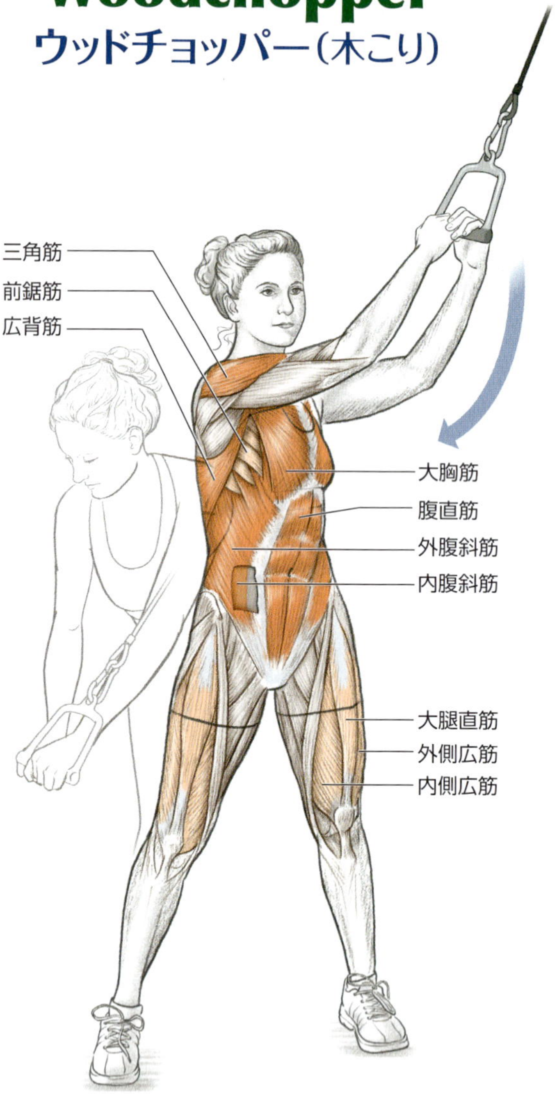

エクササイズ・ステップ

1. 足を肩幅よりやや広く離して、ハイプーリーマシンの横に立つ。
2. 両手でハンドルを握る。
3. 腕、肩、胸の筋肉でハンドルを斜め下に体の反対側へ引っ張る。
4. コアの筋肉を使いながら膝を曲げてハンドルを床めがけて引っ張る
5. ゆっくり、コントロールしながらスタートポジション（ステップ１・２）に戻る。所定の回数繰り返す。

動員される筋肉

主動筋：腹直筋、内腹斜筋、外腹斜筋、三角筋、広背筋、大胸筋

補助筋：大腿四頭筋（大腿直筋、外側広筋、内側広筋、中間広筋）、中殿筋、大殿筋、小殿筋、大円筋、前鋸筋

トライアスロンのここに効く

マルチスポーツ（複合競技）アスリートは、強いコア、そして上半身と下半身の筋群のコーディネーション（協調）が要求される。ウッドチョッパーは、複数の重要な筋群が関与する全運動範囲をカバーするダイナミックなエクササイズであると同時に、全身のコーディネーションも促進する。高強度トレーニングの一部として適切に行えば、心拍数を上げるエクササイズにもなる。

このエクササイズは、強豪トライアスリート特有のニーズを満たし、特に長距離レースで大切なコアの安定と持久力の向上にも貢献する。

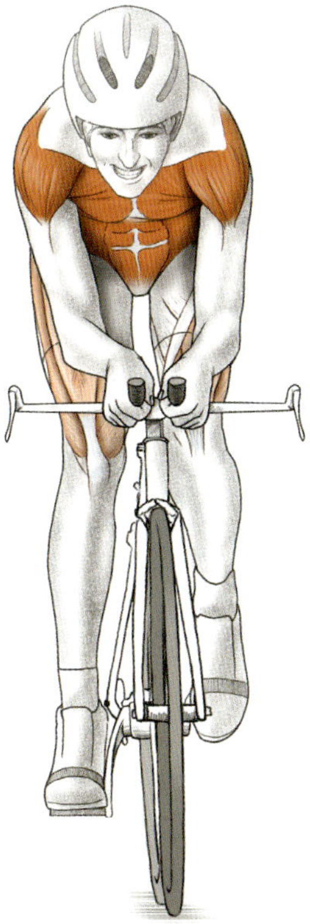

Reverse Woodchopper
リバース・ウッドチョッパー

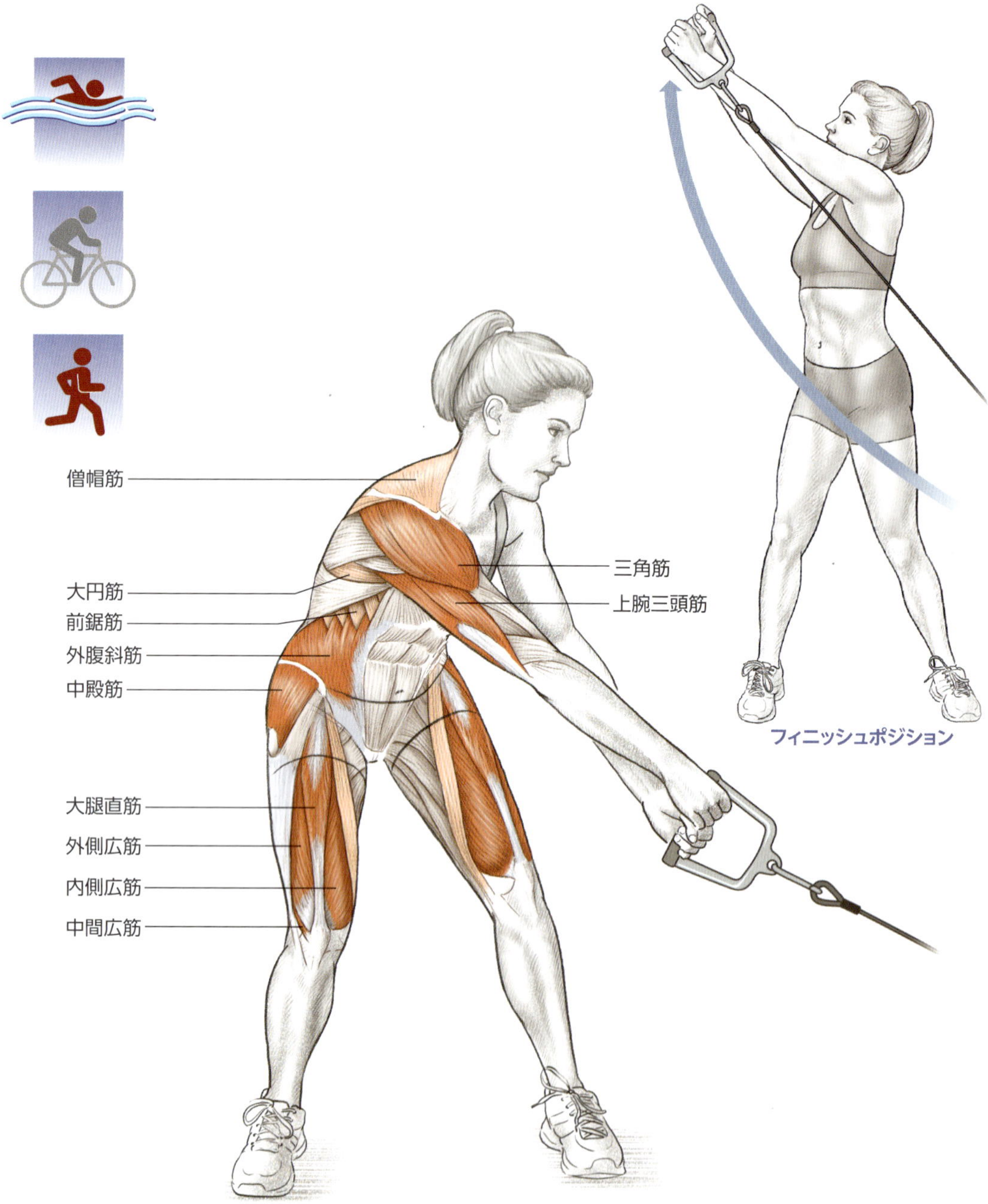

エクササイズ・ステップ

1. 足を肩幅よりやや広く離し、ロープーリーマシンの横に0.9mくらい離れて立つ。
2. 膝をやや曲げてハーフスクワットの姿勢になり、両手でハンドルを握る。

3. 筋肉のコーディネーションを意識しながら、ハンドルを斜め上に反対側の肩を越えて引っ張り、直立する。
4. ゆっくり体を下げてスタートポジション（ステップ1・2）に戻る。所定の回数繰り返す。

動員される筋肉

主動筋：大腿四頭筋（大腿直筋、内側広筋、中間広筋、外側広筋）、大殿筋、中殿筋、脊柱起立筋、外腹斜筋、内腹斜筋、三角筋、上腕三頭筋

補助筋：ハムストリング（大腿二頭筋、半腱様筋、半膜様筋）、前鋸筋、大円筋、僧帽筋、棘上筋、小菱形筋、大菱形筋

トライアスロンのここに効く

このエクササイズは、特にスイムのドライランドトレーニングとして効果的だが、ランのコア、上腕、脚の筋力トレーニングとしても適している。ラン向けには、大腿四頭筋をもっと使うために膝をもう少し曲げる。

念頭に置いてほしい重要なことが1つある。手が斜め上に動いていくとき、その道筋に注意してコアの筋群を動員することだ。こうすると、この重要な領域を最大限に活用できる。

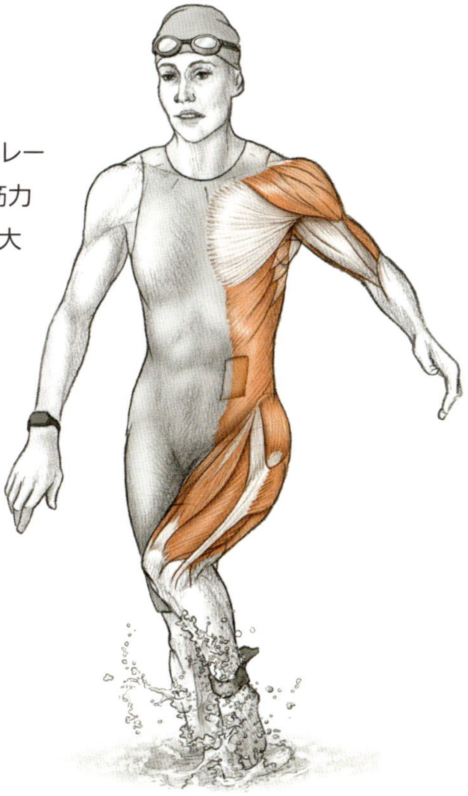

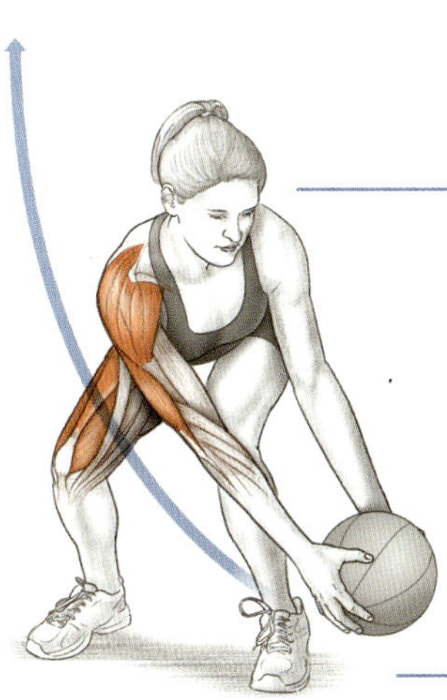

バリエーション

ダイアゴナル・メディシンボール・リフト（メディシンボールの斜め持ち上げ）

メディシンボールを持って、ロープーリーマシンで行うのとほぼ同じように動く。パワーを重視するなら、毎回、肩ごしにパートナーに向かってメディシンボールを思い切り投げる。

Double-Leg Power Jump
ダブルレッグ・パワー・ジャンプ

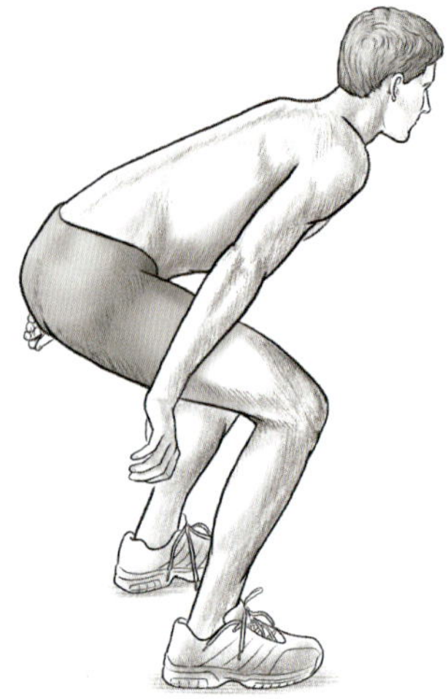

スタートポジション

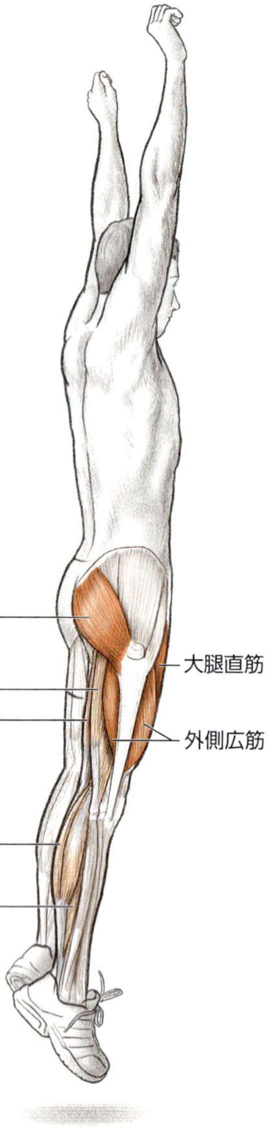

エクササイズ・ステップ

1. 足を肩幅よりやや広く離し、膝を45度くらいに曲げてかがむ。
2. 腕を振り上げる勢いと膝を伸ばすときに大腿四頭筋が生み出すパワーを利用して、瞬発力で真上にジャンプする。
3. 最高点より少し前に着地し、スタートの膝を曲げた姿勢に戻る。所定の回数繰り返す。

動員される筋肉

主動筋：大殿筋、大腿四頭筋（大腿直筋、外側広筋、内側広筋、中間広筋）

補助筋：脊柱起立筋、ハムストリング（大腿二頭筋、半腱様筋、半膜様筋）、ヒラメ筋、腓腹筋、股関節の内転筋

トライアスロンのここに効く

瞬発力を出す能力は、持久力中心のバイクやランを含め、あらゆるスポーツの成功の鍵を握っている。パワー・ジャンプは、単純きわまりないが、高価な運動器具も必要なく、脚の瞬発力をつける効果は絶大だ。

パワー・ジャンプはとてもダイナミックなエクササイズだから、筋肉を十分に温めてから行うことが重要だ。1回ごとにソフトなコントロールの効いた着地になるよう特に注意しよう。このやりがいのあるエクササイズでパワーも心肺機能も強化すれば、レベルにかかわらず、どのアスリートにとってもメリットがある。

強豪トライアスリートにとっては、パワー・ジャンプでパワーが増強されれば、バイクでの急な登坂のとき、ランで勢いよく坂を駆け上がるときに短く一気に出せるスピードが向上する。

Lunge With Biceps Curl

ランジ・ウィズ・バイセップス・カール
（二頭筋カールを入れたランジ）

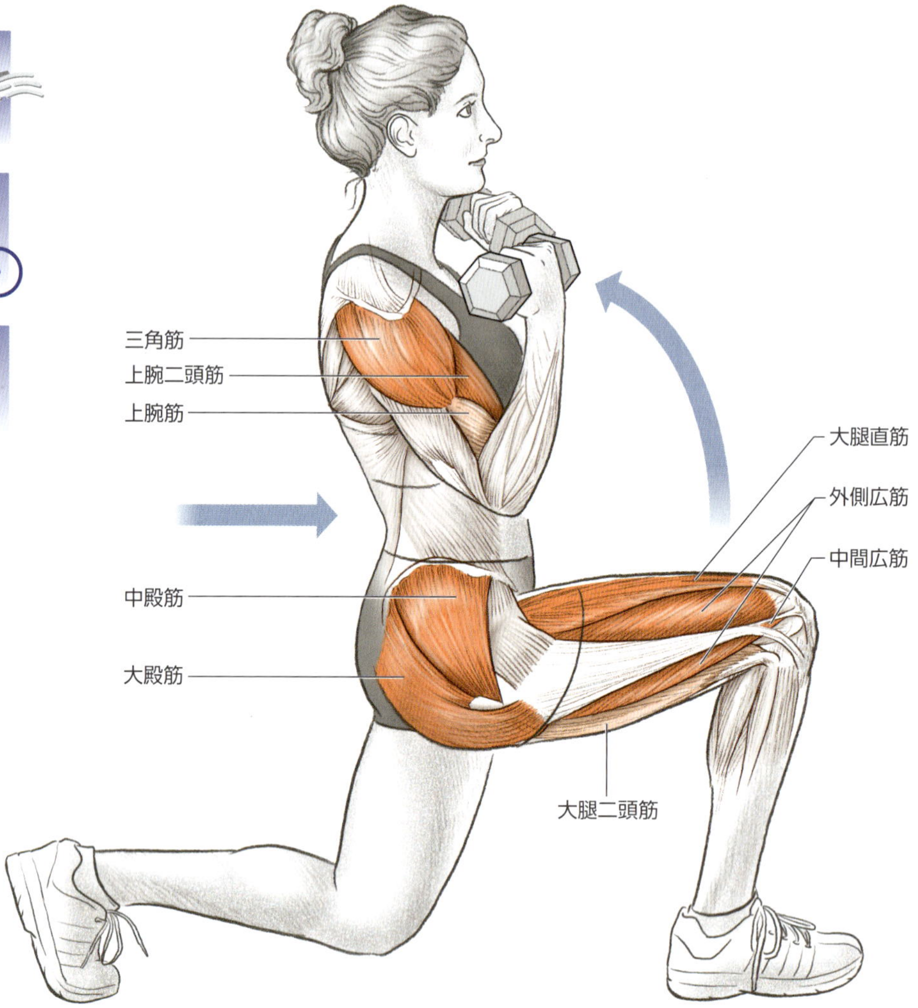

エクササイズ・ステップ

1. 両手にダンベルを持ち、腕を体側に下げる。足を肩幅に離して直立する。
2. 片脚を前に踏み出してランジの姿勢になる。
3. ランジの姿勢を崩さないようにしながら、ウェイトをカールアップして下げる。
4. 立ち上がってスタートポジション（ステップ1）に戻り、反対側の脚で同じ運動を行う。これを所定の回数繰り返す。

動員される筋肉

主動筋：大腿四頭筋（大腿直筋、外側広筋、内側広筋、中間広筋）、中殿筋、大殿筋、三角筋、上腕二頭筋

補助筋：ハムストリング（大腿二頭筋、半腱様筋、半膜様筋）、上腕筋、前腕

トライアスロンのここに効く

ランジ・ウィズ・バイセップス・カールのような多関節全身エクササイズは、トレーニングの時間対効果を最大にしてくれるのでトライアスリートにとって役に立つ存在だ。ランジは、下半身の筋力とパワーの増強にかけては持久系アスリートの主力エクササイズであり、いっぽう、二頭筋カールでは上腕と前腕の筋肉、ある程度は肩の筋肉もターゲットになる。

バイクに対しては、登坂や全力疾走のときにハンドルバーを力強く引っ張れるようになる効果がある。ランでは、急な坂を上るとき腕を振って疾走する能力が向上する。

Squat Press
スクワット・プレス

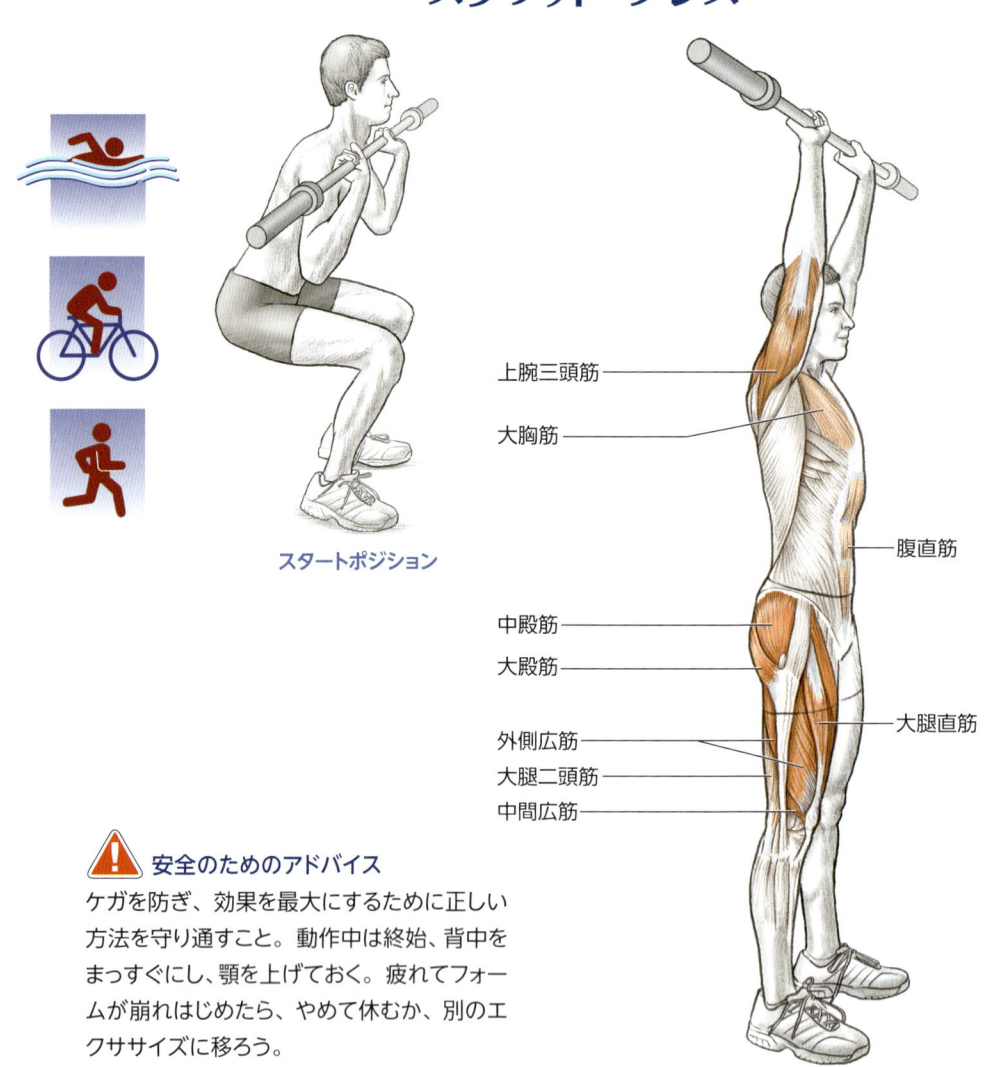

スタートポジション

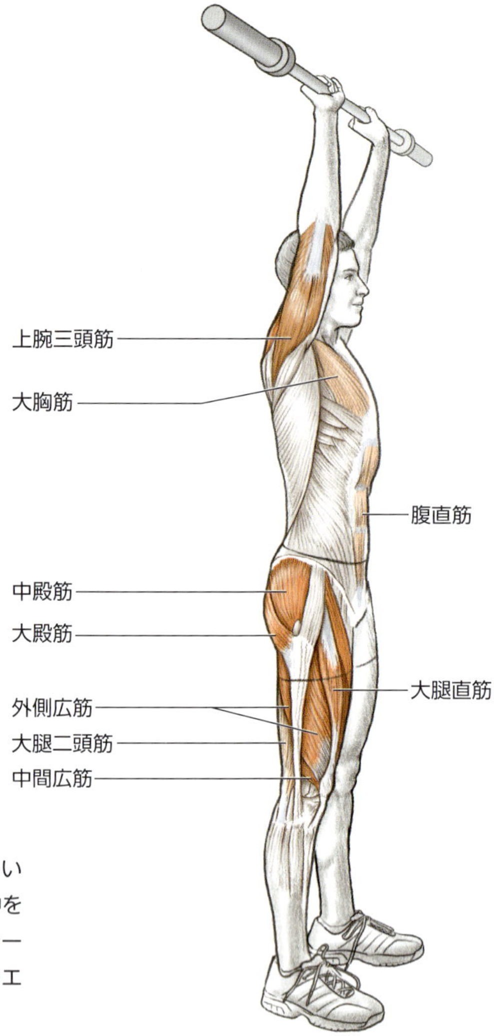

安全のためのアドバイス
ケガを防ぎ、効果を最大にするために正しい方法を守り通すこと。動作中は終始、背中をまっすぐにし、顎を上げておく。疲れてフォームが崩れはじめたら、やめて休むか、別のエクササイズに移ろう。

エクササイズ・ステップ

1. 足を肩幅に離して直立する。手のひらを裏返してバーベルを持ち、上胸部に構える。
2. 膝を曲げてスクワットの姿勢になる。大腿四頭筋の上部が床とほぼ平行になること。
3. 膝を伸ばして立ち上がる。そこから、バーベルを頭上に押し上げ、コントロールしながら下げる。
4. スクワットの姿勢に戻る。所定の回数繰り返す。

動員される筋肉

主動筋：大腿四頭筋（大腿直筋、外側広筋、内側広筋、中間広筋）、大殿筋、小殿筋、中殿筋、三角筋前部、上腕三頭筋

補助筋：股関節の内転筋、ハムストリング（大腿二頭筋、半腱様筋、半膜様筋）、脊柱起立筋、僧帽筋、腹直筋、大胸筋上部

トライアスロンのここに効く

この全身エクササイズは、スクワットの効果にショルダー・プレスの効果を組み合わせたものであり、要求水準が高いが、結果を出せるトレーニングになる。マルチスポーツアスリートにとって、脚や肩が強くなれば、あらゆるレベルでスイム、バイク、ランのパフォーマンスが向上するという効果がある。さらに、2つの主要な筋群をターゲットにしたエクササイズの組み合わせは、時間対効果と効率の点ですぐれており、コーディネーションも改善する。

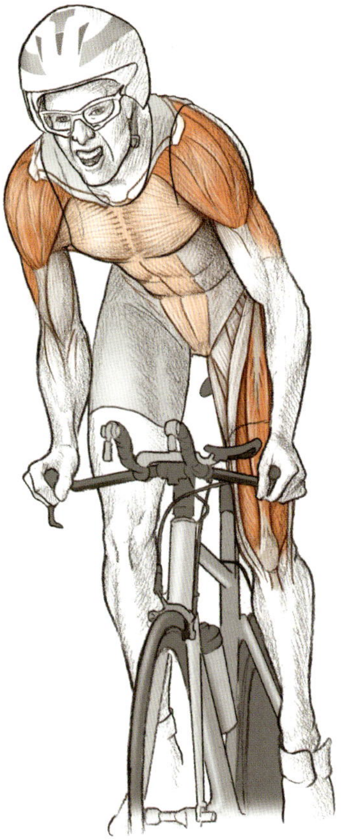

Floor Wiper
フロア・ワイパー

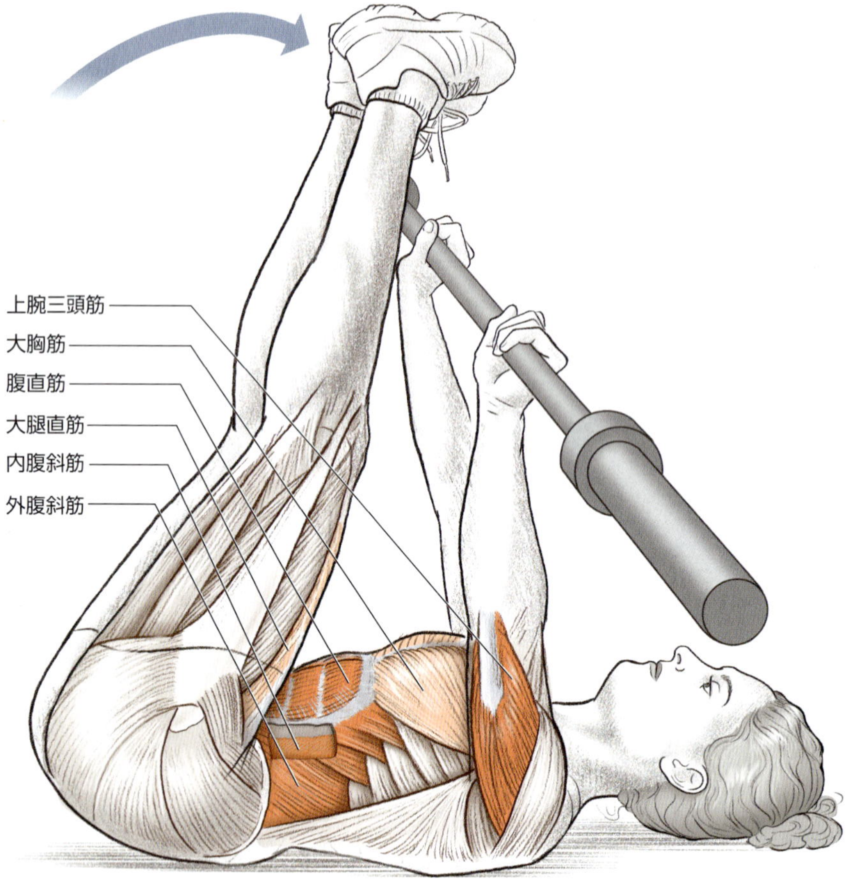

エクササイズ・ステップ

1. 床に仰向けに寝る。
2. 腕を完全に伸ばしてバーベルを胸の上で持つ。
3. 脚を持ち上げ、膝をやや曲げる必要があるかもしれないが、できるだけまっすぐ伸ばしておく。
4. 上半身は動かさずに、脚をバーベルの片端まで下げ、次にもう一方の端までワイパーのように動かす。
5. 所定の回数繰り返す。

動員される筋肉

主動筋：腹直筋、外腹斜筋、内腹斜筋、上腕三頭筋

補助筋：恥骨筋、縫工筋、腸腰筋、大腿直筋、大胸筋

トライアスロンのここに効く

フロア・ワイパーは、難易度が高いが、コアの筋群を鍛えるのに絶好のエクササイズだ。トライアスリートにとっての効果は、しっかりと回旋する能力が向上することである。これが特に有益なのは、協調のとれた体の回旋がきわめて重要な自由形泳のとき、そしてバイクでの激しい登坂や全力疾走のときだ。これは、鍛えぬいたアスリートであっても力を試されるが、それだけにコアのフィットネスを次のレベルまで発達させるエクササイズと言える。

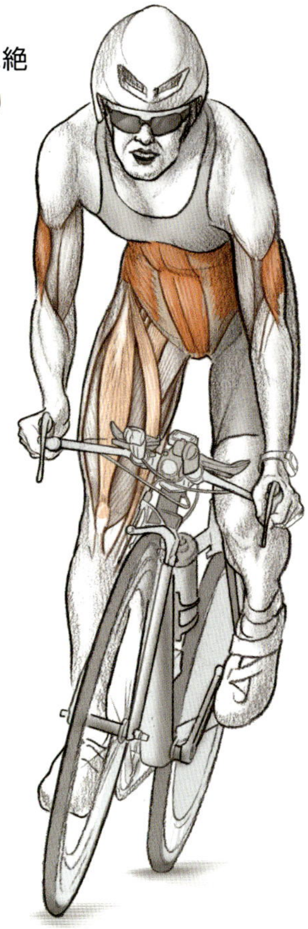

Weighted Swing
ウェイト・スイング

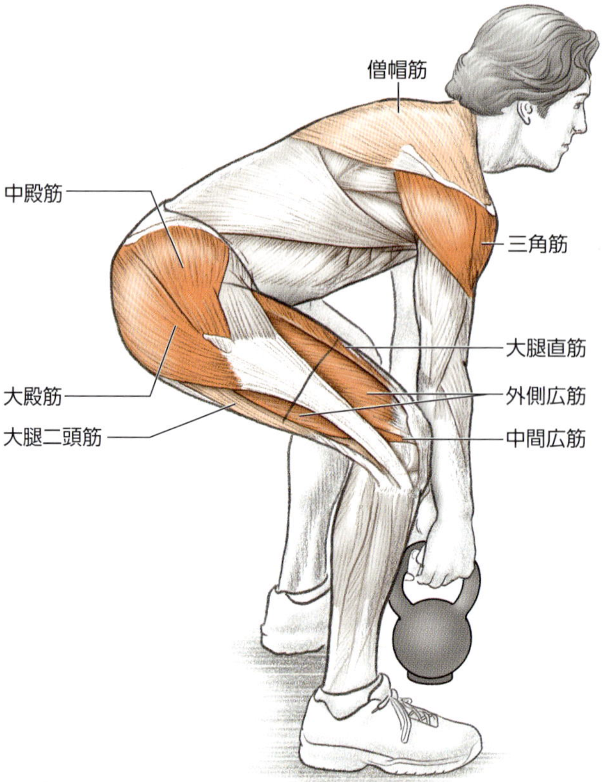

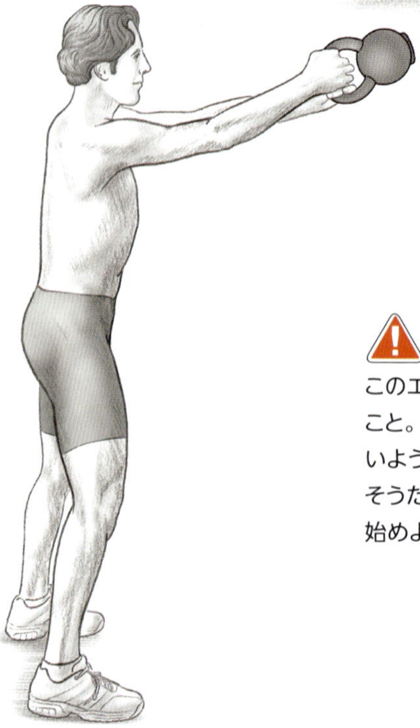

フィニッシュポジション

安全のためのアドバイス

このエクササイズは、正しい方法で慎重に行うこと。背中を過伸展させないように（反らさないように）特に注意する。どのエクササイズもそうだが、必ず十分にウォームアップしてから始めよう。

エクササイズ・ステップ

1. 適切な重さのケトルベル（もしくはメディシンボール、ダンベル、ウェイトプレートのいずれか）を脚の間に置く。足を肩幅よりやや広く離して立つ。
2. 背中を平らにして前かがみになり、両手でケトルベルを握る。
3. 脚とコアの筋肉を使って力強く直立しながら、ケトルベルを床から持ち上げる。
4. 急激に直立する勢いを利用して、腕をまっすぐ伸ばしたまま、ケトルベルを目の高さまで上げる。
5. ケトルベルをスタートポジションに戻し、再び膝を曲げる。所定の回数繰り返す。

動員される筋肉

主動筋：大腿四頭筋（大腿直筋、外側広筋、内側広筋、中間広筋）、大殿筋、小殿筋、中殿筋、三角筋、脊柱起立筋、腹直筋

補助筋：股関節の内転筋、僧帽筋、ハムストリング（大腿二頭筋、半腱様筋、半膜様筋）、前腕、大胸筋

トライアスロンのここに効く

これもまた多数の筋群がターゲットになる全身エクササイズである。ウェイト・スイングは、瞬発力と全体コーディネーションの発達を促す。これが特に役立つのは、トライアスリートが集団で泳ぐオープンウォータースイムのスタートで果敢にレースを開始したり、精力的に坂を攻略したり、フィニッシュラインまでラストスパートをかけたりしなければならないときだ。たとえば、スイムのビーチスタートでは、ハイステップ（脚を高く上げて進む）とドルフィンダイブで波に飛び込むことが要求されるが、そのためには、このようなエクササイズで筋力とコーディネーションを鍛錬しておかなければならない。

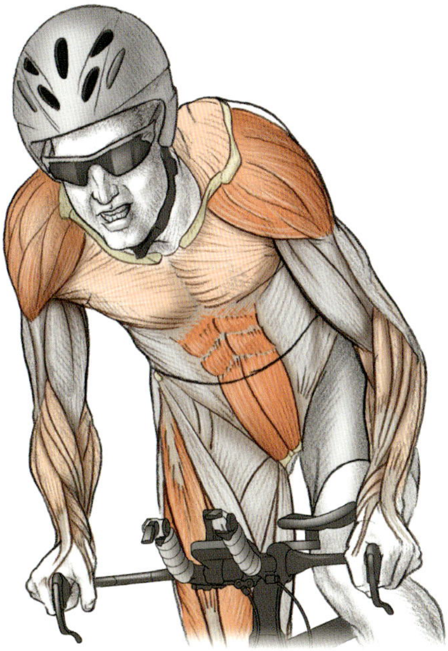

CHAPTER 11

ケガ予防

トレーニングプログラムについて語るなら、その功罪両面の考察を抜きにしては終われない。前章まで述べてきたプラス面のすべてに、強く、速くなろうとすることにつきもののリスクもまたある。体は、運動負荷（ストレス）に次のようにして反応するしくみになっている。

- 好気性（有酸素）代謝と嫌気性（無酸素）代謝を持続する細胞のメカニズムを増進する。
- 酸素と栄養を組織に供給する心肺系を改善する。
- 筋細胞のサイズと強さを増大する。
- 運動負荷を支える腱、靭帯、骨の組織を強化する。

問題は、この進歩が中断されるときがくる可能性があり、それが傷害（ケガ）を引き起こすかもしれないということだ。この出来事は、肉眼では見えないレベルの、場合によっては肉眼で見えるレベルの裂傷という形で組織が損傷することから始まる。そして、損傷した血管からの局所的な出血、治癒を促進する細胞の動員など、連続的な作用が起こる。このプロセスは、完了するまでに4-6週間程かかる。組織によっては、最初の損傷の大きさや治療の迅速さなど、さまざまな要因に応じてもっと長くかかるかもしれない。慢性化すれば、回復にはさらに時間がかかるだろう。

傷害の種類

まず、外傷で受傷する場合がある。外傷は、正常な組織に大きな外力（バイクから転落するなど）がかかることと定義される。多少は直感的にわかるものの、結果の重症度はさまざまである。軟組織の損傷による単純な打撲なら、局所的な出血と腫れで済むかもしれない。もっと大きな力なら、骨折することもある。、鎖骨骨折のように、骨折には見てわかる変形が伴うこともよくある。

トライアスロンは、複数のスポーツ種目をトレーニングするという点でいくぶん独特である。直立姿勢でバイクに乗るだけなら、外傷はめったに起こらない。しかし、持久系スポーツの性質ゆえに、そして組織に繰り返しかかるストレスゆえに、トライアスリートの場合は単一のスポーツをする人よりも使いすぎによるケガが頻発する。

使いすぎによるケガは、大きくはない外力による組織（筋肉、腱、靭帯、さらに骨まで）の損傷と定義できる。比較的強い金属であるハンガーを例に考えてみよう。それを手にして、ごく弱い力で何度も曲げると、しまいには折れてしまうだろう。全タンパク質の30％を占めるコラーゲンは、このタイプの組織損傷に対して脆弱である。ロープを力いっぱい引っ張ると、やがて繊維の一部がちぎれてしまう。もっと時間をかけて力いっぱい引っ張れば、ロープ全体がちぎれてしまうかもしれない。人間の組織はすべて、こうした損傷を常に防御し、修復しようとする細胞のメカニズムを備えている。トレーニングは、強く、速くなるプロセスと組織の構造的な故障を修復するプロセスのせめぎあいとも言える。時にこれは薄氷を踏むような危険なものとなる。トレーニングの遅れを取り戻そうとするとか、今週は普段より多く走ろうとか、腕が疲れているのにパドルをつけて泳ごうとするとか、限界を超えてトレーニングをがんばろうとすると、ケガのリスクは大きくなる。私たちに道を誤らせる事例はほかにも多々ある。誰もが通る道であり、誰もがしてきたことだ。単一のスポーツと比べてトライアスロンのトレーニングの有利な点は、毎日ターゲットになる体の部位が異なるから、損傷のリスクがあるかもしれない部位を休ませて、癒せることだ。

傷害の予防と認識

根っからのトライアスリートがそもそも苦手なもの、休養は、治癒プロセスのなくてはならない一部である。休養は、1日、あるいは何週かトレーニングを休むか、トレーニングの強度や量を減らして、体に自らを癒し、強くなる時間を与えることだ。ストレッチや特定の筋力トレーニングなど、治癒を助ける予防法は、見落とされがちだが、トライアスロンのトレーニングの必須要素だ。

ケガは天災ではない。アスリートが、体が故障する時点に達してしまったということなのだ—もうこれ以上は前向きに損傷に反応し、損傷を癒せないと体が訴えるところまで。修復能力の限界を超えると、体はケガの徴候と症状を示しはじめる。典型的な症状の1つは痛みである。トレーニング中に痛みを感じることは誰しもある。その痛みを押してトレーニングを続行するのが悪いのはどんな場合だろう？　痛みは、体に対するダメージと関連していることの多い不快感と定義できる。では、「痛みは体から去りゆく弱さにすぎない」とか「痛みなくして得るものなし」という格言はどうだろう？　こうした格言は、言うだけなら害もないが、実践すれば慢性障害への道をたどることになりかねない。

何か痛みがあったら、ケガの初期症状かもしれない。運動すると痛みはじめるが、ウォームアップすれば痛みが去るなら、許容範囲の症状として、適切な修正を加えればトレーニングを続行してもよいだろう。しかし、運動中ずっと痛みがつづくなら、何かが正しくないという明確な警告であるはずであり、運動を中断すべきだ。運動後もつづき、応急処置の基本であるRICE（R：安静、Ice：冷却、Compression：圧迫、Elevation：挙上）に反応せず、日常生活動作など、ほかの機能にも支障が出る痛みなら、治療が必要であり、場合によっては、スポーツ医学専門医の診察を受けたほうがよい。

何かがおかしいとき、それを認識する能力は、傷害治療の第1ステップである。熟達と経験がそれを容易にする。資格のあるコーチやトレーナーに相談して、自分に合ったトレーニングを組み立てるのも一方法だ。入念に構成されたトレーニング計画なら、ケガの可能性を最小限に抑えられるからだ。トレーニング記録をつけることも大切だ。そうすれば、振り返って、具体的に何がケガの原因だったかわかる。

使いすぎによるケガは、特に認識するのが難しい。たいてい、これといって原因はない。ある期間にわたって痛みがだんだん悪化していくのだ。こうした損傷の多くは、出血、腫れ、圧痛など急性傷害の徴候はない。スイム、バイク、ランをしようとすると、違和感や痛みが生じるにすぎない。

治療

傷害の治療は、シンプルな原則「原因も結果も治す」が基本である。トレーニング計画の誤りは修正可能だ。スイムのストローク技巧が下手、バイクのフィッティングが悪い、シューズがすり切れている、など装備やテクニックの問題も考えるべきだ。栄養の問題もケガの予防と治療に一役買う。タンパク質や炭水化物が足りない食事では、激しい運動中に体が必要とする栄養を満たせない。これは、女性アスリートの三主徴、摂食障害、適正体重以下の体重、ホルモン調節の乱れによる生理不順に表れる。これらは、疲労骨折などストレス関連の骨の損傷につながる恐れがある。

RICEは、どんな傷害の基本治療にも適用できる。もし安静（R：Rest）という言葉が気に入らなければ、痛みの生じない代替運動（クロストレーニング）を行う「相対的な休養」を試してはどうだろう。

どんなタイプの急性傷害でも受傷後36-48時間は冷却（I：Ice）する。その後は、疼痛管理に冷却がたいへん効果的なことがある。2、3時間ごとに10-15分患部に氷を当てる。軽い布を当てて皮膚を保護し、低温やけどなど、冷却の合併症を防ぐ。受傷後48時間を過ぎ、患部が硬直していたら温めてもよい。適用原則は冷却と同様である。冷却と加温を交互にすることを支持する科学的文献はない。したがって、それはおすすめできない。

圧迫(C：Compression)は腫れを抑える効果がある。緊急時には、圧迫すると出血が抑えられ、したがって腫れも抑えられる。無理のない範囲で患部を伸縮包帯でくるむのも、我慢できるかぎりは効果を期待できる。

挙上(E：Elevation)は四肢の傷害に有効である。これも腫れを抑えることが目的である。必ず患部を心臓より高くして、腫れがひくようにする。

傷害の予防と治療のためのストレッチ

ケガ予防のためには、休養期間とトレーニング前・中・後の栄養摂取指導を含めた入念に構成されたトレーニング計画が必要である。パズルの大切なもう1ピースは、ストレッチプログラムである。運動は組織に大きなストレスをかける。そして、それが硬直(凝り)につながる。硬直すれば、関節周辺の動きが低下したり、生態力学上の変化の原因になったりして、やがてはケガにまで至る可能性がある。

成果の出せるトレーニングプログラムにしたいなら、ストレッチを組み込むべきだ。ストレッチはトレーニングの前にも後にも行える。軽い有酸素運動をする5-10分の短いウォームアップなら、その前にストレッチを行えばケガ予防になるだろう。トレーニング後なら、筋肉はおそらくもっとストレッチを受け入れやすい。不思議なことに、ストレッチの持続時間や正確な効能については科学的証拠が欠けている。しかし、専門家もアスリートも一様にこう信じている—気持ちいいなら、たぶん体にもいい。

動的ストレッチ

動的ストレッチは、アスリートの間で普及しているストレッチ形態であり、トレーニング前に行うことが推奨されている。運動後やクールダウンの一部として行われることが多い静的ストレッチ（伸ばして保持する)とは異なり、動的ストレッチは、静的ストレッチの可動域は超えない、無理のない可動域で、反動をつけずに移動しながら動的な運動パターンを繰り返す。その範囲を超えると、バリスティックストレッチ(反動をつけて筋肉を伸ばす)と見なされ、おすすめできない。動的ストレッチには多くのメリットがある。たとえば、可動域の拡大、体温の上昇、トレーニングでターゲットになる部位への血流と酸素流の増加、トレーニングの準備における神経系と運動能力の強化、トレーニング中のケガ予防などだ。

動的ストレッチを行うのは簡単だが、注意を要する。はじめは可動域を小さくすること。ウォームアップするにつれて、最大レベルまで可動域を増やしていく。ウォーキング・ランジとカリオカは、トライアスリートとランナーにおなじみの動的ストレッチの例である。ウォーキング・ランジの場合、足を肩幅に離して立ち、片足を踏み出してランジの姿勢になる。体重を前の足で支えて、再び直立し、反対側の足で前に踏み出す。このウォーキング・ランジを左右10ステップずつ繰り返す。カリオカは、すぐれた動的ストレッチであり、横運動する股関節部(殿部側面)などの部位がターゲットになる。足を肩幅に離して立ち、膝をやや曲げる。左足を右足の前で交差させる。右足を1歩横に送り、左足を右足の後ろで交差させて、軽く腰をツイストする。1方向に10-15m移動したら、反対側に移動する。

トレーニングの準備に動的ストレッチを組み込めば、ケガのリスクが減り、よりトレーニング効果が上がるだろう。

基本ストレッチ

次に紹介する基本ストレッチは、特にトライアスロンのトレーニングで使われる筋肉を対象にしたものだ。トライアスロンにつきものの使いすぎによるケガの予防に不可欠なものと思ってもらいたい。心地よいストレッチを感じるまで静かに動かすのが基本的な方法である。そして、その姿勢を15-30秒保ち、2、3回繰り返す。はずみをつけると(かつてはバリスティックストレッチと呼ばれた)弊害もあり、おすすめできない。

こうしたソフトなストレッチの時間をもつようにしよう。気持ちいいうえに、可動域を改善し、ケガの回復を助けてくれる。

Side Neck Stretch
側頸部のストレッチ

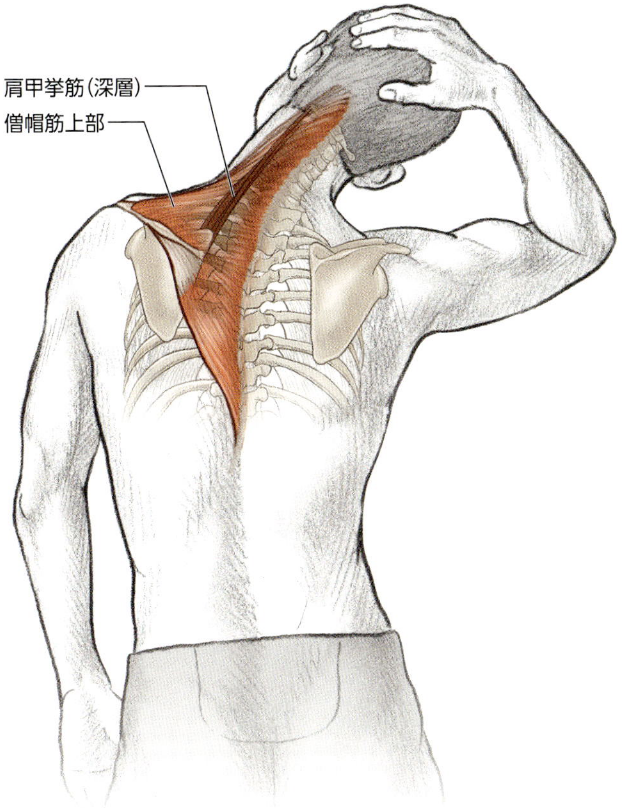

エクササイズ・ステップ

1. まっすぐ座るか立つ。片手を反対側の耳付近、側頭部に当てる。
2. 静かに手を横に引く。前を見たまま、頭に当てた手と反対側の側頸部がストレッチされるのを感じる。
3. 同側の肩を軽く下げて、ストレッチを強める。
4. この姿勢を15-30秒保つ。左右3回ずつ繰り返す。

動員される筋肉

主動筋：僧帽筋上部

補助筋：斜角筋、肩甲挙筋

トライアスロンのここに効く

トライアスリートの頭の位置は、種目によって絶えず変化する。首の十分な柔軟性はどうしても必要だ。オープンウォーターの自由形泳では、ブイを見ながら泳ぐ能力が要求される。頻繁に見上げる姿勢をとらなければならないし、呼吸パターンを左右に切り替えなければならない。空気抵抗の少ない前傾姿勢でバイクに乗ると、首後面に沿って疲労や緊張が生じる。ランでも、頭や背中のニュートラルポジションを維持し、持てる力を最大に発揮するには首の筋力と柔軟性が必須である。

Arm on Wall Forward Stretch

壁面を使った腕の前方ストレッチ

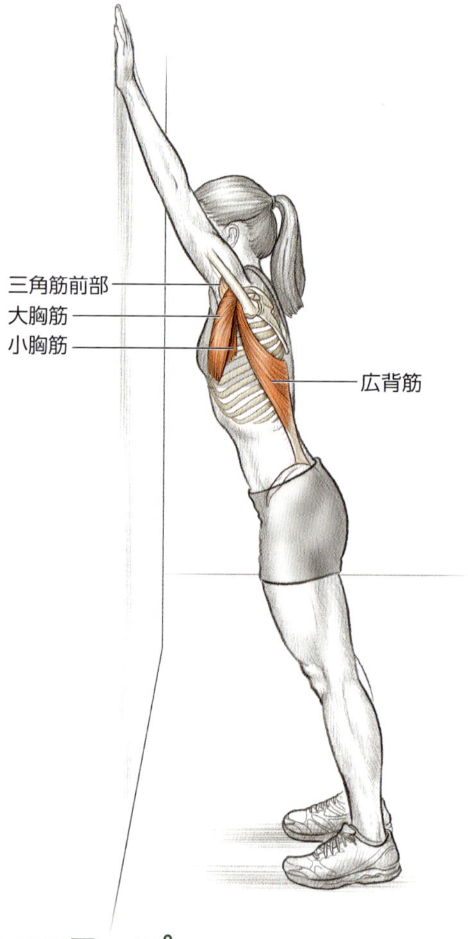

エクササイズ・ステップ

1. 壁から0.3-0.6m離れ、壁に向かって立つ。
2. 片手を壁に当て、胸と上腕がストレッチされるのを感じるまで指を上に走らせていく。
3. 前傾してストレッチを強めてもよい。
4. この姿勢を15-30秒保つ。左右3回ずつ繰り返す。

動員される筋肉

主動筋：大胸筋、小胸筋、広背筋

補助筋：三角筋前部

トライアスロンのここに効く

オープンウォーターの自由形泳では、長く、安定したストロークでDPS（ひとかきで進む距離）と効率を最大化しなければならない。胸と上背部の柔軟性トレーニングは、トライアスリートのリーチを長くし、体のローテーション（左右の重心の切り替え）とグライド（水をかく前の手の伸び）を改善する効果がある。

Triceps Stretch
上腕三頭筋のストレッチ

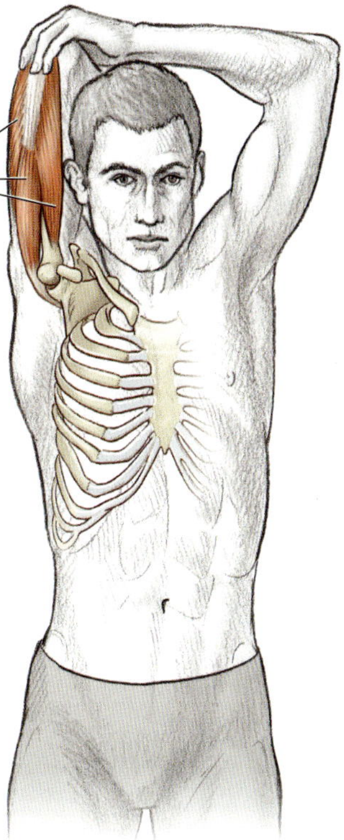

エクササイズ・ステップ

1. 立った姿勢で、片手を後ろから反対側の肩に当てる。
2. 肘を天井に向かって曲げ、もう一方の手で肘を頭のほうに引く。
3. この姿勢を15-30秒保つ。左右3回ずつ繰り返す。

動員される筋肉

主動筋：上腕三頭筋

トライアスロンのここに効く

オープンウォーターの自由形泳では、ストロークの重要な推進段階で上腕三頭筋を使う。バイクでも、サドルから腰を浮かして激しく坂を上るときに三頭筋を広範囲に使わなければならない。

Chest Stretch

胸のストレッチ

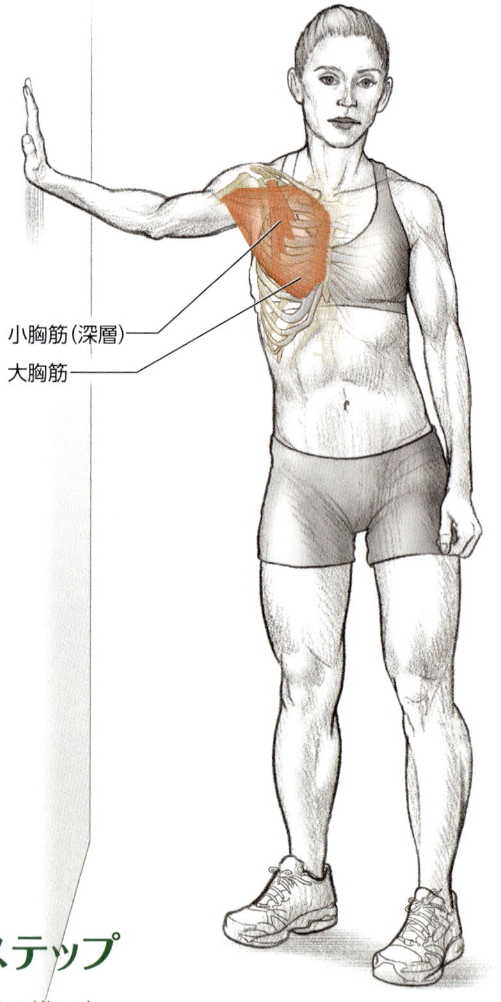

エクササイズ・ステップ

1. ドアに立つか、壁の横に立つ。
2. ストレッチする側の手をドアの側柱か壁に当てる。
3. 手とは反対に体を回旋させ、肩前面がストレッチされるのを感じる。
4. この姿勢を15-30秒保つ。左右3回ずつ繰り返す。

動員される筋肉

主動筋：大胸筋

補助筋：小胸筋

トライアスロンのここに効く

胸のストレッチは、トライアスロンの各種目に効果がある。スイムでは、腕の伸展がよくなり、ストロークごとに長く伸びたストリームライン（流線型）をつくれるようになる。バイクでは、ドロップハンドルやベースバーを握りながら、サドルから腰を浮かして乗る技量が向上する。ランでは、急な坂を攻めるとき腕を振って疾走できるようになる。

Standing Hamstring Stretch
立って行うハムストリングのストレッチ

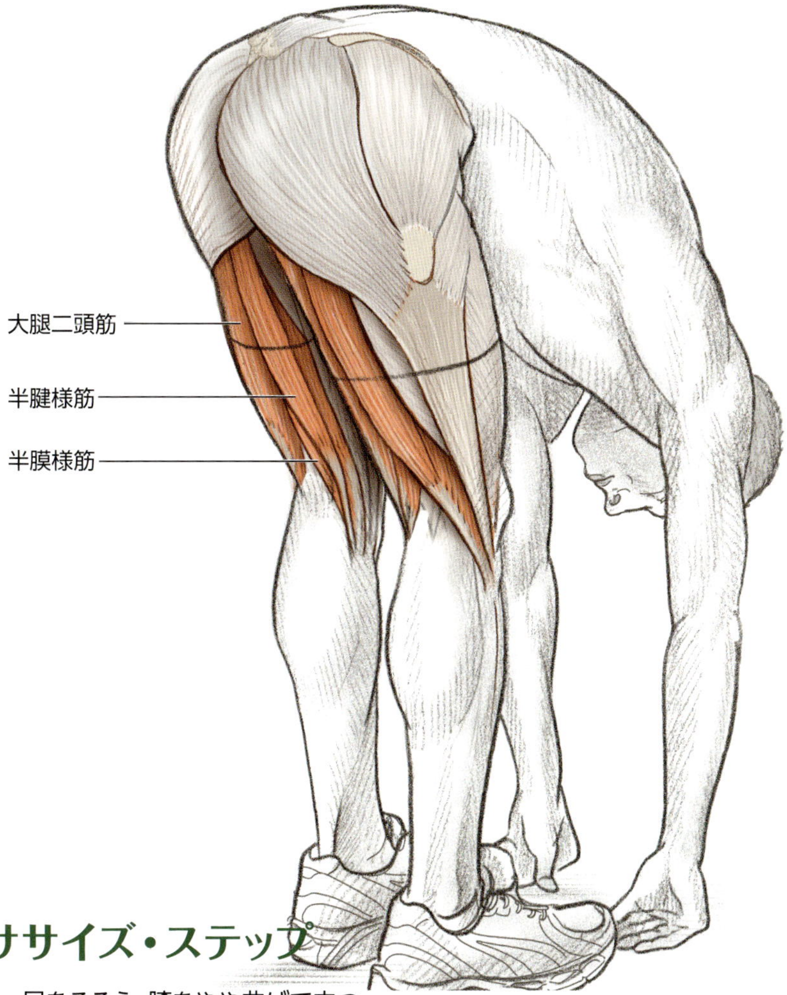

エクササイズ・ステップ

1. 足をそろえ、膝をやや曲げて立つ。
2. 首から下背部（腰）までゆっくり前に丸める。両手で上半身を支える。
3. 大腿後面と下背部が軽くストレッチされるのを感じるまで上半身を下げていく。手は床に放す。
4. この姿勢を15-30秒保つ。3回繰り返す。

動員される筋肉

主動筋：ハムストリング（大腿二頭筋、半腱様筋、半膜様筋）

補助筋：下背部の筋肉、傍脊柱筋

トライアスロンのここに効く

トライアスリートにとって、ハムストリングの柔軟性は必須条件だ。バイクで空気抵抗の少ない姿勢をとるには柔軟なハムストリングが必要である。ランでは、ハムストリングの柔軟性が増せば可動域が広くなることがわかるだろう。特にフィニッシュラインまでラストスパートをかけるときにそれを実感するはずだ。

Adductor Stretch
内転筋のストレッチ

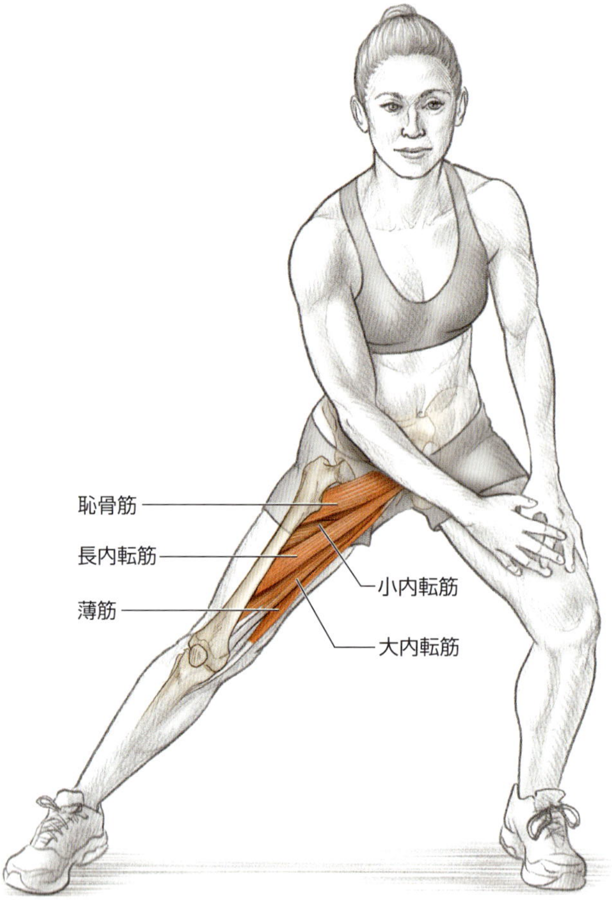

エクササイズ・ステップ

1. 足を肩幅よりやや広く離して立つ。
2. 右脚をまっすぐ伸ばしたまま、左膝を曲げる。手を支えにして、体を左に傾ける。
3. 右の内腿がストレッチされるのを感じる
4. この姿勢を15-30秒保つ。左右3回ずつ繰り返す。

動員される筋肉

主動筋：長内転筋、大内転筋、小内転筋、薄筋、恥骨筋

トライアスロンのここに効く

内転筋の柔軟性が増せば、バイクやランのフォームが改善されるし、ケガの可能性も小さくなる。トレイルランニング（野山を走ること）を含むオフロードのトライアスロンなら、この部位にいっそうストレスがかかるのは間違いない。

Hip Rotation Stretch
股関節の回旋ストレッチ

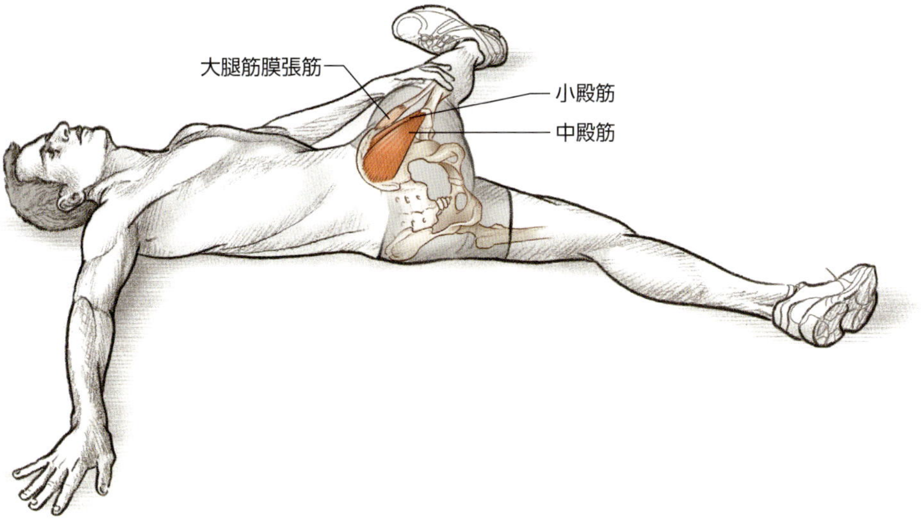

エクササイズ・ステップ

1. 脚を伸ばして仰向けに寝る。
2. 右脚を左脚のほうに倒す。脚は伸ばしておくか、少しだけ曲げる。
3. 左手で右膝を体の反対側に引っ張る。
4. 殿部と股関節の後ろがストレッチされるのを感じる。
5. この姿勢を15-30秒保つ。左右3回ずつ繰り返す。

動員される筋肉

主動筋：中殿筋、小殿筋

補助筋：大腿筋膜張筋

トライアスロンのここに効く

オープンウォータースイミング、トランジション、積極的なランでは、ひねる、回転するという動作に関連した下半身の問題がいろいろ生じる。トライアスリートにとって、股関節部の柔軟性を高めることは、その予防になる。

セラピューティック（治療的）ストレッチ

トライアスロンでは使いすぎによるケガがいろいろ生じるが、次に紹介する治療的ストレッチは、その症状を手当てすることを意図している。心地よいストレッチを感じるまで静かに動かすのが基本的な方法である。そして、その姿勢を15-30秒保ち、2、3回繰り返す。はずみをつけると（かつてはバリスティックストレッチと呼ばれた）弊害もあり、おすすめできない。ストレッチ中に痛みや不快感があったら、そっと戻して圧力を減らす。引っ張られている感覚は適切だが、それは痛みとは区別しなければならない。もし痛みが持続し、ストレッチすると不快感があるなら、専門家に相談したほうがよい。

Cross-Body Arm Stretch
腕を体に交差させるストレッチ

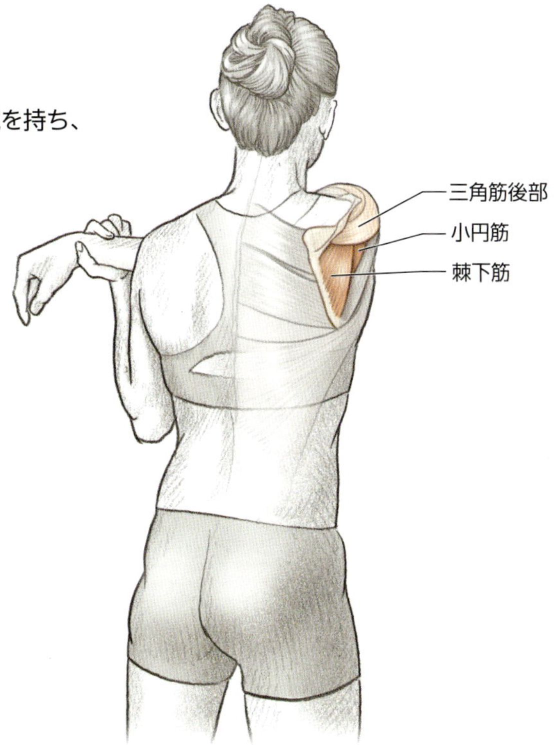

エクササイズ・ステップ

1. 立つか、座った姿勢で、患側の腕を持ち、水平に胸に回す。
2. もう一方の手を肘に当て、体の反対側へのストレッチを軽く補助する。
3. 肩の後面が引っ張られる感覚を感じる。
4. この姿勢を15-30秒保つ。左右3回ずつ繰り返す。

動員される筋肉

主動筋：棘下筋、小円筋

補助筋：三角筋後部、上腕三頭筋、関節包後部

トライアスロンのここに効く

第5章で説明した回旋筋腱板（ローテーターカフ）は、肩の運動をコントロールする。スイムなど、腕を頭上で動かすスポーツでは、回旋筋腱板の腱や隣接する組織（滑液包など）に使いすぎによるケガや肉眼では見えない微細な損傷を起こすことがある。原因としては、手がエントリー（入水）するとき腕が正中線を越えてしまうなど、スイムのテクニック上の問題、普段よりきついスイムのトレーニングなどが考えられる。回旋筋腱板が協調して機能しなければ、滑液包が炎症を起こす恐れがある。このストレッチは、肩関節の硬直と痛みを軽減する。関節包と回旋筋腱板の腱のストレッチに回旋筋腱板の筋力トレーニング（第5章の内旋・外旋エクササイズなど）を組み合わせるのも、痛みの緩和と機能向上を助ける。肩の筋肉がアンバランスで姿勢が悪いことが、傷害の素因になったり、症状を悪化させたりする場合もある。姿勢を改善し、肩の生体力学を良好に保つエクササイズ、たとえば、肩後面や背中の筋肉を強化するエクササイズは、インピンジメント（衝突）症候群の予防として有効だ。第5章のシングルアーム・ダンベル・ロウと第8章のラット・プルダウンを参照のこと。

Quadriceps Stretch
大腿四頭筋のストレッチ

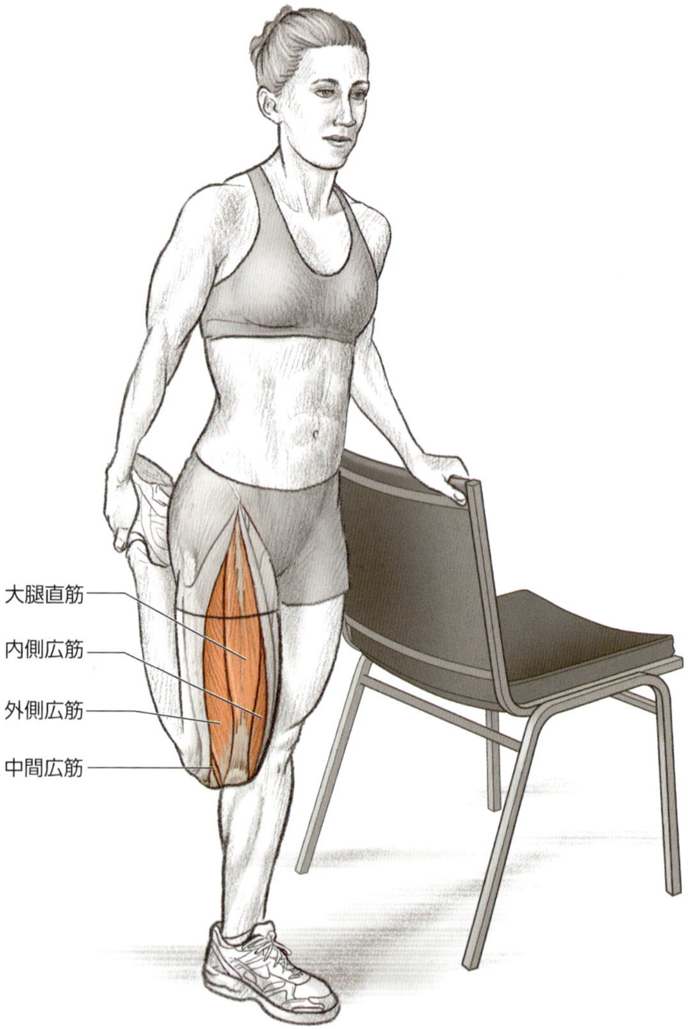

エクササイズ・ステップ

1. 壁や安定した家具を支えにし、右脚を曲げて足首をつかむ。これが難しい場合、足首にタオルを巻きつける。膝は閉じておく。腰を反らさないこと。
2. 静かに踵を殿部に近づける。股関節を前に押してストレッチを強める。大腿前面の筋肉（四頭筋）がストレッチされるのを感じる。
3. ストレッチを15-30秒保つ。脚を替えて繰り返す。

動員される筋肉

主動筋： 大腿四頭筋（大腿直筋、内側広筋、外側広筋、中間広筋）

トライアスロンのここに効く

ランとバイクでは、下肢の関節、特に膝関節に大きな力がかかる。このようなスポーツでは、膝蓋骨（膝の皿）と膝蓋骨周囲の組織は体重の約3-5倍の重さにさらされる。体が耐えられる以上の力が組織にかかると、損傷や痛みを引き起こすことがある。特定できる原因は何もないことがよくあるが、肉眼では見えない微細な損傷が繰り返されると、使いすぎによるケガに至る可能性がある。量、強度、時間を増やすなど、トレーニングの変化は１つの要因になる。ランニングシューズがすり切れている、足に合わない、あるいはフットウェアをがらりと変える、というのも、膝にかかるストレスが増える要因になる。膝前部の痛みは、膝関節傷害の症状の１つにすぎないが、よくランナー膝と呼ばれる。これは拡散痛と膝蓋骨の下が痛むという特徴をもつ傾向がある。階段歩行、膝を曲げて座る（たとえば、映画館で長時間座る）といった日常生活動作でも似たような症状が出ることがある。

大腿四頭筋と膝周辺の組織は、硬く、短縮した状態になりやすい。四頭筋のストレッチは、柔軟性を回復し、膝の症状を改善する。コアの安定にすぐれ、下肢が強ければ、筋肉のアンバランスに対処しやすくなる。筋肉がアンバランスだと、生体力学的な変化が起こり、その結果、ランナー膝という症状を発症することになる。第８章のフロア・ブリッジや第９章のバランスボール・ウォール・スクワットなどの筋力トレーニングは、リハビリテーションのプロセスに欠かせない。

Single Leg to Chest Stretch
片脚を胸に引き寄せるストレッチ

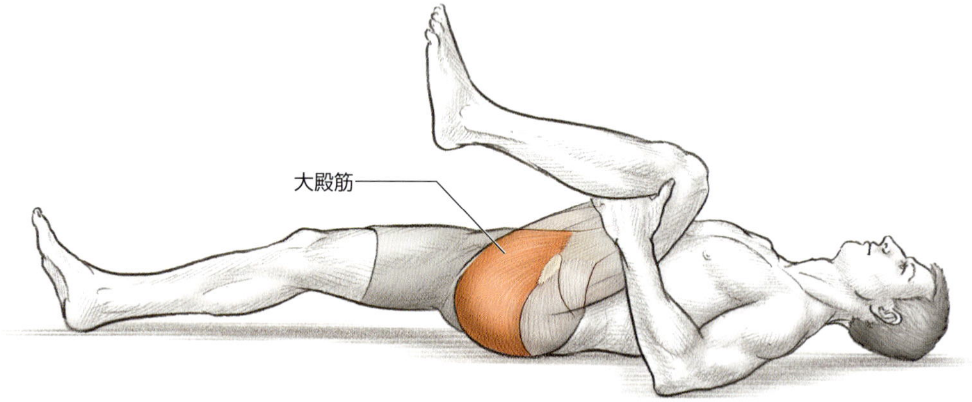

エクササイズ・ステップ

1. 仰向けに寝る。
2. 左脚の後ろに両手を当て、下背部（腰）と殿部に心地よいストレッチを感じるまで左膝を静かに胸に引き寄せる。
3. この姿勢を15-30秒保つ。左右3回ずつ繰り返す。

動員される筋肉

主動筋：大殿筋

補助筋：脊柱起立筋

トライアスロンのここに効く

下背部（腰）の筋肉の損傷は、スポーツをする人にも、しない人にもよくあることだ。極端に前傾したエアロポジションなどバイクのフィッティングが悪いとか、基本的なランニングでさえも、下背部の筋肉や腱、靭帯を痛めることがある。機械的な下背部痛は、神経刺激が原因の神経根痛や神経痛とは異なる。最も頻発する神経刺激は、椎間板ヘルニアに起因するものである。局所的な背部痛と硬直は、機械的な筋ストレイン（筋挫傷、捻挫や肉離れの総称）の二大症状だ。脚の痛み、しびれ、脱力、刺痛感なら、椎間板ヘルニアの徴候の可能性がある。脊柱起立筋、多裂筋、ハムストリングなど、下背部と脚の筋肉は硬くなることがある。下背部のソフトなストレッチは、柔軟性を高め、症状を緩和する効果がある。

Piriformis Stretch
梨状筋のストレッチ

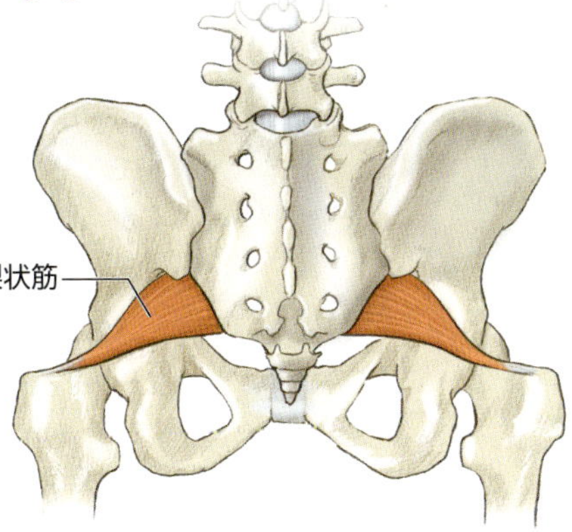

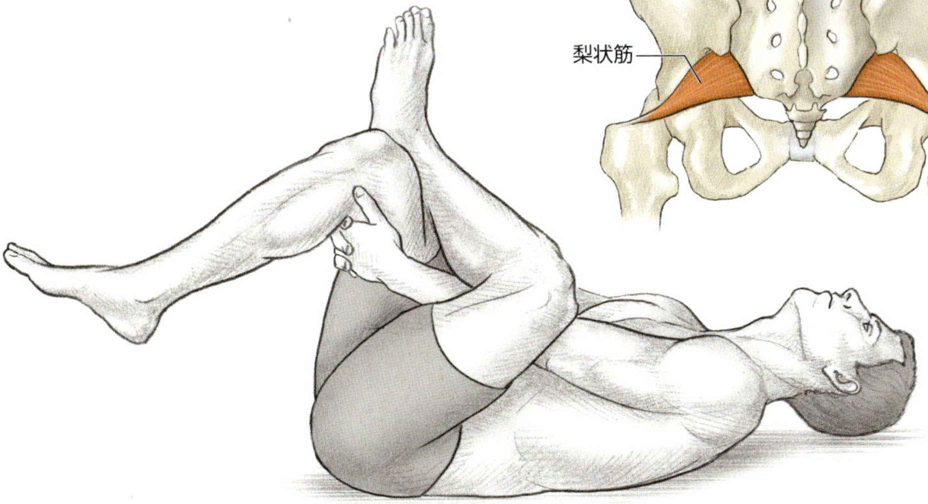

エクササイズ・ステップ

1. 仰向けに寝て、左足首を右大腿に交差させる。
2. 両手で右大腿を引き上げながら、右股関節を曲げる。左殿部にストレッチを感じる。
3. できれば、左の手か肘で左膝を外側に押してストレッチを強める。
4. ストレッチを15-30秒保ち、脚を替えて繰り返す。

動員される筋肉

主動筋：梨状筋

トライアスロンのここに効く

梨状筋は、ランニング中にかなりのストレスにさらされる。前進運動の反復により、発達しすぎた股関節の屈筋と比較的弱い股関節の外転筋と内転筋という筋肉のアンバランスを来たすことがある。こうなると梨状筋が短縮し、脚を下行する坐骨神経や大きな神経根群を圧迫する。それらは殿部深層の梨状筋および腱の下を通っているからだ。その圧迫が原因で脚に沿って痛み、刺痛感、しびれが生じる（梨状筋症候群）。殿部痛は、ハムストリングのストレインや坐骨神経痛はじめ、さまざまな状況で生じるとはいえ、梨状筋症候群はつかみどころのない診断になる場合がある。梨状筋の硬直は、サドルに長時間座った後にも起こる。適切なストレッチによるケガの予防と治療には時間をかける価値がある。外転筋と内転筋の筋力トレーニングも治療の一環になる。第9章のマシン・アブダクション（外転）とマシン・アダクション（内転）を参照のこと。

Iliotibial Band Stretch
腸脛靭帯のストレッチ

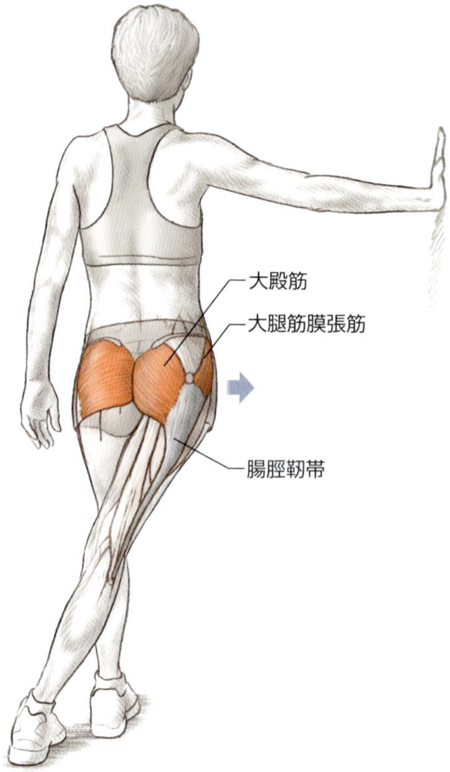

エクササイズ・ステップ

1. 壁の横に立つ。右手を壁に当てて支えにする。
2. 右脚を左脚の後ろに交差させる。
3. 前傾せずに、左右の股関節(殿部側面)を壁のほうに傾ける。
4. この姿勢を15秒保つ。左右3回ずつ繰り返す。

動員される筋肉

主動筋:腸脛靭帯、大腿筋膜張筋、大殿筋

トライアスロンのここに効く

腸脛靭帯摩擦症候群(腸脛靭帯炎)は、走ると膝の外側部に痛みと硬直が起こることを特徴とするスポーツ傷害である。腸脛(IT)靭帯は、股関節と大腿筋膜張筋から起始して、大腿を下行し、膝関節に停止する。腸脛靭帯は、膝の曲げ伸ばしによって股関節(大転子)と膝関節(大腿骨外側上顆)の2点に接触する。各接触点では、滑液包が骨の突出部との摩擦を減らして腸脛靭帯のなめらかな運動を助けている。損傷、炎症、組織の硬直によって摩擦が増えると、炎症とそれにつづく膝の痛みが生じることがある。症状を治療せずに放置すると、運動障害(痛みで膝を伸ばしたまま歩くなど)が起こる可能性がある。腸脛靭帯のストレッチは、どんな予防もしくは治療計画にも必ず採り入れるべきものだ。それに加えて股関節の外転筋やコアの筋力トレーニングを行えば、腸脛靭帯摩擦症候群の発症リスクを抑制できると考えられている。

Tibialis Anterior Stretch

前脛骨筋のストレッチ

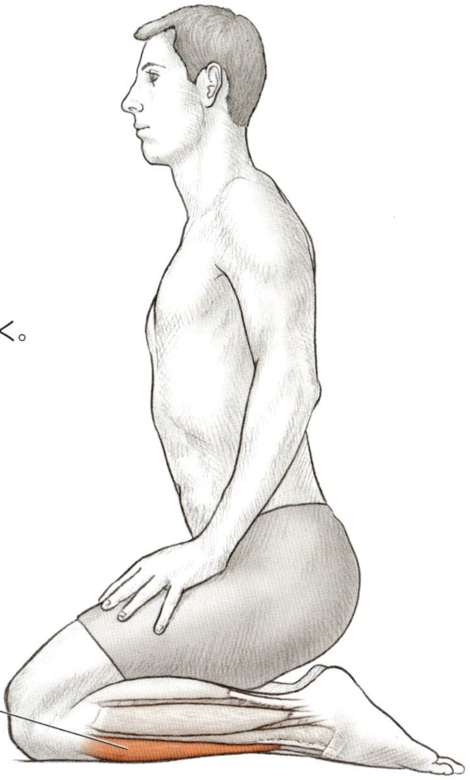

エクササイズ・ステップ

1. 痛くないように柔らかい床面に両膝をつく。
2. つま先をポイントにして足背(足の甲)と下腿が床面につくようにする。
3. 手で上腿を床に向かって押すか、無理がなければ、踵に体重をのせる。
4. この姿勢を15-30秒保つ。3回繰り返す。

動員される筋肉

主動筋：前脛骨筋

トライアスロンのここに効く

走るには足関節（足首）と足の複合運動が要求される。前脛骨筋は、足関節を背屈（フレックスにする）させ、ランナーが脚を前に振り出すときに足が上がる高さを確保する働きをする。ランナーが足を下ろして接地するとき、足は比較的柔軟で、衝撃を吸収したり、地表の変化に適応したりできる。

後脛骨筋および腱は、ふくらはぎの筋肉とともに衝撃を吸収し、歩行サイクルの遊脚期（第9章参照）の準備をする。足関節と足が前に丸まって地面を蹴ると、後脛骨筋が収縮して、その腱が足関節と足を固定し、力を伝え、蹴り出しを可能にする強い基盤をつくる。後脛骨筋は、脛骨体の内側に沿って付着している。その腱は下腿を下行して、足関節の内側を包み、足に停止する。後脛骨筋はランニングには欠くことのできない筋肉だから、筋肉の付着部、骨膜に繰り返しストレスがかかると、断裂や炎症が起こることがある。

ランニングで頻発する前脛骨筋の硬直は、後脛骨筋に異常なストレスをかける可能性がある。そのせいで走りはじめに脛骨の内側に沿って拡散痛が生じることがある。この問題の軽減には、ふくらはぎの筋肉と前脛骨筋の両方をストレッチすることが効果的だ。

Foot Stretch

足のストレッチ

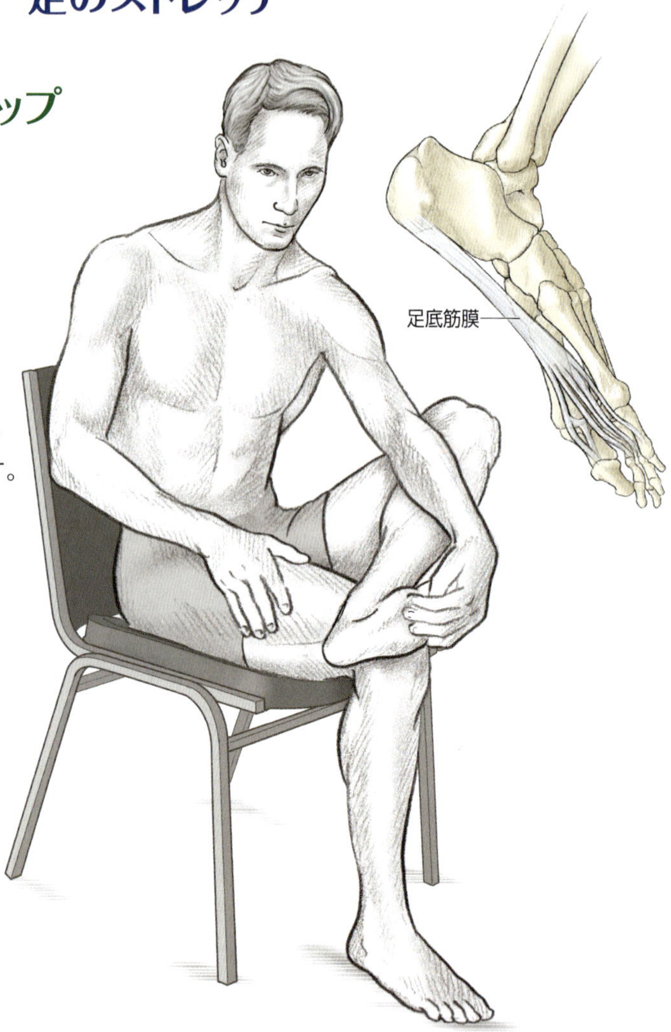

エクササイズ・ステップ

1. 椅子に座る。
   片足を反対側の膝に
   交差させる。
2. 手でつま先を
   静かに引き上げる。
   足首も動いてよい。
3. これを15-30秒保つ。
   左右3回ずつ繰り返す。

動員される筋肉

主動筋：足底筋膜

補助筋：足の内在筋

トライアスロンのここに効く

アスリートにとって、踵の痛みは致命的とも言える。歩く、座るはもちろん、ベッドから出ることさえ困難になるかもしれない。足底から踵まで付着している組織層、足底筋膜に対する肉眼では見えない微細な損傷は、運動障害をもたらす可能性がある。ランニング、すり切れたシューズ、あるいは単に運が悪かったことに起因する衝撃負荷が繰り返されると、足底筋膜の不快な問題が頭をもたげることになる。踵骨棘という誤った呼び方をされているが、この症状を治すには、ていねいなケアをたくさんする必要がある。このストレッチは、症状を軽減し、適切に治療するための数ある方法の１つにすぎない。ほかには冷却、ヒールインサート（靴の踵に入れるクッション）、ナイトスプリント（就寝中につける装具）、理学療法、装具、新しいシューズを買う、投薬などの方法がある。

Calf Stretch
ふくらはぎのストレッチ

エクササイズ・ステップ

1. 壁か安定した家具に向き合う。両手をついて支えにする。
2. 右脚を壁の近くに、左脚を無理のない範囲で0.3-0.6m後ろに置く。
3. 後ろ脚はまっすぐ伸ばして、踵をしっかり床につけておく。左右の股関節が一直線にそろい、壁と向き合っていること。
4. 後ろ脚のふくらはぎが軽く引っ張られるのを感じるまで股関節を壁のほうに静かに傾ける。
5. この姿勢を15-30秒保つ。左右3回ずつ繰り返す。

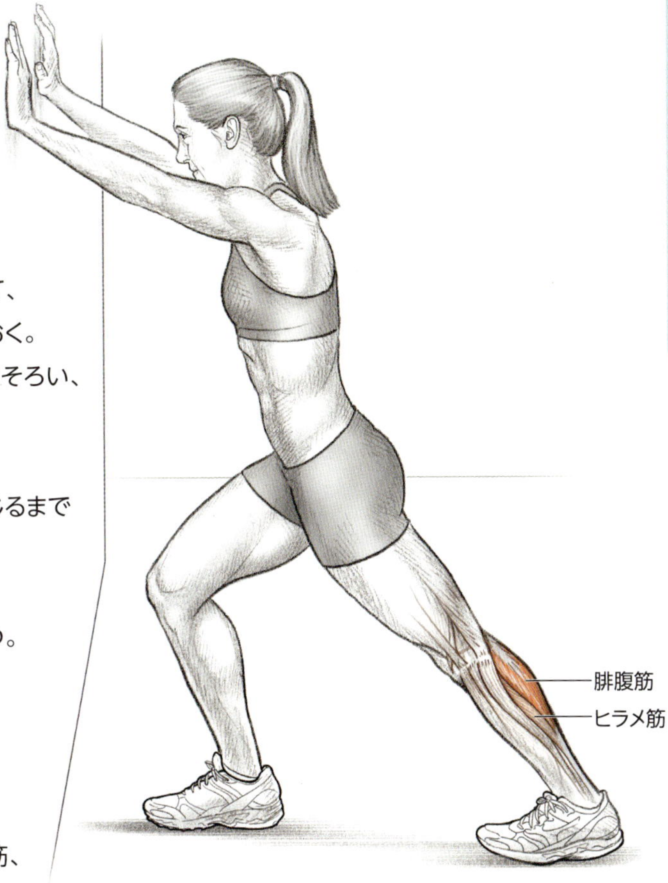

動員される筋肉

主動筋：腓腹筋

補助筋：ヒラメ筋、長母指屈筋、長指屈筋

トライアスロンのここに効く

体のなかで最大の腱、アキレス腱が損傷すると、足首周囲の硬直や運動時の痛みという症状が出る可能性がある。最悪の場合、アキレス腱が完全に断裂してしまうが、何の前兆もないことが珍しくない。アキレス腱周辺の炎症で腫れたり、アキレス腱に硬い腫瘤ができたりすると、スポーツにかなりの支障をきたすだろう。ふくらはぎの筋肉（腓腹筋とヒラメ筋）が合流してアキレス腱となるから、アキレス腱の損傷は、この例のような適切なストレッチで処置すべきだ。ダンベルを使ったシングルレッグ・ヒール・レイズなど、第9章の筋力トレーニングも、筋肉や腱のケガ予防および治療に効果的である。

エクササイズ一覧（部位別五十音順）

全身トレーニング

ケガ予防

基本ストレッチ

セラピューティックストレッチ

著者紹介

マーク・クリオン(Mark Klion, MD)

整形外科医・スポーツ医学専門医。セント・ローレンス大学(ニューヨーク州)で学士号取得。マウント・サイナイ医科大学で医学学位を取得。同校整形外科のレジデント研修終了。シカゴ大学でスポーツ医学のフェロー研修を終了。フェロー研修中は関節鏡視下手術と膝・肩再建手術を専門とした。マウント・サイナイ医科大学の臨床指導医であり、肩関節・スポーツ医学科の一員でもあり、同校整形外科学部の教育者でもある。セント・バルバナ病院(ニューヨーク州)の整形外科部長兼任。軟骨修復、再生、半月板移植の最新技術を取り入れているほか、関節鏡視下回旋筋腱板(ローテーターカフ)修復と肩関節安定化処置に豊富な経験をもつ。

熱烈なトライアスリートであり、マラソンランナーでもある。2000年・2001年アイアンマンディスタンスのトライアスロンを10回完走。医師指導の理学療法リハビリテーションプログラム、『BodyworksMD』DVDシリーズを制作。New York City TriathlonとToughman Half Ironmanの共同医療ディレクターを務め、Triathron AcademyとFoundation Cyclingチームの整形外科コンサルタントでもある。

トロイ・ジェイコブソン(Troy Jacobson)

1992年以来、トライアスロンコーチング界の第一人者。持久系マルチスポーツのコーチング会社「Lifesports, Inc.」のオーナーであり、オンラインコーチングサービスの開発とマーケティングのパイオニアと評価されている。持久系スポーツトレーニングの人気DVD『Spinervals Cycling』の考案者かつ推進者でもある。2000年にNational Triathlon Academyを創設。1990年代半ば、TriFed USAの公式ソフトウェアに選ばれた直感的コーチングプログラム『Train Right』を開発した。

TriFed USAがUSA Triathlonになったとき、USA Triathlonコーチング委員会の創立メンバーに就任した。エイジグループ出場者から元米国代表オリンピック選手まで、あらゆる能力のアスリートに対するパーソナルコーチも務める。2010-2012年のアイアンマン公認コーチを務め、全米でチェーン展開するヘルスクラブ上場会社「Life Time Fitness, Inc.」のヘッドトライアスロンコーチの地位に就いていた。

1988年以来、トップトライアスリートであり、現在もエリートマスターズの部でレースをつづけている。1990年代、プロフェッショナルトライアスリートになり、USA Triathlon Long Course National Championshipで数回優勝、Ironman World Championshipで総合20位。詳細は、Webサイトwww.coachtroy.comにアクセスを。

監修者紹介

新見 正則(にいみ　まさのり)

移植免疫学のサイエンティストで、漢方とトライアスロンが趣味の外科医。イギリス留学中にとても感動したオペラ椿姫をマウスに聴かせて、移植された心臓が拒絶されないという実験にて2013年イグノーベル賞医学賞受賞。慶應義塾大学医学部卒業。英国オックスフォード大学医学部博士課程にて移植免疫学を学び、Doctor of Philosophy (DPhil) 取得。現帝京大学医学部外科准教授。日本体育協会認定スポーツドクター。臨床医としての専門は血管外科。大学病院としては本邦初のセカンドオピニオン外来を開設しセカンドオピニオンのパイオニアとして知られる。セカンドオピニオンを通じて西洋医学の限界に気がつき、漢方を松田邦夫先生に学び、モダン・カンポウの啓蒙者として活躍中。50歳までは金槌で運動嫌いであったが、娘の誘いで水泳を始め、2年後には佐渡国際トライアスロンAタイプ236km（スイム3.8km、自転車190km、ラン42.2km）を14時間18分58秒で完走する。いろいろなことに興味があるおじさん。家族は、妻・娘（10歳）・母・愛犬（ビションフリーゼ）。

著者：
マーク・クリオン（Mark Klion, MD）
トロイ・ジェイコブソン（Troy Jacobson）

監修者：
新見 正則（にいみ　まさのり）

翻訳者：
東出 顕子（ひがしで　あきこ）
翻訳家。翻訳会社勤務を経てフリーになる。主にノンフィクション、実用書の翻訳を手掛ける。訳書に『鍼療法図鑑』『ピラーティスアナトミィ』『コアトレーニングアナトミィ』（いずれもガイアブックス）などがある。

TRIATHLON ANATOMY
トライアスロンアナトミィ

発　　行　2014年3月20日
発 行 者　平野 陽三
発 行 所　株式会社**ガイアブックス**
〒169-0074 東京都新宿区北新宿 3-14-8
TEL.03（3366）1411　FAX.03（3366）3503
http://www.gaiajapan.co.jp

ISBN978-4-88282-909-6 C2075

Printed in China